# 犯罪を生む心、社会を守る心

心理学ビジュアル百科

司法・犯罪心理学編

大上 渉 編

創元社

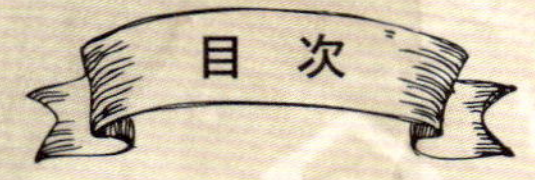


01 心理学と刑事司法の接点:犯罪心理学とは………6

## I 犯罪の原因と予防

02 社会が生む犯罪、社会が防ぐ犯罪………12
03 あなたにもある、他人を攻撃する心理………16
04 暴力の原因は「カッとなった」から?………20
05 ダークトライアドという人間の闇………24
06 犯罪のリスク要因ビッグフォー………28
07 タバコは犯罪のリスクを高めるか………32
08 犯罪に遭う可能性は正しく推定されているか………36
09 犯罪は増えている?………40
10 環境をデザインして犯罪を防止する………44
11 コミュニティの結びつきが犯罪を抑止する………48
12 防犯ボランティア活動が継続している団体は何が違う?………52
13 犯罪予防をやる気にさせるメソッド………56
14 厳罰化することで犯罪を減らせるか………60

## II 様々な犯罪と捜査支援

15 絞殺と扼殺:身内殺しの背後にある心理と手口………66
16 死の天使型連続殺人犯は白衣の悪魔………70
17 リアル後妻業の女は黒い未亡人型連続殺人犯………74
18 親密関係での暴力はなぜ起こるのか………78
19 ストーカーの心理はどこまで解き明かされたか………82
20 放火犯は病気か………86
21 恐怖で操る:テロの真の狙い………90
22 スパイの心理作戦:MICEを狙え………94
23 なぜ無実の人が自白するのか………98
24 子どもと高齢者の目撃証言は信頼できるのか………102
25 子どもから供述を聴取する工夫………106
26 どうすれば目撃者の記憶を促進できるか………110

27 しぐさや言葉から嘘は見抜けるか ……… 114
28 脳イメージング技術を用いて嘘を検出する ……… 118
29 統計学で犯人像をあぶり出せ ……… 122
30 犯人像を確率で表現？ ……… 126
31 文章の指紋を探る旅 ……… 130

## III 処遇や更生保護の支援

32 殴ると子どもはダメになる!? ……… 136
33 「P ＞ V」と書いて“言語性劣位”と読む ……… 140
34 なぜ犯罪は繰り返されるのか ……… 144
35 問題児？　その背景に虐待はないか ……… 148
36 犯罪者の再犯を予測することは可能か ……… 152
37 犯罪者の再犯を教育によって100％防ぐことは可能か ……… 156
38 刑務所は衣食住がタダで手に入る気楽な場所なのか ……… 160

## IV 司法制度や犯罪被害者の支援

39 人はなぜ犯罪者への罰を考えるのか ……… 166
40 人を裁くときの心理に働きかけるもの ……… 170
41 なぜ子どもを苦しめるのか ……… 174
42 児童虐待が子どもに及ぼす悪影響と
虐待が深刻化するパートナー関係 ……… 178
43 「ヒトノイタミをわからせないと……」
という虐待者の屁理屈 ……… 182
44 タバコを吸ったら非行少年？ ……… 186
45 少年院に入れない子どもたち ……… 190
46 離婚は子どもを不幸にするか ……… 194
47 別居中や離婚後に離れて暮らす親子の交流 ……… 198
48 なぜ犯罪被害者は非難されるのか ……… 202
49 被害者遺族に心理ケアを ……… 206

50 司法・犯罪心理学のこれから ……… 210

参考文献・図表出典 ……… 214
索引 ……… 223

# 犯罪を生む心、社会を守る心

心理学ビジュアル百科

司法・犯罪心理学編

01

# 心理学と刑事司法の接点: 犯罪心理学とは

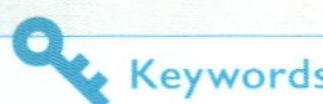

刑事司法
犯罪心理学
公認心理師
司法・犯罪心理学
犯罪原因論

近年、「心理学部」を置く大学があるほど、心理学は人気を集めている。なかでも犯罪心理学に対する期待や関心はひときわ高い。ポピュラーカルチャーの分野でも、犯罪者プロファイリングをテーマにしたドラマや映画はヒットし、凶悪事件の背景を深く掘り下げた週刊誌やドキュメンタリー番組なども多く消費されている。諸外国に比べ、「安全な」日本において、「犯罪」事象になぜ高い需要があるのか、犯罪精神医学者の福島章は、その理由を次のように説明している。私たちには、社会の一員であるがゆえに、普段表には出せない攻撃的衝動や性的欲求、あるいは強大な権力への憧れなどが心の奥底に秘められている。その代わりに、ドラマや映画、事件記事などを通じて、これらの欲求を間接的に満たしていると考えられる。犯罪心理学も、そうした秘められた思いを満たせる手段として、人々に魅力を感じさせているのかもしれない。

## ひそかに発展してきた日本の犯罪心理学

人気の高い犯罪心理学ではあるが、日本では最近まで、本格的に学ぶことが困難な「幻」の学問であった。その理由は、犯罪心理学が大学ではなく、刑事司法機関内で発展してきたことにある。犯罪心理学研究の歴史的動向をまとめた菊池武剋は、日本の犯罪心理学研究は、法務省の各刑事施設や家庭裁判所、また児童相談所などの心理技官や技術吏員らの手によって発展してきたと論じている。同様の指摘は、法政大学の越智啓太によってもなされている。越智は、日本の警察が発展させたポリ

**日本犯罪心理学会会員の所属分類と論文投稿数の変化**

| 所属カテゴリー | 内　容 | 1963~1974年 | 2003~2013年 |
|---|---|---|---|
| ①矯　正 | 少年鑑別所などの法務省所管の施設 | 44 (62%) | 20 (27%) |
| ②警　察 | 警察庁の科学警察研究所、警察本部の科学捜査研究所など | 3 (4%) | 8 (11%) |
| ③児　童 | 児童相談所などの児童福祉機関 | 0 (0%) | 5 (7%) |
| ④司　法 | 家庭裁判所などの児童福祉機関 | 10 (14%) | 2 (3%) |
| ⑤大　学 | 大学などの教育・研究機関 | 13 (18%) | 38 (51%) |
| ⑥他機関 | 上記に含まれない医療機関など | 1 (1%) | 1 (1%) |
| | 計 | 71 | 74 |

緒方康介 (2015) を基に作成。緒方は、日本犯罪心理学会会員の所属を6つに分類した。日本犯罪心理学会の機関誌『犯罪心理学研究』への所属ごとの投稿論文数を、発足時の1963年からの10年間と、2013年までの10年間で比較すると、大学と警察の投稿数が大きく増えている。会員数でも同様の傾向がみられ、大学での増加は、心理学やその隣接学問領域において犯罪心理学的関心を抱いている研究者が増えていること、警察での増加は、科学警察研究所や科学捜査研究所の心理職員が数多く会員になったことによると説明している。

グラフ検査の質問法は、世界的にみても優れたものだが、警察部内で人知れず発展し、その技術も部内の実務家だけに継承されていったと述べている。これには理由があり、ポリグラフ検査の詳細を公開することは、犯罪者や反社会的組織に利するという判断があったとしている。

このように、日本の犯罪心理学は刑事司法実務と直結しており、そこでの知見が部外に公開されることは少なかった。しかし、2000年代以降、刑事司法機関の実務家が大学に移籍し、大学教員として犯罪心理学に関する教育・研究を担うケースが増えており、その状況は徐々に改善されつつある。さらに2017年に公認心理師法が施行され、その受験資格取得に必要な科目として「司法・犯罪心理学」が置かれることとなり、多くの大学で犯罪心理学を学べるようになった。

## 犯罪心理学とは何か？

越智啓太によると、犯罪心理学とは、犯罪に関わる様々な現象について、心理学的手法を用い、その傾向や規則性などを明らかにする学問であり、その研究成果は、刑事司法の様々な手続きに応用されている。他方、日本犯罪心理学会会長も務めた大渕憲一は、犯罪心理学は活動領域が拡大し、犯罪心理学という名称で全てを包括することが困難になりつつある現状を指摘し、犯罪現象に関する様々な研究分野の集合として、犯罪心理学を理解しようとする。研究者によって分野の名称や内容には若干の相違がみられるが、代表的な分野として、①犯罪原因論、②捜査心理学、③裁判心理学、④防犯心理学、⑤矯正心理学などがある。

これらを簡単に説明すると、①犯罪原因論は、犯罪や非行の原因を探る分野である。臨床心理学や精神医学の分野では、米国の精神科医ジョージ・L・エンゲルによる生物・心理・社会モデルがよく知られている。このモデルでは、病気や不適応などは、生物学的要因、心理学的要因、社会学的要因の3要因が相互に影響して表れると考える。犯罪の原因もこれら3要因が複合的に作用していると考えられている。②捜査心理学では、心理学の理論や知見を利用し、犯罪捜査に資する研究が行わ

**犯罪心理学の下位領域**

| 領域名 | 内容や研究テーマ |
|---|---|
| 犯罪原因論 | 犯罪や非行の原因を探る。エンゲル(1977)の生物・心理・社会モデルのように、神経生理学的、心理学的、社会学的など多元的に、かつ複合的に考える必要がある。 |
| 捜査心理学 | 心理学の理論や知見を利用し、犯罪捜査に資する研究を行う。研究テーマは犯罪者プロファイリング、ポリグラフ検査、取り調べ、人質交渉など。 |
| 裁判心理学 | 公判手続き以降、特に法廷場面における心理的問題を研究する。研究テーマは目撃証言や被告の自白の信用性、裁判員の判断や意思決定など。 |
| 防犯心理学 | 心理学を活用し、犯罪を未然に防止する方策などを研究。犯罪機会論に基づいたまちづくりや建造物の設計、被害者・加害者にならないための心理教育プログラムなど。 |
| 矯正心理学 | 受刑者や非行少年の更生・改善を支援し、再犯防止を図る分野。非行少年・犯罪加害者への心理アセスメントや治療的処遇など。 |

犯罪心理学は活動領域が拡大しており、犯罪心理学という名称で全てを包括することが困難になりつつある。表に示した様々な下位領域の集合として、犯罪心理学を理解しようとする考え方もある。

れている。代表的な研究テーマとして、犯人像を推定する犯罪者プロファイリングや、被験者の生理反応の変化から、犯人か否かを識別するポリグラフ検査などがある。③裁判心理学では、法廷場面における心理的問題を取り扱う。法曹三者や被告、証人など、裁判に関わる人々の判断や意思決定、また目撃証言、被告の自白の信用性などが研究テーマである。④防犯心理学は、心理学などの知見を活用し、犯罪が発生しにくい建物やまちづくり、犯罪の被害者にも加害者にもならない心理教育プログラムなどが研究されている。⑤矯正心理学は、受刑者や非行少年の更生・改善を支援し、再犯防止を図る分野であり、そのための心理学的理論や知見、またそれらに基づいた治療的処遇法などが代表的な研究テーマである。

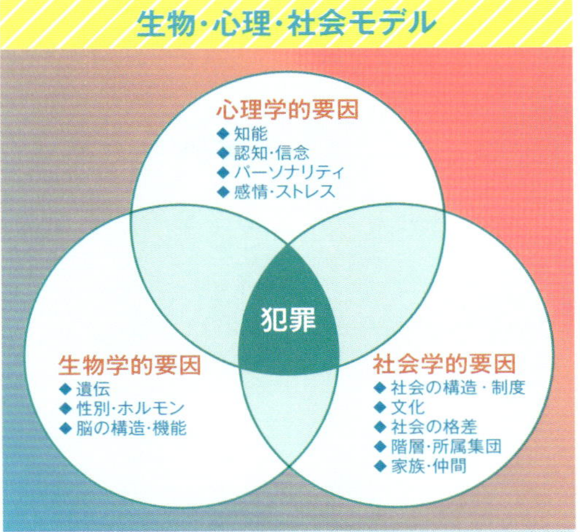


犯罪や非行の原因は、心理学的要因以外にも、生物学的要因、社会学的要因など、様々な要因が考えられている。さらにこれらの要因は互いに影響を及ぼし合いながら犯罪行動を形成している。犯罪者を理解し、また彼らが抱える問題を的確に把握し、社会復帰を促したり再犯を防止したりするためにも、こうした複合的・包括的視点が重要となる。

## 犯罪心理学と司法・犯罪心理学との違いは?

学問の概念である犯罪心理学に対し、司法・犯罪心理学は、公認心理師とともに誕生した科目の名称といえる。司法・犯罪心理学には、犯罪心理学の内容のほかに、その隣接領域である犯罪被害者支援や、家庭内の紛争である家事事件（離婚や子どもの親権、相続などをめぐる争い）などが加えられている。犯罪被害者支援では、医療的支援、経済的支援と並んで、心理的支援が求められており、家事事件では心理的介入によって紛争の解決や、紛争当事者間の感情的対立の解消などが期待されている。（大上　渉）

# 犯罪の原因と予防

02

# 社会が生む犯罪、社会が防ぐ犯罪

Keywords
犯罪社会学
不平等
社会的絆
統制理論
分化的接触理論

犯罪の原因について考えるとき、パーソナリティや知能、認知傾向など、犯罪者の心理的要因に基づいて説明を試みる学問が犯罪心理学である。一方、犯罪心理学よりもマクロな視点で、つまり社会的要因から犯罪の原因を探る学問に犯罪社会学がある。犯罪に関する社会学的研究は19世紀末頃に始まる。その先駆けとなったのは、社会学の父と称されるエミール・デュルケムによる、社会的要因（宗派、家族、政治社会など）が自殺に及ぼす影響についての実証的研究である。彼は、自殺の原因は、個人的動機（例：家庭の問題や病苦など）でも、神経質傾向のような心理的要因でも、また物理的要因（例：気候や気温など）でもなく、個人の社会との関わり方に問題があると主張した。彼が注目した社会的要因のひとつが、自殺者の信仰する宗派である。ヨーロッパの自殺者数は、カトリック系の国家（イタリアやフランス）よりも、プロテスタント系の国家（ドイツやイギリス）のほうが多いことを見出した。しかし、宗派以外にも、気温や失業率、民族などの要因が自殺者数に影響している可能性

**スイスにおける宗派と民族による自殺者数の違い（人口100万人あたり）**

| | フランス系の州 | ドイツ系の州 |
|---|---|---|
| カトリック | 83 | 87 |
| プロテスタント | 453 | 293 |

Durkheim（1897）を一部改変して使用

フランス系、ドイツ系どちらの州においても、カトリックよりプロテスタント信者の自殺者数が多い。

も十分に考えられる。そこで、デュルケムは、ドイツ系とフランス系の州があるスイスに着目した。両州の自殺者数を比較すれば、地域や気候、民族などの諸要因の影響を同程度にそろえて（統制して）、宗派の違いが自殺者数に及ぼす影響を検討できる。その結果、ドイツ系の州であれ、フランス系の州であれ、プロテスタント信者の自殺者数が、カトリック信者よりも多いことが確認できた。その理由については、カトリックは教会を中心に信者が組織化され、信者間の社会的連帯が強いのに対し、プロテスタントは、信者が個人で自由に聖書について検討することが賞揚されているため、社会的連帯が乏しく、孤立していることが影響していると論じている。デュルケムによる様々な理論は、犯罪社会学に大きな影響を与えたとされる。

## 不平等な社会で犯罪が生まれる

組織犯罪対策に取り組んできた元警察官僚の飯柴政次によると、米国の犯罪組織は、人種的マイノリティによって形成されているという。例えば、イタリア系ではラ・コーザ・ノストラ、メキシコ系のヌエストラ・ファミリア、黒人系のクリップスとブラッズ、ほかにもコロンビア系や中国人系のグループなどがある。彼らが犯罪組織を形成するに至った背景には、社会的不平等や差別の問題があると考えられる。米国の社会学者ロバート・キング・マートンは、不平等な社会構造が犯罪を生み出すとするアノミー理論を提唱した。私たちは経済的成功や名

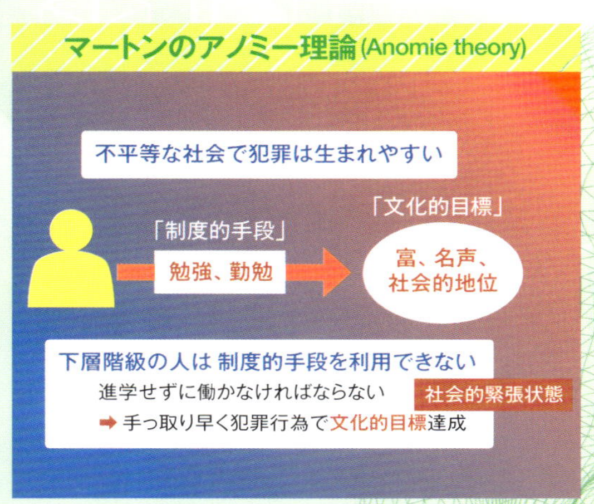

声を得ることなどを目標に生きている。マートンはこうした目標を文化的目標とよび、それを実現する合法的手段（進学や就学等）を制度的手段とよんでいる。文化的目標は社会の成員全員が共有しているにもかかわらず、現実では下層階級の人々は、進学や就学の機会が制限されており、すべての人々が制度的手段を利用できるわけではない。このように、誰に対しても制度的手段が平等に与えられていない社会的緊張状態をアノミーという。したがって、制度的手段を利用できない人々の中には、非合法的手段、つまり窃盗や詐欺、麻薬の売買のような犯罪行為で富を得ようとする者もあらわれる。

## 人の善・悪は友による

社会には犯罪の発生率が高い地域がある。特定の地域で犯罪が多発するのはなぜだろうか。米国の社会学者エドウィン・ハーディン・サザーランドは、特定の地域で犯罪が多発するのは、その地域に犯罪に肯定的な、反社会的文化が根付いており、世代を越えて伝播していくからだと考えた。これを分化的接触理論という。例えば、スラム街のような地域では、貧困者のほかに犯罪者なども生活している。このような地域では、反社会的文化（例えば、犯罪や非行の魅力、盗み方や脅迫の仕方、またそれらの背景にあるメンタリティ）が身近にあり、接触しやすい状況にある。このような反社会的文化に接触すると、犯罪行動が学習され、犯罪や非行を行う可能性が高まることになる。ある実話系雑誌のインタビュー取材において、九州北部にある暴力団の幹部が、暴力団員になったきっかけを次のように語っている。「（10歳のときに移り住んだ地域では）周りがそういう人ばっかりだったし、自然と影響は受けますよね。そもそも、気持ちが違っているのが子ども心にも見えましたし、どうしたって憧れます」。この暴力団幹部のように、自分のすぐ身近にいる大人が、反社会的志向性が高い場合、あるいは実際に犯罪に手を染めている場合、そして、そうした人物が多ければ多いほど、反社会的文化に接触する機会が多くなり、自らも犯罪・非行に向かいやすくなると考えられる。

## 社会との絆が犯罪のブレーキに

犯罪を行うのはごく限られた一部の人々であり、ほとんどの者は犯罪を行うことなく一生を終える。では、なぜ多くの人々は犯罪を行わないのだろうか。この観点から犯罪の原因を探ったのが、米国の社会学者トラヴィス・ハーシである。ハーシは、社会と多くの絆（社会的絆）で結ばれた者は、犯罪を行いにくいとする統制理論（社会的絆理論）を提唱した。社会との絆には、4つの種類、すなわち①他者との愛着、②投資、③巻き込み、④規範信念がある。①の愛着は、両親や妻子、友人との深い心情的な結びつきである。親を悲しませる、妻や子どもに見捨てられるという恐れや不安が絆として働く。つまり、身近な者と深い絆で結ばれた者ほど犯罪が抑制されやすいといえる。②の投資は、自らの犯罪が発覚すると、これまでの努力や時間を費やした仕事や勉学などがすべて無駄となり、将来的な報酬も失うことになる。その恐れによって犯罪が抑制される。③の巻き込みは、仕事や勉学などに追われるように生活すれば、犯罪を行う暇などなくなる。犯罪者に無職者が多いのは、巻き込みが機能していないともいえる。受刑者に対する職業訓練や就労支援は、巻き込みを機能させ、不良交友関係を断絶する効果がある。④の規範信念は、法や規則の正当性を信じ、守ることである。規範意識が高いほど、逸脱行動は少なくなる。したがって、規範意識や善悪に対する判断力などの育成は、犯罪抑制に重要な役割を果たす。

（大上　渉）

**統制理論で提唱される4つの社会的絆**

| 絆の種類 | 説　明 |
|---|---|
| ①他者との愛着 | 両親や妻子、友人など、自分の身近にいる重要な人物との心情的な結びつきによる絆 |
| ②投資 | 現在の立場や地位のために、これまで投入してきた時間や努力など |
| ③巻き込み | 合法的に没頭できる仕事や部活動、塾など |
| ④規範信念 | 社会のルールを尊重し、従おうとする度合い |

03

# あなたにもある、他人を攻撃する心理

攻撃行動
暴力
フラストレーション攻撃仮説
認知的新連合モデル
潜在的態度

「私は攻撃的な人間ではない。他の人と比べると私は優しいに違いない……」と思いたいのが人の心情だろう。しかし、ヒトという種は他の生物種に比べて高度に発達した思考能力を持つため、これは攻撃的、暴力的な自分の言動を正当化したいだけなのではないか。事実、公衆衛生の領域では、暴力をはじめとした攻撃行動が次に解決すべき重大な課題と認識されている。例えば、世界保健機関（WHO）の2002年の報告では、2000年に世界中で他殺だけでも52万人が亡くなっている。安全な国と言われる日本に住む私たちには、こうした事実が縁遠く思われるかもしれない。しかし、実は日本でも犯罪全体の減少幅と比べて殺人の減少幅は小さく、強盗や傷害などの他者への暴力犯罪に限ればほとんど減少していない現実がある。攻撃行動や暴力の問題は、他人事ではないのである。

なお、心理学では、攻撃行動と暴力とは異なるものとして捉えられる。攻撃行動とは、害を受けることを避けようとする個人に、害を与えることを意図してなされるあらゆる形態の行動である。一方、暴力は極端な危害を加えることを目標とした攻撃行動である。すなわち、暴力は攻撃行動の１つの形態であるが、攻撃行動がすべて暴力というわけではない。

**世界全体での暴力による死者数の推定**（2000年）

| 暴力のタイプ | 死者数（人） | 人口10万人当たりの割合 | 全体に占める割合（%） |
|---|---|---|---|
| 殺人 | 520,000 | 8.8 | 31.3 |
| 自殺 | 815,000 | 14.5 | 49.1 |
| 戦争関連 | 310,000 | 5.2 | 18.6 |
| 全体 | 1,659,000 | 28.8 | 100.0 |
| 低-中収入の国 | 1,510,000 | 32.1 | 91.1 |
| 高収入の国 | 149,000 | 14.4 | 8.9 |

WHOの「World report on violence and health」で報告された2000年の世界全体での暴力による死者数の推定値。「死者数」の1000の位以下は四捨五入している。「全体」には、法的介入に起因する意図的な傷害死が14,000名分含まれている。世界規模で見れば、これだけ多数の人が暴力を原因に亡くなっている。また、特に収入が多くない国での暴力死が多いことも見て取れる。

## 他人を攻撃するのはなぜ？

それでは、私たちはなぜ他人を攻撃するのだろうか。研究者でなくても、こうした問題に関心がある人ならば、誰もが攻撃行動に関する経験的な理論を持つだろう。例えば、人間には攻撃の本能があるのではないか。不快な出来事にイライラするから攻撃するのではないか。他人の行動を学んだ結果、攻撃を行うのではないか。相手を思い通りに操る手段として攻撃行動を用いることもある。いずれもありそうな考えである。

これまでに心理学において攻撃に関する研究は数多くなされ、攻撃行動の原因は様々に理論化されてきたが、そうした多様な原因は３つの説にまとめられる。１つ目は、動物行動学者のコンラート・ローレンツを代表的な研究者とする内的衝動説である。この説では、私たちには攻撃行動を誘発する心理的エネルギーが個体内に生得的に備えられており、そのエネルギーが環境内の誘発刺激を発端に発現したものを攻撃行動と考える。簡単に言えば、私たちはもともと攻撃を行うためのエネルギーを持っていて、それが外に表れたのが攻撃行動と考えるわけである。２つ目は、ジョン・ダラードのフラストレーション攻撃仮説やそれを発展させたレオナルド・バーコヴィッツの認知的新連合理論などを含む情動発散説である。この立場では、特定の出来事に対して不快な感情（例えば、怒り）を感じることが攻撃行動の源であると考える。つまり、不快な感情が鬱積し、そうした欲求不満の表現や発散として攻撃行動が起こる。３つ目は社会心理学者のジェームス・テデスキや大渕憲一の主張を代表とする社会的機能説である。この立場では、攻撃行動を意図的、手段的なものと考える。つまり、攻撃行動は目的達成や葛藤解決のための手段であり、強制や制裁・報復、威嚇などのために用いられると考える。

これらの説はどれかが正しいというものではなく、それぞれが攻撃行動の異なる側面を説明している。その意味では、すべてが正しいと言える。ただし、単に石を積んでも家にはならないように、これらの原因を積み上げれば行動全体を説明できるかと言えば、必ずしもそうではない。攻撃行動のように複雑な社会的行動は、1つの原因ですべてが説明できるわけではなく、複数の原因を統合的に考える枠組みが必要である（➡04）。

## あなたの知らない心の働き

攻撃研究の新しい展開についても見てみよう。最近10年間の研究で、攻撃行動には、私たちの知らない心の働きが関連しているのではないかと言われ始めている。それが潜在的態度という、本人には意識されず自己報告できない態度の影響である。態度と言えば、例えば、お菓子が好きだと思うのも態度だし、心理学は面白いと思うのも態度である。いずれも私たちが意識的に判断できるものであるため、意識できない態度と言われると疑問に思われるかもしれない。しかし、潜在的態度が私たちの社会的行動に影響し得ることは、様々な研究で実証されている。日常的にも、店で意識しないうちに商品を選択していたり、意識せずにある行動をとっていたりという体験は、誰しもあるだろう。

## 潜在的態度と攻撃行動

潜在的態度と攻撃行動にはどのような関連があるのだろうか。潜在的態度を測定する方法はいくつかあるが、よく用いられる潜在連合テスト（IAT）という手法を用いた研究がある。IATは、簡単に言えば、脳内での概念間の結びつきの強さを測定することを通して、私たちの潜在的態度を推測しようとする手法である。これを用いて、自己概念と攻撃概念との潜在的な結びつきを測定してみると、両概念の潜在的な結びつきが強いほど、挑発に対して攻撃的に反応することがわかっている。この場合、両概念の潜在的な結びつきが潜在的態度であり、意識できないレベルで自分が攻撃的であるという態度を持つほど、挑発場面で相手に攻撃を振るうということである。一方、自分がどのくらい攻撃的かという「意識的な」態度を測定しても、将来の攻撃行動の予測精度はあまりよくないとも言われる。

カーディフ大学の司法臨床心理学者ロバート・ジェファーソン・スノーデンたちの研究はさらに興味深い。彼らの研究では、殺人犯と他罪種の受刑者、そしてサイコパシー傾向の高中低で6群を設け、IATによって暴力概念とネガティブ概念との潜在的な結びつきの強さを測定した。素朴に考えれば、暴力は悪いことと学習するため、暴力概念とネガティブ概念との結びつきが強いと予想される。しかし、興味深いことに、サイコパシー傾向が高い殺人犯は、他罪種の服役者やサイコパシー傾向が低い殺人犯と比べ、暴力概念とネガティブ概念との結びつきが異常に弱かったのである。つまり、サイコパシー傾向が高い殺人犯は他の者と比べて、暴力に対するネガティブさが欠落していたわけである。この欠落が、サイコパシー傾向の高い殺人犯が暴力を手段として容易に用いることのできる理由の1つなのだろう。このように、私たちが攻撃行動を行うかどうかは、意識的な判断に依存するだけでなく、私たちが知らない心の世界の力動によって決まっているのかもしれない。（荒井崇史）

スノーデンたちの研究結果

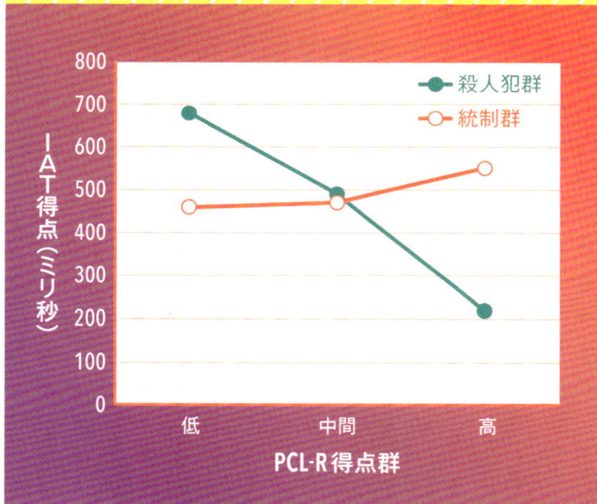


Snowden et al. (2004) のFigure 2に基づいて作成。横軸はサイコパシー傾向を群分けした3群。縦軸はIAT得点を表し、不一致条件の反応時間から一致条件の反応時間を引いた値である。不一致条件は「暴力とポジティブ」「平和とネガティブ」を対カテゴリとして、提示される言葉を分類する課題条件である。一方、一致条件は「暴力とネガティブ」「平和とポジティブ」を対カテゴリとして、提示される言葉を分類する課題条件である。不一致条件の反応時間から一致条件の反応時間を引いた値が大きいほど、暴力概念とネガティブ概念との結びつきが強いことを表す。図では、サイコパシー傾向が高い殺人犯は、他罪種の服役者やサイコパシー傾向が低い殺人犯と比べ、暴力概念とネガティブ概念との結びつきが異常に弱いことを表している。

04

# 暴力の原因は「カッとなった」から?

二重過程理論
衝動的攻撃と能動的攻撃
顕在的攻撃と潜在的攻撃
認知と情動

暴行や傷害などの事件が起きない日はないと言ってよいくらい、連日ニュースで報道されている。その中で、加害者は、「カッとなったから」「腹が立ったから」「むかついたから」という言葉を口にするが、人が暴力を振るうのは、本当にカッとなったからなのか。どんなに腹が立っても、むかついても、馬鹿にされても、手を出さないことはできないのだろうか。

## 二重過程理論

この話を理解するためには、人間の意思決定に関する著名な研究業績によってノーベル経済学賞を授与されたダニエル・カーネマンも依拠した「二重過程理論」から取り上げるのがよいだろう。二重過程理論とは、人間の心には、素早く自動的に働く「システム1」と、意識的に制御できるが、時間のかかる「システム2」という2つのシステムがあるという考え方である。例えば、ケーキ屋の前を通りかかったときに、ケーキを見て「おいしそう」と思うのは、何の努力も必要としない直感的で自動的なシステム1による反応である。それに対して、「今これを食べると夕飯が食べられなくなるし、太ってしまうかもしれない」と考えてケーキ屋を通り過ぎようとするのは、意識的なコントロールの賜物であるシステム2の働きによる。

これは、太古からの進化の歴史の中で人間が生存のために獲得してきたもので、2つのシステム間に優劣はない。火にかけられたやかんに間違って手が触れれば、何も考えることなく、瞬時に手を引っ込めることができるのは生存にとって不可欠の働き

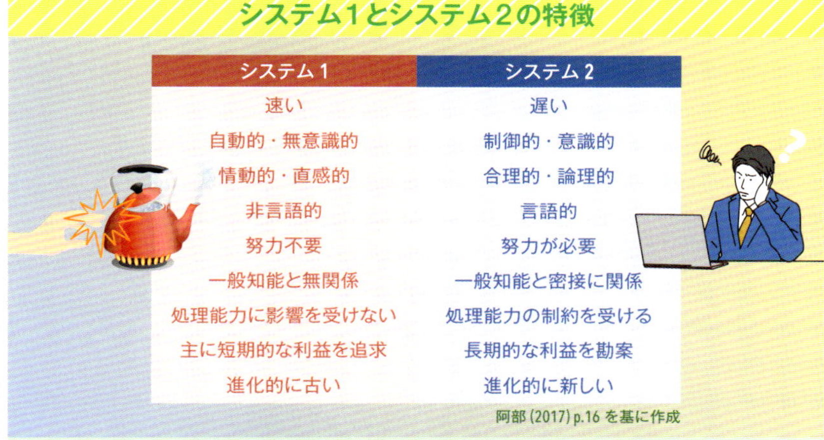

### システム1とシステム2の特徴

| システム1 | システム2 |
|---|---|
| 速い | 遅い |
| 自動的・無意識的 | 制御的・意識的 |
| 情動的・直感的 | 合理的・論理的 |
| 非言語的 | 言語的 |
| 努力不要 | 努力が必要 |
| 一般知能と無関係 | 一般知能と密接に関係 |
| 処理能力に影響を受けない | 処理能力の制約を受ける |
| 主に短期的な利益を追求 | 長期的な利益を勘案 |
| 進化的に古い | 進化的に新しい |

阿部（2017）p.16を基に作成

システム1は、本能的欲求の発現を支えるシステムで、直感的あるいは情動的な反応として表れる。本人の意思とは無関係に、自動的に働き、何の努力も必要としない。合理性や論理性よりも直感に基づくため、言語による説明には馴染まない。知能や処理能力とはあまり関係がなく、目の前の利益を追求した言動になりやすい。これに対してシステム2は、合理的判断や論理的思考、自制心など意志の力による心の働きを支えるもので、システム1の働きにブレーキをかけようとするものでもある。システム2を働かせるには努力が必要で、その分、時間もかかる。学習によって獲得された論理性や特定のルールに基づき、長期的な利益を勘案しながら思考が展開される。そのため、システム2の働きは、言語や知能、処理能力に依存する部分が大きい。

である。同様に、高度に情報化された現代では、周囲の反応を見ながら自分の言動を調整することも、生存にとって不可欠の働きと言えるだろう。

## 攻撃行動の二重過程理論

人の攻撃行動にも2つのシステムが仮定されている。システム1に相当するのが衝動的攻撃や反応的攻撃で、システム2に相当するのが戦略的攻撃や能動的攻撃である。社会心理学者の大渕憲一は、衝動的攻撃と戦略的攻撃について、次のように説明している。衝動的攻撃は、情動性が高く、自己制御が効かず、何かを達成するためという目標志向性が弱く、その結果、問題解決に役立つという機能性が低い。例えば、「むかついたから」「腹が立ったから」殴ったというのが衝動的攻撃の典型である。これに対して、戦略的攻撃は、多少なりとも計画的で、情動性は弱く、自己

**衝動的攻撃と戦略的攻撃**

| 特徴 | 衝動的攻撃 | 戦略的攻撃 |
|---|---|---|
| 情動性 | 強い。怒りや恐怖など | 弱い。理性的 |
| 自己制御 | 弱い。コントロールが困難 | 強い。コントロールが可能 |
| 機能性 | 問題解決に役立たないことが多い | 問題解決に役立つことがある |
| 例 | 「カッとなって思わず」<br>「むかついたから」等 | 軍事行動、スポーツやゲームにおける<br>攻撃、強盗、恐喝、復讐、叱責等 |

大渕(2000) p.12 より作成

制御が高い。目標を立て、これを達成する手段として攻撃が選択される。少なくとも、行為者の側は、問題解決に役立つ機能的な攻撃と信じている。例えば、銀行強盗がモデルガンを持って銀行に乗り込むのは、あくまでも現金を手に入れるという目的を達成するための手段であって、銀行員を傷つけることが目的ではない。

攻撃行動の二重過程理論に基づけば、人は、社会的葛藤場面に遭遇すると、不快情動を喚起されて無自覚的に衝動的な攻撃動機が生み出されると同時に、葛藤解決という目標達成に向けて戦略的攻撃を意識的に選択している。多くの攻撃行動は、これら2種類の攻撃動機づけを含んでおり、その比重の違いによって衝動性が強くなったり、戦略性が強くなったりする。つまり、カッとなって衝動的に暴力を振るうという現象は、カッとなったことだけが原因とは考えにくい。むしろ、実際には、そこに何らかの形で意識的な制御過程が働くべきであったのに、働かなかったからこそ、衝動性に負けて暴力という結果に至ったと考えられる。

## 感情や行動の原因は考え方にある

アメリカの臨床心理学者アルバート・エリスの提唱した論理情動療法をご存じだろうか。これは、別名ABC理論とも呼ばれるもので、感情や行動の原因は、出来事ではなく、その解釈にあるとする理論である。例えば、Xという人が混雑した駅の構内を歩いていて、前から来たYと肩が当たり、Xが思わず、「どこ見とんじゃ！」と声を荒げてYの胸倉をつかんだとしよう。おそらく、Xは、「Yと肩が当たった」という出来事に対して腹が立ったと思っているが、実はそうではない。なぜなら、肩が当たったことに対する反応は、Xのように腹を立てて相手の胸倉をつかむというものばかりではなく、その他にも、黙って通り過ぎたり、逆に、申し訳ないと思って頭を下げたりすることもあるからである。つまり、出来事が人の感情や行動を決めているのであれば、同じ出来事に対しては同じ反応が生じるはずなのに、実際には様々な反応があり得るのであるから、その原因は出来事ではないということである。

では、Xが腹を立てた真の原因は何かというと、それは、X自身が持っている考え方（出来事の解釈）である。例えば、Xが「狭い構内だし、お互いさま」とか「相手も急いでいて見えなかったんだろう（わざとではなかったんだろう）」などと考えれば、少なくとも、声を荒げながら胸倉をつかむほど立腹することはなかったはずである。しかし、そうではないということは、Xが「なめられたら負け」とか「やられたらやり返すのが当然」、あるいは「ぶつかってきた相手が謝るのが当然なのに、一言も謝ろうともしないのは、許せない。馬鹿にされたままでは男がすたる」などと考えていたものと思われるし、それこそが腹を立てた原因と考えられる。

もちろん、Xが酒に酔っていたり、寝不足だったりして抑制力が低下していた可能性はあるし、衝動性をコントロールするそもそもの力が個人によって異なるという事情もあり得る。実際、最近の研究から、脳は領域ごとに成熟速度が異なっていて、感情のコントロールを司る部分は20歳前後にならなければ完成しないことがわかってきている。ということは、思春期の間は、システム2の働きがまだ完成されていないので、システム1の発動を抑制できなくても仕方がないのかもしれない。だからといって、何も努力せず、単に衝動性に任せていていいはずはない。その場合のヒントは、システム1の働きが数秒間しか持続しないと言われていることにある。むかついたり、腹が立ったりしたら、どうにかして数秒間をやりすごそう。そうすれば、システム2が働くようになる。（嶋田美和）

05

# ダークトライアドという人間の闇

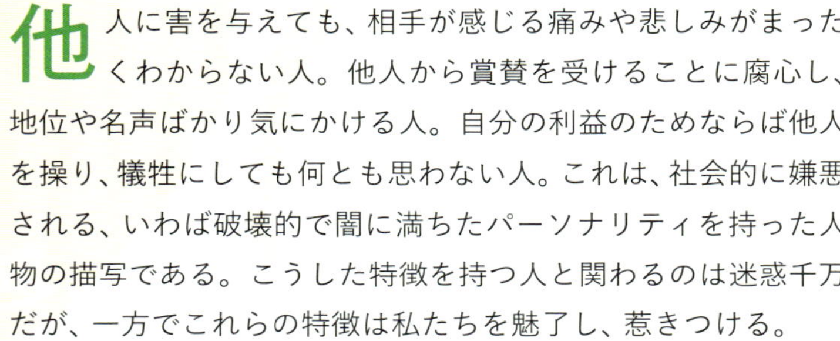

Keywords

ダークトライアド
サイコパシー
ナルシシズム
マキャベリアニズム
サディズム

他人に害を与えても、相手が感じる痛みや悲しみがまったくわからない人。他人から賞賛を受けることに腐心し、地位や名声ばかり気にかける人。自分の利益のためならば他人を操り、犠牲にしても何とも思わない人。これは、社会的に嫌悪される、いわば破壊的で闇に満ちたパーソナリティを持った人物の描写である。こうした特徴を持つ人と関わるのは迷惑千万だが、一方でこれらの特徴は私たちを魅了し、惹きつける。

このような社会的に嫌悪されるパーソナリティの中で、この10年間で最も注目を集めているのがダークトライアドだろう。ダークトライアドという言葉は、ブリティッシュコロンビア大学のデルロイ・ポールハスとケビン・ウィリアムズが最初に用いた。ただし、その起源は社会的に嫌悪されるパーソナリティの共通性を見出そうとした、クレムソン大学のジョン・マックホスキーらの研究にあるとされる。

## ダークトライアドとは？

ダークトライアドとは、サイコパシー傾向、ナルシシズム傾向、マキャベリアニズム傾向という反社会的なパーソナリティの総称である。これらは反社会的なパーソナリティ傾向であって、必ずしも病理的なものではない。各パーソナリティはスペクトラムを成し、これをまったく持たない者から非常に強く持つ者までが存在すると言われる。したがって、もしかするとあなたの近くにも、これらのパーソナリティを持った人物がいるかもしれない。それでは、各パーソナリティをもう少し詳しく見ていこう。

サイコパシー傾向は、しばしばダークトライアドの中でも最も悪意的で邪悪なパーソナリティとされる。「サイコパス」という言葉を聞いたことがあるかもしれない。それはサイコパシー特性を強く持った人物と考えてよい。その特徴は、過度の衝動性や刺激希求性、共感性の欠如（冷淡さ）、恐怖心の欠如、対人的な攻撃性などによって示される。サイコパシー傾向を構成する特徴は相互に関連しているが、その中心の１つである衝動性をとっても非常に多面的な性質を有する。

次に、ナルシシズム傾向は、自己愛傾向と言い換えたほうがわかりやすいかもしれない。ナルシシズムという用語は、泉に映る自分の姿に恋い焦がれ、やつれ死んでしまったとされるギリシャ神話のナルキッソスに由来する。ナルシシズムは、自分の壮大さの誇示、虚栄心、自己陶酔、肥大化した権利意識によって特徴づけられる。ナルシシズム傾向の搾取的で自己中心的で尊大な態度は、関係する者に嫌気を引き起こすことから、対人関係で必要とされる機能の様々な面で問題が起きやすい。

そして、３つ目はマキャベリアニズム傾向である。マキャベリアニズムという言葉は、16世紀にメディチ家の政治顧問であったニコロ・マキャベリに由来する。彼の有名な書籍には、非常に操作的で計算的な対人戦略が述べられており、それがマキャベリアニズムの名のもととなったとされる。マキャベリアニズム傾向の特徴は、必要とあらば、どのような手段を使っても自分の目的を達成しようとする極端に自己中心的な傾向によって示される。そのため、自分が達成したい目標（例えば、名声を得たい、お金を得たい）のために、他者をだましたり、操作したり、搾取したりといったことをいともたやすく行うのである。

## ダークトライアドは何が同じで何が異なるのか？

ダークトライアドが興味深いのは、３つのパーソナリティが相互に緩やかに関連しながら、一方で別々の概念として区別される点にある。やや学術的に言えば、ダークトライアドは相互に正の相関を示すが、外的変数との関連ではまったく異なるのである。

これらのパーソナリティが相互に緩やかに関連するのは、3つの特性に共通する核となる要素が存在するからではないかと考えられている。これまでの研究で、共通の核として有力候補に挙げられるのは、協調性の欠如、誠実さや謙虚さの欠如、冷淡さ、対人的敵意、そして他者操作性である。各パーソナリティを個別に検討した研究でも、各パーソナリティを強く持つ者は協調性、あるいは誠実性や謙虚さの欠如が甚だしく、他者の苦痛を理解することが困難であることが実証されている。ただ、突き詰めていくと、結局何が共通する核なのか、いくつの核があるのかは実はよくわかっていない。

一方、これらの概念が相互に別のものとして区別される点は、反社会的行動との関連を見ると理解しやすい。例えば、挑発場面での攻撃行動が最たる例である。サイコパシー傾向者は身体的な脅威への反応として

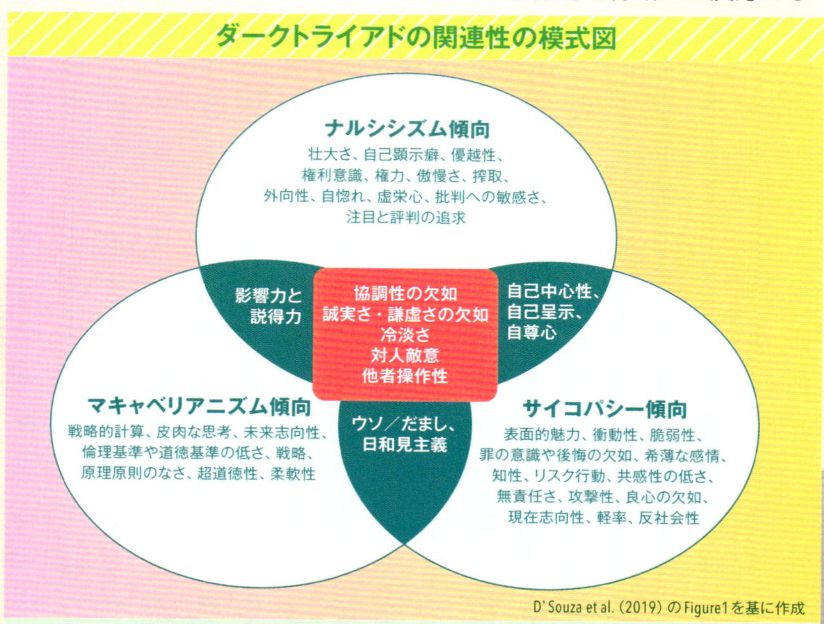


ダークトライアドは、相互に緩やかに関連しながら、一方では別々の概念として区別される点で興味深い。それぞれが緩やかに関連するのは、各パーソナリティに共通する核が存在するからであると考えられている。また、外的基準との関連がそれぞれで異なるのは、各パーソナリティに独立した特徴があるためである。

攻撃行動をとりやすいのに対して、ナルシシズム傾向者は自我の脅威に反応して攻撃的な行動をとりやすい。他方、マキャベリアニズム傾向は、それらとは異なり、攻撃行動との間に明確な関連が見られない。サイコパシー傾向者は自分の損になるものに鋭敏に反応し、ナルシシズム傾向者は否定的な自己評価を過剰に気にする。一方、マキャベリアニズム傾向者は、より用心深く、計画的な行動を示すため、攻撃行動の発現に差が生じると考えられる。

## ダークトライアドを超えて……

ダークトライアド研究は、社会的に嫌悪されるパーソナリティを考える上で価値ある知見を提供している。そこで得られた知見は、一般人から研究者まで幅広い人々の関心をよび、興味をかき立てている。一方で、社会的に嫌悪されるパーソナリティはこれだけではない。

例えば、近年では、ダークトライアドに第4の要因としてサディズム傾向を加えたダークテトラドという考え方がなされる。一般的にイメージされるサディズムは、残酷な行為を楽しみ、そうした行為に性的な興奮を覚えるような人物だろう。しかし、近年では、サディズム傾向も、残虐な行為を求めない者から残虐な行為を楽しむ者までスペクトラムを成すのではないかと考えられている。これは、私たちが日常生活でいかに暴力的な映画やスポーツ、残酷なコンテンツを含むゲームを消費しているかを想像すれば理解できるだろう。つまり、惨たらしく生き物を殺すような残酷さは備えていなくても、私たちの心の中にはエンターテインメントとして残酷さを楽しむ日常的なサディズム傾向が備わっている。

他にも、情緒的な傷つきやすさと負の特性を兼ね備えた、ヴァルネラブル・ダークトライアド（境界性パーソナリティ傾向、脆弱性のナルシシズム傾向、二次性サイコパシー傾向）なども知られている。ダークなパーソナリティに関する研究は数多く見られ、日々、私たち人間の闇に関する研究や理解は進歩しているのである。

（荒井崇史）

06

# 犯罪のリスク要因ビッグフォー

Keywords
セントラルエイト
犯罪歴
反社会的パーソナリティ・パターン
反社会的態度
反社会的交友関係

一般の人々が犯罪と関連すると思っている要因のなかには、犯罪を予測する材料とはならないものがある。カナダの司法・犯罪心理学者であるジェームズ・ボンタとドナルド・アンドリュースによれば、ほとんどまたはまったく犯罪行動と関連しない要因として、精神疾患（統合失調症、躁うつ病）、自尊心の低さ、不安・悲しみなどの精神的苦悩、身体的健康などが挙げられる。一般的には、精神疾患を抱える者が罪を犯しやすい、自尊感情の低さが非行や犯罪につながる、というイメージがあるかもしれない。しかし、こうした要因は、犯罪との関連性がないか、あったとしても弱い関連性しかない。では、実際には、どのような要因が犯罪のリスクにつながるのだろうか。

ボンタとアンドリュースは、再犯防止に効果的な処遇を探るために、これまでに行われた複数の研究結果を統合し、犯罪行動と関わりの深い要因を明らかにしている。将来の再犯を予測する大きなリスク要因として、過去の犯罪歴、反社会的パーソナリティ・パターン、反社会的態度、反社会的交友関係があり、これら4つはビッグフォーと呼ばれる。また、家族・婚姻の状況、仕事・学校の状況、薬物乱用、余暇活用の状況という4つの要因は、ビッグフォーほどではないが、中程度に重要な要因として、以前にはモデレートフォーと呼ばれていた。しかし、現在では両者の区別はなくなっている。これら8つの要因は、犯罪との関連の深さに大きな違いはないとの知見が蓄積され、すべてをまとめてセントラルエイトと呼ぶ。とはいえ、ボンタとアンドリュースは、反社会的態度、反社会的交友関係を特に重視しており、ここでは紙幅が限られているため、ビッグフォーに焦点をあてることにする。

**将来的な犯罪の危険性を高める４つの要因：ビッグフォー**

犯罪歴や反社会的な行動歴

反社会的パーソナリティ・パターン

反社会的態度

反社会的交友関係

## 過去の犯罪歴や反社会的な行動歴

将来的な犯罪を予測する１つ目の要因は、過去の犯罪歴や反社会的な行動歴である。早くから継続的に、様々な状況で反社会的行為を行っているかどうかは、将来的な犯罪行為を予測する根拠となる。犯罪のリスクとして着目すべきは、犯した罪の深刻さよりも、早くから犯罪に手を染めているかどうか、多くの犯罪歴があるかどうか、様々な反社会的行動がみられるかどうか、といった点である。幼い頃から問題行動が多かったり、若い頃に逮捕歴があったりする、暴行や傷害だけでなく窃盗などにも手を染めている、といった場合に今後も犯罪に至るリスクが高い。

## 反社会的パーソナリティ・パターン

反社会的パーソナリティ・パターンとは、将来の犯罪行動に関わる、いくつかのパーソナリティ特性の総称であり、少なくとも2つの側面がある。1つ目は自己統制力や計画性の不足である。これらは長期的な見通しを持ち、それを達成するために自分の行動を方向づける過程に関わる特性といえる。例えば、トラブルが発生し相手に対して怒りを感じたときに、自分を抑えられず殴ってしまった、というのは自己統制力が不足しているケースであろう。同時に、暴力を振るった結果、将来的にどのような事態になるのか（警察に捕まる、家族に迷惑がかかる等）について見通しを立てることができていなければ、計画性が不足していることになるだろう。

もう1つはイライラ感や被害感、敵愾心、他人を顧みない冷淡さなどのネガティブな情緒性である。相手の言動を被害的に受け取りやすく、怒りやイライラを感じやすい者は敵対心を持ちやすく、攻撃的な言動につながる可能性が高くなる。また、相手が感じる恐怖や不安、痛みなど、他者の気持ちを考える傾向が低ければ、罪悪感を抱かず、自分の反社会的行為を思いとどまる可能性も低くなるだろう。

## 反社会的態度

犯罪を肯定するような態度や価値観、信念、犯罪を合理化するような思考など、反社会的な物事の見方も、将来的な犯罪を予測する。こうした態度の1つに、中和の技術がある。犯罪を行う者であっても、悪い行為であるのはわかっており、言い訳や正当化をすることで、社会からの非難や、自分自身で抱く罪悪感を軽減している。例えば、殺人の加害者が「そんなつもりはなかったが、相手が大声で騒いだから仕方がなかったのだ」や「あいつには当然の報いだ」など、自分の行為を被害者のせいにするのは、中和の技術である。このほかにも、ヤクザや非行少年グループのメンバーに憧れその価値観や行動様式を取り入れる犯罪的他者への同一化や、社会生活を送るうえでの重要な習慣や既存の価値観（真面目に勉強や仕事に励む、社会のルールや秩序を守るなど）に対して反抗・無視する習慣の拒絶などが反社会的態度として挙げられる。

## 反社会的交友関係

不良仲間や非行少年、暴力団や半グレ集団など、反社会的傾向がある者との交友関係は犯罪のリスク要因となる。また、社会規範を遵守する

### セントラルエイトは再犯を予測する

| | リスク要因 | 再犯の種類 | |
|---|---|---|---|
| | | 再犯全体 | 粗暴犯 |
| セントラルエイト | 犯罪歴 | .29 | .21 |
| | 反社会的パーソナリティ・パターン | .33 | .23 |
| | 反社会的態度 | .17 | .13 |
| | 反社会的交友関係 | .21 | .16 |
| | 家族・婚姻の状況 | .13 | .09 |
| | 仕事・学校の状況 | .22 | .17 |
| | 薬物乱用 | .20 | .11 |
| | 余暇活用の状況 | .16 | .12 |
| | 経済的問題 | .08 | .02 |
| | 個人/感情的な問題 | .06 | .04 |

Olver et al.(2014) Table 4 を基に作成

サスカチュワン大学のマーク・オルバーらは、複数の研究結果を統合するメタ分析によって、セントラルエイトと再犯の関係性を検討した。表に示されている数字は相関係数である。統計的には、すべての要因が再犯を有意に予測しているが、経済的な問題や個人/感情的な問題（感情的な苦悩やメンタルヘルスの問題）は再犯との関連が弱い。セントラルエイトのほうが、再犯との関連性が相対的に強いことがわかる。

態度や価値観を持つ向社会的な人物との付き合いが薄い場合もリスクとなる。こうした交友関係によって、「社会のルールを守らないほうがかっこいい」といった反社会的な価値観を学ぶ機会が増加する。また、窃盗のやり方、違法薬物の入手・使用法など、どこで、どのように実行すればよいのかといった行動様式を学ぶ機会も増えることになる。さらに、こうした交友関係においては、反社会的行動をとることで仲間から賞賛され、それが報酬となって行動が強化される側面もある。

以上、ここではセントラルエイトのうち、以前はビッグフォーと呼ばれていた4つのリスク要因を紹介した。セントラルエイトについては、多くの実証研究が行われており、信頼できる科学的根拠のある主張だとされる。ただし、これらの研究はあくまで再犯を対象としており、不法行為の初犯や起源を扱ったものではない。犯罪歴のある者だけを研究対象としているため、犯罪のリスク要因を検討するデータとしては偏りがあることは否めない。再犯に限定しなければ、犯罪の主要なリスク要因は異なる可能性があるだろう。

（丹藤克也）

# タバコは犯罪のリスクを高めるか

Keywords
糖分
魚
ω3脂肪酸
ニコチン
アルコール

犯罪の原因には様々なものがあると思われるが、例えば、その人が日々摂取している食べ物や嗜好品が犯罪と関連しているということはないだろうか。

## 糖分の過剰摂取と暴力

これがはじめて大きな問題となったのは、サンフランシスコ市長のジョージ・モスコーニと市会議員ハーベイ・ミルクの殺人事件の裁判であった。この事件で検挙された犯人のダン・ホワイトの弁護士は次のような驚くべき主張を行ったのである。

「ダン・ホワイトは普段からトゥインキーという砂糖菓子が大

### スイーツ消費やその他の要因と攻撃性の関係

| 変数 | オッズ比 | p |
|---|---|---|
| 日々のスイーツ消費 | 3.182 | 0.007 |
| 男性 | 8.927 | 0.001 |
| 出生順序 | 3.648 | 0.003 |
| 健康度 | 0.294 | 0.032 |
| 子どもを甘やかせて育てる | 1.874 | <0.001 |
| 車の保有 | 0.224 | <0.001 |
| 田舎に居住 | 1.801 | 0.059 |

分析対象の人数＝6,942人　　Moore et al. (2009)

イギリス人乳幼児を追跡研究。彼らが10歳のときにどのくらい頻繁に甘いものを食べているのかを測定。毎日、スイーツを食べている子どもは、34歳になるまでに暴力的になる割合が3.182倍になった。

好物だった。これによって、糖分が過剰摂取され、それが血液内ブドウ糖の急上昇を招いた。その結果、インシュリンが過剰分泌され、血液内のブドウ糖が急減少し、脳内のブドウ糖も不足した。これがイライラ・不安感を増大させ攻撃性の高進をまねき、犯罪に至ったのだ」というものである。そして、彼の責任能力は完全ではなかったとしたのである。驚くべきことにこの「トゥインキー抗弁」はある程度認められ、ホワイトは責任軽減が認められた上で、計画的殺意のない殺人7年8カ月の禁固刑ですんだのである。

その後、多くの研究がこの問題についての実証的な研究を行った。その結果、糖分の過剰摂取が暴力を高進させるという可能性はどうやらありえそうだということがわかってきた。例えば、サイモン・C・ムーアは、イギリス人乳幼児17,415人（34歳のとき6,942人）を対象にして、その食生活とその後の行動の関係について追跡研究を行った。その結果、10歳のときに頻繁に甘いものをとっている子どもは、34歳になるまでに暴力的になる割合がオッズ比で3.182倍になることを発見した。

## 魚の摂取と暴力

では逆に、摂取することによって暴力が低く抑えられるという食品はないのだろうか。この問題に関して参考になりそうな研究がジョセフ・R・ヒベリンによって行われている。彼は、国ごとの年間殺人発生率と、魚の消費量の関係を調査した。その結果、海産物の消費量と10万人あたりの殺人発生率の相関係数は、−0.63とかなり高い負の値となったのである（相関係数は、2つの変数間の関係を示す数値で、1〜0〜−1の間の値をとる。0の場合、無関連、1や−1に近づくほど、関係性が強いことを意味する）。つまり、魚の摂取の量が多いほど犯罪が減少したのである。ちなみに彼の理論によると、日本で殺人が少ない理由の1つは、国民がより多くの魚を摂取するからであるということになる。ヒベリンは、この原因となる物質としてサバ、サケ、イワシ、タラ、ニシンなどに豊富に

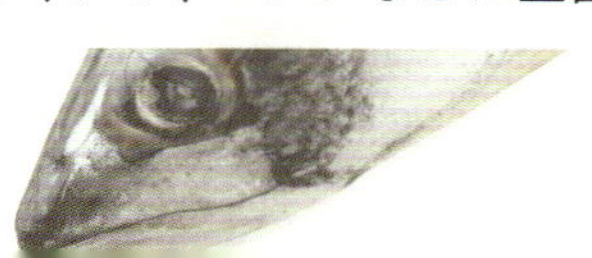

含まれるω３脂肪酸が重要なのではないかと考えている。ω3脂肪酸には、α-リノレン酸（ALA）、エイコサペンタエン酸（EPA）、ドコサヘキサエン酸（DHA）が含まれている。また、彼は陸上の動物の肉に多く含まれるω6のリノール酸は、逆に殺人を増加させるというデータも報告している。

また、カルロス・イリバレンらは、シカゴ、ミネアポリス、アラバマ州の住民を対象として、魚を日常的に摂取する割合と敵意尺度によって測定された敵意の関係を調査した。その結果、普段から魚を食べることが多い町の住民は敵意が少ないということが示された。

## タバコと犯罪

では、嗜好品であるタバコと犯罪の関係はどうだろうか。この問題を研究したのが、パトリシア・ブレナンらのグループである。彼らは、デンマーク人を対象にして、母親の喫煙量と子どもの犯罪の関係を検討した。その結果、妊娠最終3カ月の段階における喫煙量が多いほど、子どもの犯罪率が高いことが示された。この結果は母親の喫煙が胎児に影響を与えることを示したものだが、家族や生育環境における副流煙に関してもやはり子どものころの曝露が大きいほど、子どもの犯罪率が高まるということがわかっている。

これらの現象の原因として、喫煙によって摂取されたニコチンが、脳や神経系の発達に影響を与えるという仮説が提唱されている。第１の説は、喫煙が妊婦の血流量を減少させ、その結果、胎児の脳、とくに前頭前野の発達を阻害するからだというものである。第２の説は、喫煙がノルアドレナリン作動性神経伝達の発達を阻害する結果、生まれた子どもの恐怖条件づけメカニズムが障害され、その結果として、無謀な行動をとるようになるのではないかというものである。

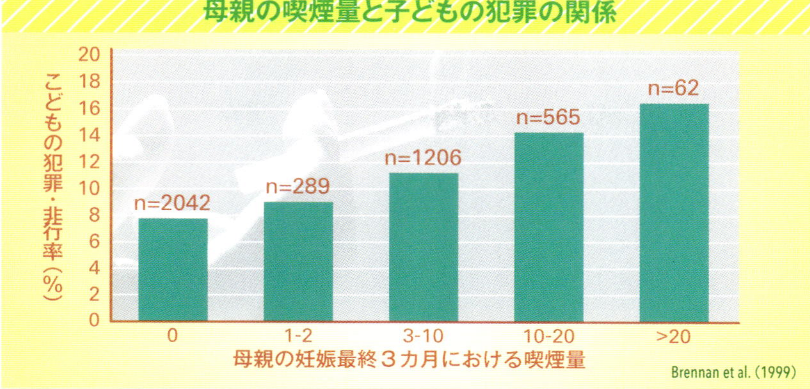


デンマーク人男性4,169人の出生コホートを対象にした母親の喫煙量と子どもの犯罪の関係。

## アルコールと犯罪

タバコ以上に消費されている嗜好品として、アルコールがある。では、母親のアルコール摂取は、子どもの暴力性に影響を与えるだろうか？この問題を研究したのがブレーナ・ソードらのグループである。この研究では、妊婦がアルコールを飲まなかった場合、週に1度程度飲んだ場合、それ以上飲んだ場合の子どもの暴力性や将来の非行について比較した。その結果、飲酒量が多くなればなるほど、問題行動は直線的に増加することがわかった。

以上のように、生育環境の中で摂取される様々な成分が犯罪のリスクを増加させるという証拠が次第に集まりつつある。ただし、気をつけなければならないのは、ある食物をとったからといって、すぐにその人が暴力的になるとか、ある人が暴力的なのはある食物をとったからだというように短絡的に考えてはいけないということである。これは非常にマクロな現象を見て初めて明らかになるものであって、個々の行動の説明原理になりうるものではない。そのような意味で、モスコーニ市長殺害の「トゥインキー抗弁」は必ずしも正しいとはいえない。　（越智啓太）

# 犯罪に遭う可能性は正しく推定されているか

Keywords
犯罪リスク認知
犯罪不安
プロスペクト理論
楽観バイアス
確証バイアス

社会には、私たちにとってたくさんのハザード（潜在的な危険性）が存在する。自然災害、疾病、事故、テロ、犯罪……。特に生命にかかわるようなハザードは、多くの人の関心を引く。大きな地震が10年以内に起こる確率を予測することは、その最たるものだろう。こうしたハザードがひとたび起これば、自分の生命が危険にさらされるからである。犯罪も同様であり、私たちは日々、独自の犯罪の被害リスクに対する判断を行っている。日常で明確に意識することは少ないかもしれないが、誰しも「夜、あの道は危ない」「家の鍵をかけないで外出することは危ない」「まさか私が被害に遭うことはない」と思うことがあるだろう。これが、リスク判断である。

## 犯罪リスク認知と犯罪不安

心理学では、犯罪の被害に遭う確率や被害の程度に対する主観的な見積もりを、犯罪リスク認知という。また、犯罪や犯罪を連想するようなシンボルへの恐れや不安といった感情的な反応は、犯罪不安といわれる。両者は似たもののように思われるが、前者は被害が起こる確率や被害の深刻さの程度といった認知的判断を表し、後者は被害への感情的反応である点で異なる。ただし、両者は概念的に異なるとしても、犯罪リスク認知が高いほど、犯罪被害への不安も高くなるという関係がある。

それでは、私たちは犯罪被害のリスクを正確に判断し、リスクの大きさに応じた適切な不安を感じていると言えるだろうか。残念ながら、答えはノーである。犯罪に限らず、私たちのリスク認知には様々な歪みが生じることがわかっている。また、不安という感情反応は完全にリスク認知に比例しているわけではなく、多様な情報源からの影響を受けて、リスク認知とは乖離した不安を感じることも知られている。さらに、私たちは被害リスクが高いと判断し、被害に不安を感じても、しばしば最悪の結果を予防する行動をとらないことも知られている。

## 私たちは客観的に確率が低いものを過大評価してしまう

先に示した通り、私たちのリスク認知には様々な歪みが生じる。その１つを知るには、プロスペクト理論の確率加重関数を知ることが役に立つ。プロスペクト理論は、心理学者・行動経済学者のダニエル・カーネマンとエイモス・トベルスキーが、不確実な状況での私たちの意思決定過程を理論化したモデルである。カーネマンはプロスペクト理論を提案した一連の研究により、2002年にノーベル経済学賞を受賞している。

プロスペクト理論の確率加重関数とは、ごく簡単に言えば、私たちは発生確率が低い事象を過大評価し、発生確率が中程度および高確率である事象を過小評価すると予測するものである。つまり、私たちは、客観的な確率に基づいてリスクを判断しているわけではなく、歪んだ判断をする傾向があるというわけである。

実際、様々なハザードにおける年間死亡者を推定した研究では、めったに起こらない災害や疾病は、実際の発生数より多く起きていると判断し、発生頻度が高い事故や疾病は、実際の発生数より少ないと判断することが知られている。この現象は、犯罪でも起こることがわかっている。大学生と警察官に対して各罪種の発生頻度を推定させた調査では、大学生は発生頻度が低い殺人や誘拐などの発生頻度を過大に推定し、発生頻度が高い窃盗や空き巣などの発生頻度を過少に推定する。一方、警察官の推定は統計上の発生数とほぼ一致しており、過大評価や過小評価は見られないようである。このことから、ハザードに対して客観的な知識が少ない一般人の場合には、系統的に過大評価や過小評価するバイアス（偏り）が生じると見ることができる。

## 40種類のハザードに対する年間死亡者推定

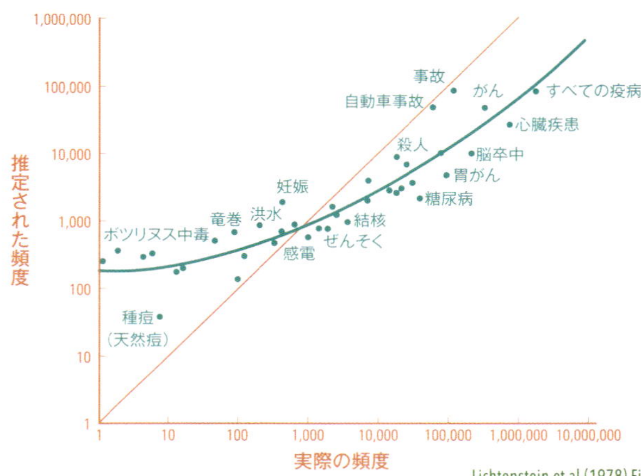


Lichtenstein et al.(1978) Fig.10より著者作成

実際の自動車事故の発生件数を示した上で、40種類のハザードの発生数を推定させた結果。横軸は実際の頻度、縦軸は推定された頻度を表す。確率加重関数が予測するように、低頻度でしか起こらないハザードは頻度が過大に推定され、高頻度で発生するハザードは頻度が過少に推定される。

## 大学生が行った各犯罪の認知件数の推定

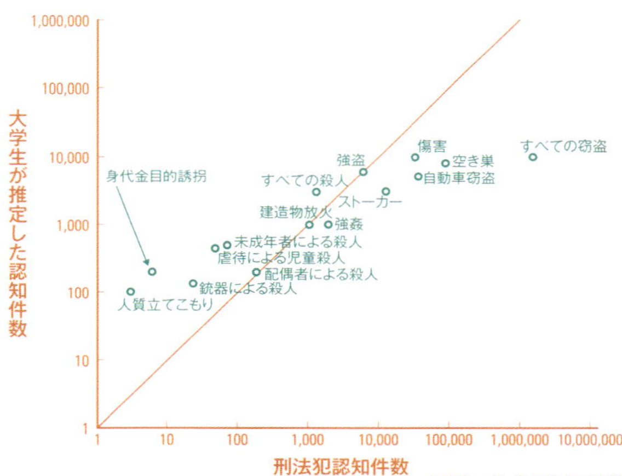


中谷内一也・島田貴仁（2008）図1aより著者作成

実際の強盗の認知件数を示した上で、18個の犯罪の認知件数を学生に推定させた結果。横軸は実際の認知件数、縦軸は推定された認知件数を表す。殺人や誘拐など、実際には低頻度でしか認知されていない犯罪は頻度が過大に推定され、窃盗や空き巣など高頻度で認知されている犯罪は頻度が過少に推定される。

## 私たちの認知の偏りを知ろう

ほかにも、私たちの認知にはバイアスが存在する。いくつか紹介しよう。

１つ目は、楽観バイアスである。私たちは、自他を比較し、ネガティブな出来事は他人に起こりやすく、自分には起こりにくいと考えがちである。また、ポジティブな出来事は自分に起こりやすく、他人には起こりにくいと考えがちである。不幸にも犯罪の被害に遭った人が、「自分は被害には遭わないと思っていた。自分は大丈夫と思っていた」と語るのをしばしば耳にする。まさに、楽観バイアスの所業である。

２つ目は、確証バイアスである。確証バイアスが意味するところは、私たちには、しばしば自分の考えにあった情報ばかりに目を向け、自分の考えを否定する情報を無視する傾向があるということである。例えば、自分は犯罪の被害には遭わないと楽観的に考え始めると、それに合致した自分の危険性は低いという情報、あるいは自分の危険性を積極的に低く見積もるための情報にばかり目を向けてしまう。これによって、私たちはますます自分のリスクを過小評価するようになる。

３点目は、正常性バイアスである。これは多少の異常が起こっても、それは正常の範囲内であると思いこみやすい傾向であり、災害などの文脈で取り上げられることが多い。例えば、不審な人を見かけると、一時的には自分の被害リスクを高く見積もり、有事に備える行動をとると予測される。しかし、正常性バイアスが働くと、「何か事情があっておかしな行動をしているに違いない。きっと自分に襲いかかってはこないだろう」と、自分のリスクを低く見積もることにつながるわけである。

このように、私たちは認知バイアスを持つが、これらがすべて悪なのではない。認知バイアスにも、適応的な意味があると思われる。例えば、もし私たちがこうした認知傾向を持つことなく、常にリスクを最大限に見積もる傾向を持っていたとすれば、私たちは危険に満ちた殺伐とした世界を生きていると考え、ひと時も心が休まらない。時に楽観的に考えることで、私たちは心の安寧を守っているのである。（荒井崇史）

09

# 犯罪は増えている？

マス・メディア
社会的現実
培養理論
インパーソナル・インパクト仮説

犯罪は増えているのだろうか？　それとも、減っているのだろうか？　令和４年（2022）版「犯罪白書」に基づくと、2003年以降、刑法犯認知件数は一貫して減少している（ただし、2023年には増加した）。刑法犯認知件数とは、警察などが発生を認知した事件の数であり、日本の犯罪に関する公式統計として活用されている。

実は、ここで考えたいのは、認知件数の増減を的確に答えられるかどうかではなく、なぜこの質問に、私たちの多くが答えられるのかという点にある。私たちは、日本中の犯罪や事件を

### 日本における刑法犯認知件数の推移

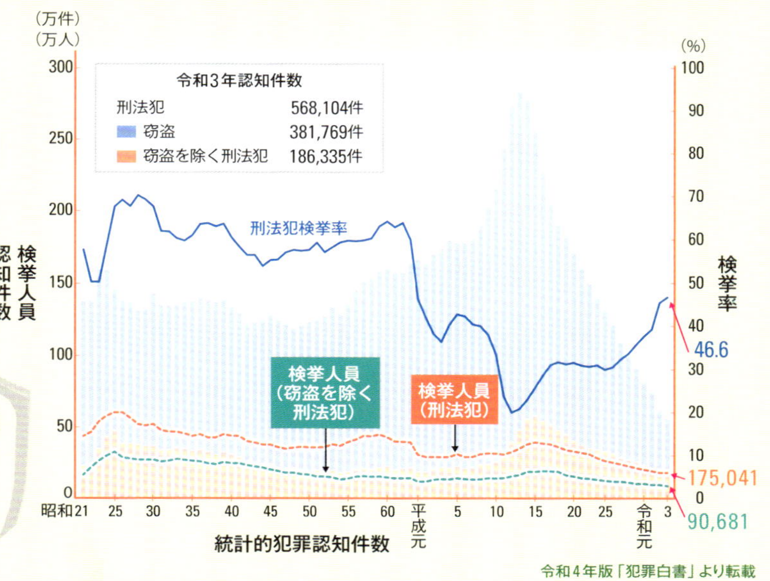


令和４年版「犯罪白書」より転載

日本における刑法犯認知件数は、2003年（平成15）をピークに、近年では一貫して減少している。この数年間は、毎年、戦後最少を記録し、2023年には568,104件まで減少している。ただし、刑法犯認知件数には暗数が存在することが指摘されており、現実社会の全ての犯罪を反映しているわけではない。

直接体験しているわけでも、見ているわけでもないのに、なぜ日本全体の犯罪動向を答えられるのだろうか。それは、私たちが何らかの方法で犯罪や事件についての情報を得ているからである。

私たちは身の回りで直接経験できる世界に加えて、様々な情報源からの情報をもとにして社会的現実を構築している。ミシガン大学のレオン・フェスティンガーは、私たちの意見や態度、信念がいかに集団への斉一性の圧力を受けているのかを説明するために、物理的現実と社会的現実を区別している。物理的現実は、他者の確認や合意を得ることなく、客観性の高い知識に基づいて構築される現実である。一方、社会的現実は、物理的現実の程度が非常に低いかもしくはゼロの状態であり、他者からの情報があって初めて成立する現実である。フェスティンガーによれば、私たちは、身近に知ることのできる物理的現実と同時に、他者を介して構築される社会的現実に住んでおり、これらの２つの現実は実際には明確に区別され得るものではないという。

## 犯罪情報の源は?

それでは、こうした私たちの現実認識を支える情報源はいくつあるのだろうか。犯罪や事件に関する情報を得る手段として、大きく分けると３つのルートがあるとされる。１つは、直接経験に基づく情報である。例えば、自分が被害に遭う、他者の被害を目撃することはもとより、居住地域の荒廃を目にすることなども直接経験に含まれる。２つ目は、他者からの伝聞情報である。私たちは、家族、友人や近隣住民などとのコミュニケーションを通して、被害経験や話題になっている事件について様々な情報を得ている。３つ目は、マス・メディアを通した情報である。テレビや新聞、ラジオなどはもとより、現在ではインターネットを介しても様々な情報を得ることができる。こうした情報源から得られる情報は、それぞれが独立して私たちの現実認識に影響を及ぼすと同時に、各々が相互に作用し合いながら現実認識を形作っていると考えられる。

私たちはマス・メディアを通して多くの情報に接している

マス・メディアが私たちの行動や意識に及ぼす影響に関する理論や議論をメディア効果論という。マス・メディアの視聴が受け手に直接強力な影響をもたらすとする理論を、特に強化効果論と表現する。一方、マス・メディアの情報は、直接的に受け手に影響するのではなく、オピニオンリーダーを媒介して間接的に一般に広まること、マス・メディアの効果は視聴者が既に持っている知識や態度を増強する程度であるとするような理論は、限定効果論といわれる。ここで取り上げた理論以外にも、議題設定効果、フレーミング効果などが生じることが実証的に示されている。

## マス・メディアの世界が社会的現実になる

マス・メディアがいかに私たちの現実認識に影響を及ぼしているかを説明する理論は多数存在するが、最も代表的な理論として挙げられるのは、ペンシルベニア大学ジョージ・ガーブナーらの提案する培養理論だろう。培養理論によれば、テレビに描写される暴力映像に長期的に繰り返し接触するうちに、テレビに描かれる世界に沿った、現実とは異なる認識が私たちの中に形成される。つまり、実際にはそれほど犯罪や事件が起こっていなくても、テレビや新聞、ラジオ、そしてインターネットを通して、毎日、暴力的な犯罪を視聴するうちに、この世の中は暴力にあふれた、殺伐とした世界であるという認識が作られるのである。ことに、マス・メディアに取り上げられる犯罪に関する情報は質・量ともに偏っていることは古くから知られている。このことから考えると、私たちは、物理的現実とはかけ離れた社会的現実に住んでいると言えるのかもしれない。

一方で、培養理論は、たくさんの問題点も指摘されている。例えば、情報に接触する頻度が多くなれば、誰でもそれに沿った認識を持ちうるのではなく、居住地での犯罪発生が多い視聴者のみ、テレビに接触する頻度が現実認識に影響することが示唆されている。後にガーブナーらは、こうした反論を培養理論に取り込み、視聴者の日常経験などを考慮した共鳴現象を提案している。共鳴現象では、危険な居住地域に住んでいるという事実などの要因とテレビ視聴の多さとが共鳴することで、視聴者の現実認識が形作られるというわけである。

## インパーソナル・インパクト仮説

培養理論は、マス・メディアへの接触が私たちの現実認識を作り上げることを説明する。これに対して、直接経験や他人からの情報伝聞の影響までも内包した理論も提案されている。それが、ノースウェスタン大学のトム・タイラーらのインパーソナル・インパクト仮説である。

インパーソナル・インパクト仮説には、いくつかの特徴がある。1つ目の特徴は、私たちが持つ犯罪に遭う可能性の認識（現実認識）を、社会的なレベルと個人的なレベルに区別する点である。ここで言う社会的レベルとは、居住地における一般的な住民が被害に遭う可能性の認識であり、個人的レベルでの認識とは、自分が被害に遭う可能性の認識である。２つ目の特徴は、この２つの現実認識に影響を及ぼす情報を、自分の被害経験（直接的経験）と他者からの情報伝聞やマス・メディアの情報（間接的経験）とに区別する点である。そして、直接的経験は個人的レベルでの認識に影響を及ぼし、間接的経験は社会的レベルでの認識に影響を及ぼすと予測するのが、インパーソナル・インパクト仮説の要点である。

実際、タイラーらは、米国での調査で、個人的な被害の経験がある場合には、身の回りが危険に満ち溢れた世界であるという認識が構築され、他者からの伝聞あるいはマス・メディアに多く接するほど、社会全体を危険なものと認識するようになっていくことを示している。　（荒井崇史）

# 環境をデザインして犯罪を防止する

Keywords
建築構造
守りやすい空間
領域性
自然監視
防犯環境設計

1956年、アメリカのミズーリ州セントルイスに、11階建て33棟で合計2,870世帯が入居可能な低所得者向けの大規模巨大集合住宅プルーイット・アイゴーが完成した。この住宅を設計したのは、日系人の建築家ミノル・ヤマサキ。斬新なデザインのこの住宅の設計で彼はアメリカ建築協会賞など多くの賞を受賞した。ところが入居が始まると住民たちは犯罪の問題に悩まされ始める。住宅の備品は盗み去られたり、破壊されたりし、壁には落書きがあふれた。また、怪しい人物がうろ

## プルーイット・アイゴーの悲劇

解体される前の
プルーイット・アイゴー

アメリカ合衆国住宅都市開発省より

完成からわずか16年後の1972年に爆破解体されることになってしまった大規模集合住宅プルーイット・アイゴー。

ついたり集まったりして、治安はみるみる悪化していった。その結果、多くの住民はそこから出て行ってしまい、人口が減ると、さらに治安は悪化した。その結果、最終的に完成からわずか16年後の1972年に爆破解体されることになってしまった。これを「プルーイット・アイゴーの悲劇」という。

では、なぜプルーイット・アイゴーは失敗したのであろうか。この問題について多くの研究者が研究を行った。その一人が建築の専門家、オスカー・ニューマンであった。彼は、プルーイット・アイゴーの様々な設計がじつは犯罪を呼びよせる構造になっていたのだと指摘した。彼は、犯罪を引き起こす要因としての建築構造に初めて言及したのである。例えば、この建物には、3階ごとに住民が交流できるスペースが作られていたが、そこは各部屋から見えない死角にもなっており、結果的に犯罪者や不良少年のたまり場になってしまっていた。

## 守りやすい空間

ニューマンは、この分析を元にして、犯罪が起きにくい建築が備えるべき原則を明らかにした。それが守りやすい空間理論である。

この理論では、防犯に重要な要素として、まず「領域性」をあげる。これは建物の設計においてその地区なり場所なりが「われわれのもの」であることを示し、その空間への侵入者にとっては「正当な空間」ではない場所に侵入しているという感じを抱かせる物理的、象徴的な障壁のことである。象徴的な障壁とは、例えば、街路から一段高くなった庭の空間や塀の設置などをさす。このような障壁がないと侵入者が容易に侵入してきてしまう。

第2に彼があげるのは、「境界の画定」である。これは公的空間、半公的空間、私的空間がどこからはじまり、どこで終わるのか、それぞれの場所がどのような空間であるのかが一目瞭然でわかるようなデザインのことをさす。曖昧な空間的区分があればあるほど、そこにいる侵入者の存在を覆い隠してしまうからである。

第3は、「自然監視」である。これは「正当な空間」に入り込んでいるよそ者を内部の人間が自然な生活の中で監視するような状態のことをさす。このような監視性がなければ侵入者は容易に入り込んでしまう。例えば、プルーイット・アイゴーの吹き抜け空間は居住する部屋などから見えにくく、誰からも監視されない空間になってしまっていた。

第4は「イメージ」である。外部からの侵入者を防ぐためには住民が自分たちのコミュニティに愛着を持ち、自分たちの力で守っていこうという動機づけを持つことが重要である。プルーイット・アイゴーは、近隣の住宅とは異なったモダンなデザインであり周囲の住宅とは明らかに異なっていたのだが、ここに住む住民たちはその特異性を誇りに思うのではなく、逆に「低所得者住宅の烙印」として捉えてしまったのである。そのために住民は、自らのコミュニティへの愛着がわかず、住みよい環境を作ろうといった動機づけを持つことができなかったのである。

最後にあげられるのは、「環境」である。これは、住宅を都市の中で安全と認められている場所、例えば、社会施設のある場所、交通量の多い街路などに面して位置づけることを意味する。

## 環境設計によって犯罪を防ぐための理論

環境設計が犯罪を防ぐという考えは、ニューマンとは別の研究者によっても同時期にいくつか提案された。ひとつはレイ・ジェフリーによる「防犯環境設計（CPTED）」という考え方である。彼も犯罪における「環境」の重要性を説くとともに、接近性の制御（犯人が対象物に接近しにくくする）、監視性の確保などニューマンと同様の概念を用いて防犯方略につ

レイ・ジェフリーによる「防犯環境設計（CPTED）」という考え方では、従来の犯罪理論が犯罪を行う「人」に偏っていたことを批判し、「環境」の重要性を説く。

いて検討した。ニューマンが居住者の視点に立った住居に対する防犯理論だったのに対し、ジェフリーの考えは、住居に限らず、事務所や公園、乗り物など、より広い対象に応用可能であった。また、彼は「人」の要因についても同様に重要だと考えた。

一方、イギリス内務省のロナルド・クラークは、「状況的犯罪予防」という概念を提唱した。彼は犯罪者の行動は合理的であり、犯罪によって得られる利益がコスト（捕まるリスクなど）を上回ったときに犯罪が発生すると考えた。それゆえ彼は、犯罪者がそこで得られる利益に比べて高いコストを感じるような環境設計をすることによって犯罪の被害可能性を減少させることができるとした。

現在の住居や大規模住宅、オフィスなどは何らかの形で、これらの環境設計による防犯の考え方を導入している。つまり、デザインは私たちが気づかない形で防犯に寄与しているのである。　（越智啓太）

11

# コミュニティの結びつきが犯罪を抑止する

Keywords
コミュニティ
近隣監視活動
防犯パトロール
集合的効力感
ソーシャルキャピタル

昨今、自治会などの地縁団体などを中心に、ボランティアによる自主防犯活動（➡12）が展開されている。こうした地域コミュニティに基づいた防犯活動は、いまや警察などの公的機関の活動とともに、地域社会の安全を支える重要な柱となっている。犯罪予防を考えたとき、なぜこのようにコミュニティでの活動という視点が重要になってきたのだろうか。そこには、伝統的な犯罪研究の問題点と環境設計による犯罪予防の限界がある。

## 犯罪予防でコミュニティが重要なワケ

旧来の犯罪研究は、犯罪者の原因を犯罪者の中に求め、それが発達的な過程でどのように獲得されたのかにばかり目が向けられていた。いわば、犯罪者理解のための犯罪研究だったのである。

環境や状況の影響を無視した伝統的な研究の批判から生まれたのが、環境設計による犯罪予防である（➡10）。多くの犯罪（例えば、万引きや自転車盗など）は、普段は犯罪と無縁のいたって普通の人々によってなされる。こうした犯罪は、個人の資質の問題というよりも、多くの場合、目の前の環境や状況に対する選択と決定の結果として生じる。したがって、犯罪が起こる環境や状況に目を向けなければ、犯罪は理解できない。このような環境設計を重視した見方は、伝統的な「犯罪者」を理解しようとする立場から、「犯罪現象」自体を理解しようという立場へのパラダイムシフトといえる。

### 街の要塞化（ゲーティッドコミュニティ）のイメージ

環境設計による犯罪予防を突き詰めると、高いフェンスに囲まれ、守衛が24時間常駐するゲートや何台もの監視カメラで囲まれた外部から隔絶された街となってしまう可能性がある。フェンス内の安全性は向上するかもしれないが、フェンス外の街とのつながりが切断されてしまうだろう。それゆえに、時にコミュニティの崩壊を招く恐れもある。こうした街がよいのかどうかは議論の途上にある。

環境設計による犯罪予防は、この30年間重視され、今でも多くの施策が環境設計による犯罪予防の考え方に則っている。しかし、環境設計による犯罪予防が完全なわけではない。例えば、①対策の効果は必ずしも確立されたものではない、②手口が変われば効果がなくなるし、効果がどの程度持続するのかもわからない、③犯罪を防ぐ効果があっても、安全な環境を求めすぎると別の問題（例えば、健全な社会性の発達）との折り合いが困難になる、④環境設計による犯罪予防を突き詰めると、街の要塞化に行き着く危険性があるなどの問題である。端的に言えば、環境というハード面で犯罪を予防する取り組みには限界があるということである。そこで重要になるのが、より柔軟な対応力を持つ、コミュニティの人的・社会的資源によるソフト面での対策である。

## 住民パトロールは効果があるのか？

コミュニティにおける防犯活動として代表的な、徒歩による防犯パトロール、青色防犯パトロール、わんわんパトロール、登下校の見守り活動などは、近隣監視活動（ネイバーフッド・ウォッチ）といわれる。近隣監視活動の取り組みの中心は、地域内でのパトロールと不審者等を見かけた場合の通報である。近隣監視活動は、コミュニティで行われる代表的な防犯活動の１つであり、今や日本中の様々な場所でその活動を見かける。背景にある原理は、どんな形であれ防犯パトロールによって「人の目」が増える、すなわちその地域の監視性が高まるために、潜在的な犯罪者に犯行を思いとどまらせることができるというわけである。しかし、はたしてこれらの活動には犯罪を削減する効果があるのだろうか。

結論から言えば、これまでの北米での研究では、住民パトロールは犯罪全体の数の抑制において効果があることがわかっている。ただし、個々の罪種（例えば、侵入窃盗や強盗）を細かく見ていくと、その効果が判然としない。英国でも過去約30年間の研究のメタ分析を通して、住民パトロールには犯罪抑止効果があることが示されている。さらに、住民パトロールは犯罪の削減だけでなく、地域住民の犯罪不安を抑制する効果もあるようである。

## コミュニティの結びつきが犯罪を抑止する

コミュニティ内での結束が重要なのは、コミュニティでの活動が活性化するためだけではない。コミュニティが強固であることは、他にもいくつかの恩恵を私たちにもたらしている。

１つ目は、コミュニティの結びつきが強固である地域のほうが、コミュニティの結びつきが弱い地域よりも、犯罪が少ない。シカゴ大学のロバート・サンプソンらのグループは、共通利益のために何かをすることで結びつけられた近隣住民同士の社会的結束を、集合的効力感と表現している。彼らのグループは、集合的効力感を地区単位で測定し、それが犯罪を抑止する効果を持つかどうかを検証した。その結果、集合的効力感が高いコミュニティは、低いコミュニティと比べ、暴力的な犯罪の発生が格段に少なかったのである。こうした効果は、実は日本でも実証されている。

## 集合的効力感が犯罪を抑止する

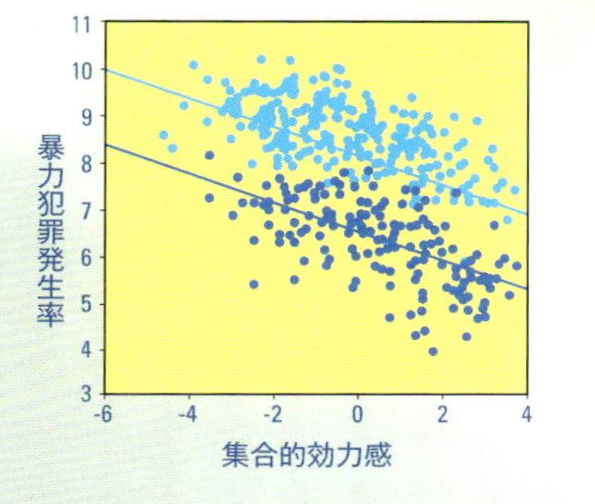


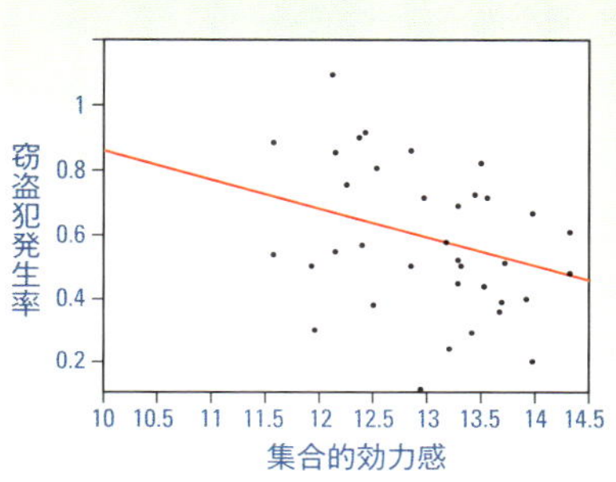


島田貴仁（2009）を参考に作成

集合的効力感と犯罪発生との関係を表した模式図である。横軸は集合的効力感を表し、縦軸は犯罪の発生率を表している。左側の図が暴力犯、右側の図が窃盗犯である。コミュニティ単位の集合的効力感が高いほど（図でいうと右に行くほど）、各犯罪の発生率が低下していることがわかる。

２つ目は、コミュニティにおける信頼感や相互援助を表すソーシャルキャピタルが豊富であるほど、犯罪を防ぐ効果があるという点である。ソーシャルキャピタルを正確に定義することはなかなか難しいが、いわば「ご近所の力」を数値化したものと考えていただけたらと思う。ソーシャルキャピタルについても、欧米で先行して研究がなされているが、そうした研究では、ソーシャルキャピタルが豊かな地域では、そうでない地域と比較して殺人率が低いことがわかっている。一方、日本に目を転じてみると、ソーシャルキャピタルが豊かな地域では住民間の協力行動が盛んであり、そういう地域ほど空き巣や車上ねらいの被害が少ないことが報告されている。すなわち、互いに信頼し、相互援助を惜しまないコミュニティほど、犯罪を抑止するという恩恵を享受できる。

コミュニティの結びつきは、現代の日本では徐々に失われつつあるとも言われる。特に都市部の一人暮らし世帯が多い地域などでは、孤立無援の生活を送ることもあり得る。コミュニティの弱体化は、犯罪に対抗する力の弱体化と言えるのかもしれない。（荒井崇史）

**コミュニティの結びつきが犯罪を抑止する**

# 防犯ボランティア活動が継続している団体は何が違う?

防犯ボランティア
自主防犯活動
活動阻害要因
地域活性化
まちづくり

安全・安心なまちづくりには、何が重要だろうか。警察や役所の施策は安全・安心なまちの基本指針になるだろうし、個々人がどう行動するかも重要な要素である。また、個々人だけでカバーできることには限界があり、住民間の連携を通して乗り越えることも必要である。日本では、元来、相互協力による互恵性を重んじる地域社会が形成されてきたが、近年ではそうした相互協力が崩れつつあるとも言われる。そうした中で、地域の防犯ボランティア活動は、従来の相互協力に根差した取り組みとして注目されている。

## 私たちは多くの防犯ボランティアに守られている

ボランティアとは、報酬を目的としないで自分の労力、技術、時間を提供して地域社会や個人・団体の福祉増進のために行う活動である。防犯ボランティア活動は、個人や団体による防犯を目的とした自主的な活動であり、自主防犯活動などとも言われる。

2018年末、日本で防犯ボランティアを行う団体数は47,180団体、構成員数が2,588,549人に上る。団体数、構成員数とも2005年頃から急増し、最近数年は微減の状態にある。2005年頃に何があったのだろうか。日本の犯罪情勢をみると、1990年代後半から2000年代前半にかけて刑法犯認知件数が急増した。また、2005年頃に奈良県、広島県、栃木県で子どもを狙った犯罪が相次ぎ、犯罪不安も高い状態であった。こうした情勢のもと、国の施策において、防犯ボランティア活動の推進が盛り込まれたのである。すなわち、国民の犯罪予防への高い関心に、行政の後押しが加わり、現在の状況が生まれたと考えられる。

## 地域にあった防犯ボランティア活動が重要

一口に防犯ボランティア活動といっても、その種類は多様である。駿河台大学の小俣謙二らは1都3県525の防犯ボランティア団体への調査から、日本で実施されている活動を3つのカテゴリに分けている。1つ目は、拠点監視活動である。これは、通学路パトロールなど監視性を高める（人の目を増やす）活動で、近年では防犯団体や自治体などが、自動車に青色回転灯を装着して行う青色防犯パトロールが重要な役割を担っている。2つ目は啓発・情報提供活動である。防犯ブザーの配布や犯罪情報の提供など犯罪への市民の意識を高めるための活動が含まれる。3つ目は、環境整備活動である。公園や道路の清掃美化、違法広告物の撤去など地域環境を改善することで、犯罪を起こしにくい環境を作ることを目的とした活動である。防犯ボランティア活動は、地域の担い手のアイディアによって、様々な形態をとることが可能である。したがって、その団体にあった無理なく行える活動を見つけ出すことが重要となる。

## 防犯ボランティアの効果は犯罪削減だけではない

防犯ボランティア活動は、第一義的には犯罪の予防・削減を目指して行われるが、活動の効果は必ずしもそれだけとは限らない。ボーリング・グリーン州立大学のスティーブン・ラブは、地域の防犯ボランティア活動の短期的な効果として、市民の社会参加意識や責任感が増えること、市民の知識が増えること、その地域の活動に即した成果（地域環境がきれいになるなど）、行政と住民の協力や交流の機会が増えることなどを挙げている。また長期的な効果として、犯罪の減少、犯罪不安の緩和、地域の一体感の醸成、インフォーマルな社会的統制の強化を挙げている。

このように、防犯ボランティアは多様な効果を持つのであり、単に犯

### 防犯ボランティア団体の様々な活動

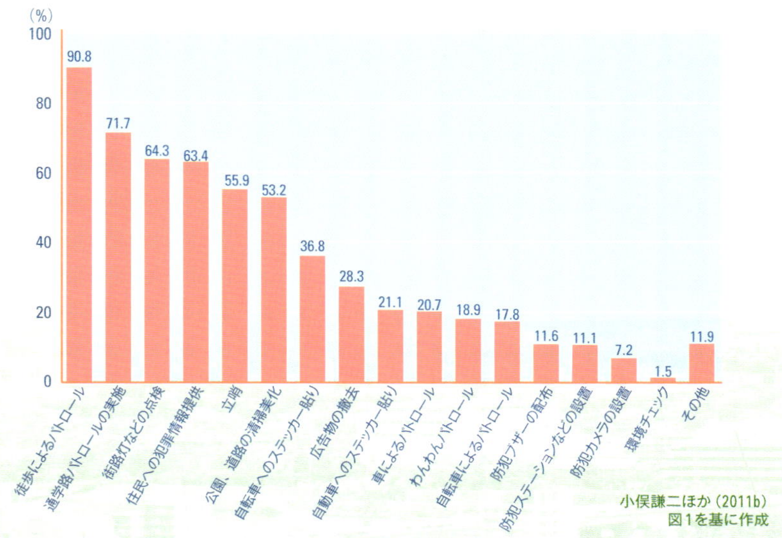

小俣謙二ほか（2011b）
図1を基に作成

この図は、1都3県の防犯ボランティア団体へのアンケート調査で示された、各団体が行っている活動の集計である。防犯ボランティア活動といっても、団体によって行われている活動は様々であることがわかる。その中でも、特にパトロールなどの拠点監視活動が多くの団体において実施されている。人の視線（監視性）は、犯罪を抑止する重要なファクターであり、こうした地道な活動はなくてはならないものである。いずれにしても、地域や団体にあった活動を展開することが、活動継続の秘訣といえるであろう。

罪が増えた、減ったということだけで一喜一憂するのは尚早である。防犯ボランティア活動の評価を行う際は、まずその活動が何を目的としていて、副次的に何らかの効果がないかどうかなど柔軟に考える、多角的な視点が求められるのである。

## 防犯ボランティアの維持・継続の秘訣

防犯ボランティアは自主的な活動であるがゆえに、多様な活動を継続的に行うことは容易ではない。防犯ボランティアの活動を維持・継続させるには、それを阻害する原因を知ることが第一歩となる。これまでに、活動が不活発化してしまった団体への調査から、活動の維持・継続を阻害する共通の原因がわかっている。

第1に、防犯ボランティア活動はもともと発生頻度が少ない犯罪をさらに削減することを目指しているため、効果を実感しにくく、意欲の低下が起こりやすい点がある。心理学の学習理論からも明白なように、効果が実感できなければ、活動に対する強化が行われず、その活動を続ける意欲を維持することは難しい。したがって、いかに成果を目に見えるものにするか（見える化するか）が継続のカギになる。

第2に、担い手の高齢化の問題がある。活動の担い手としては町内会・自治会などの地縁団体などに多くを依存し、その多くが60代以上である。若年層をいかに取り込むかは、多くの団体の課題となっている。その一方で、新たな動向として、大学生などの若年層の防犯ボランティア活動も活発化している。大学生などの若年層は、今後の新たな防犯ボランティアの担い手として期待されるところが大きい。また、従来型の地縁団体をベースとした防犯ボランティアと、新たに起こりつつある大学生を主体とした防犯ボランティアとのコラボレーションも、今後考えていくことが望まれる。

第3に問題になるのが、住民や警察など、周囲の協力が得られない場合である。活動地域の住民の協力が得られなければ、メンバーが増えずに人手不足に陥る。人手不足は既存のメンバーの負担感を高め、活動の維持・継続が困難になる。それゆえに、住民や警察など関連機関との関係を良好に保つことで協力を引き出すとともに、メンバーで実施可能な範囲に活動を絞ることも時には必要になる。

その他にも、世代間の引き継ぎ、メンバー間の人間関係、活動費の負担の問題などが挙げられる。少なくとも、解決の第一歩として地域特性に合わせた無理のない活動を心掛けることが必要となる。それとともに、防犯活動に囚われないことが必要である。防犯活動だけに囚われると継続が難しい。そこで、地域に合わせた多様なイベントや様々なレクリエーションなどを盛り込んだ、「楽しんで活動する」団体となることが必要である。

（荒井崇史）

13

# 犯罪予防をやる気にさせるメソッド

Keywords
犯罪情報の発信
説得的コミュニケーション
精緻化見込みモデル
脅威アピール

犯罪の被害には誰しも遭いたくないだろう。ましてや自分にとって大切な人たちが犯罪の被害に遭うことなど、考えたくもない。しかし、思いとは裏腹に厳しい現実が存在する。

警察庁の統計によれば、2018年に発生した侵入窃盗のうち、空き巣では約37%（22,103件中8,343件）、忍び込みでは約71%（7,409件中5,270件）、居空きでは実に約79%（1,859件中1,486件）が、"施錠をしていない"ドアや窓から侵入され被害に遭っている。また、窃盗の中で認知件数が最も多い自転車盗に関しても、"施錠をしていない"状態で被害に遭っている割合は約60%（183,879件中111,116件）に上る。被害に遭いたくないと思いつつ、これだけ無防備な状態で被害が起こっているのが現実なのだ。逆にこのことは、実施が比較的容易な犯罪予防行動を促すだけでも、かなりの数の被害を防げることを意味する。こうした点は、警察機関も理解しており、各都道府県警のホームページには、犯罪予防を奨励する多くの情報が掲載されている。

## 説得的コミュニケーションとしての犯罪情報の発信

犯罪予防行動を奨励する情報発信は心理学における説得に他ならない。説得とは、情報の送り手が受け手の態度や行動を送り手の意図する方向に変容させようとすることである。このとき、情報の送り手は受け手に強制することなく、納得させながら変容させることになる。また、説得では主に言語的コミュニケーションが用いられ、ゆえに説得的コミュニケーションといわれ

### 窃盗の各種の手口

| 侵入窃盗の手口(例) | | |
|---|---|---|
| **空き巣**<br>家人等が不在の住宅の屋内に侵入し、金品を盗むこと | 住宅対象 | |
| **忍び込み**<br>夜間家人等の就寝時に住宅の屋内に侵入し、金品を盗むこと | 住宅対象 | |
| **居空き**<br>家人等が在宅中の住宅の屋内に侵入し、金品を盗むこと | 住宅対象 | |
| **事務所荒らし**<br>会社、組合等の事務所に侵入し、金品を盗むこと | | |
| **金庫破り**<br>事務所等に侵入し、金庫(手提げ金庫を除く)を破って金品を盗むこと | | |

上記の侵入窃盗の手口は一例である。侵入窃盗にも多様な手口が存在する 。住宅対象の侵入窃盗として、空き巣、忍び込み、居空きがある。その他にも、事務所荒らし、学校荒らし、出店荒らし、倉庫荒らし、旅館荒らし、官公庁荒らし、病院荒らし、金庫破り、ATM破りなど、多様な手口がある。

ることもある。

犯罪予防の文脈で考えてみよう。情報の送り手は、警察や市区町村の防犯課などの公的機関、あるいはセキュリティを手がける企業などである。受け手は一般市民である。警察などの公的機関は、チラシ、ホームページやSNSなどを用いて、主に文章などによって市民に犯罪予防を行ってもらえるように働きかける。もちろん、犯罪予防を行うかどうかは市民の意思にかかっているわけであるから、それは非強制的な文脈での働きかけということになる。つまり、警察などの公的機関は、市民の安全を目指して犯罪予防を行ってもらえるように説得しているとみることができる。したがって、これまで心理学が培ってきた様々な説得技法を活用できる。

犯罪情報の発信を説得と捉えるならば、やみくもに情報を発信すればよいわけではないことがわかってくる。これまでの研究で、効果的な説得で何が重要な要素かが明らかにされている。また、犯罪情報はやみくもに発信すると市民の不安や不信感を増大させかねない(➡09)。それゆえに、戦略的に情報を発信することが求められる。

## 受け手の関心によって情報を変える

戦略的な情報の発信でまず大切なのは、情報の受け手の関心の度合いに応じて発信すべき情報を変えることである。この点を理解するには、リチャード・ペティとジョン・カシオッポの精緻化見込みモデルがわかりやすい。このモデルでは、私たちが説得を受けて態度を変える場合、2つの情報処理過程が介在するという。1つは、情報をよく吟味した上で態度を変えるルート（中心ルート）である。もう1つは、得られた情報をあまり吟味することなく、内容とは関係のない周辺的な手掛かり（例えば、情報発信者は信頼できるか、魅力的かなど）によって態度を変えるルート（周辺ルート）である。そして、2つのルートのいずれを通るのかは、情報の受け手の動機づけや情報を処理する能力に依存する。問題への動機づけが高く、得られた情報を処理する能力が十分にあれば中心ルートを通った情報処理がなされる可能性が高い一方、動機づけか処理能力のいずれかが不足すれば周辺ルートを通った情報処理がなされる可能性が高いということである。

精緻化見込みモデルを、犯罪情報の発信に当てはめてみよう。犯罪予防に関心の高い防犯ボランティアに情報を提供する場合、中心ルートによる情報処理が見込めるため、詳細な情報を示しても、内容を詳細に吟味して態度を変えることにつなげることができる。逆に、犯罪予防にまったく興味のない者に情報を提供する場合、周辺ルートによる情報処理となる可能性が高いので、見た目重視で内容を短文で提示したほうがむしろ効果がある。精緻化見込みモデルによれば、この逆は効果が見込めない。だからこそ、受け手の関心の度合いで情報を変えることが必要になるわけである。

## 脅威を用いた行動変容アプローチ

戦略的な情報の発信という点では、脅威アピールも効果的である。脅威アピールは、説得しようとする行動を受け入れなかった場合に受け手

## 精緻化見込みモデルを単純化した概略図

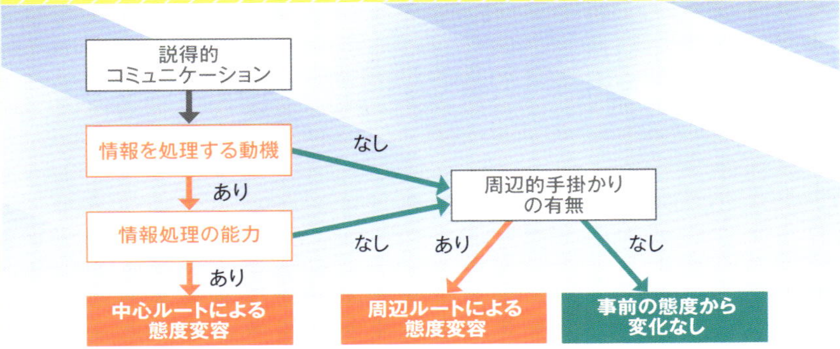

ペティとカシオッポの精緻化見込みモデルを単純化した概略図である。実際には、情報処理能力の後に、情報処理の質の評価や認知構造の変化を仮定しているが、理解しやすさを重視して省略した。なお、周辺的手掛かりとは、例えば、芸能人を使った情報提示のような情報源の見た目の華やかさや魅力、情報源が信頼できるかどうかなど、内容とは関係のない側面での手掛かりである。

が被る不快な状態を示し、脅威を与えることで、奨励する行動を受け入れるように働きかけることである。例えば、「この地域では痴漢が多発しています。最近も、○○のような事例がありました。みなさんの安全のために、夜間の“ながら”歩きはやめましょう」などの情報は巷に多々見られるが、これが脅威アピールである。

脅威アピールのポイントは、適切に脅威を喚起すること、そして脅威情報と共に効果的な対処行動を提示することである。いずれが欠けても、効果が乏しいことがわかっている。また、伝える脅威が強すぎると、情報を避けたり、否認したりするなど、逆効果になる。

脅威アピールは、犯罪予防の文脈でもよく使われる手法であるが、適切な脅威喚起と効果的な対処行動の勧告によって、受け手の態度や行動が変わることは実証的にも示されている。特に、被害事例などによって脅威と同時に恐怖を喚起することが、短期的な行動変容に強い効果を持つことがわかってきているし（ただし、すぐに元に戻りやすい）、統計情報によって脅威の理解を促す場合には、短期的な効果は被害事例に比べて弱いが、長期的な効果が見込まれる可能性が高まることが近年の研究で示されている。（荒井崇史）

14

# 厳罰化することで犯罪を減らせるか

Keywords
厳罰化
抑止理論
犯罪減少
刑務所

この社会で犯罪が起こらない日は1日もなく、いつの時代も世間の耳目を騒がせる事件が繰り返し起こる。どうにかして、この世から犯罪をなくせないものだろうか。そう考えたときに、犯罪者への罰を厳しくすれば犯罪を減らすことができるのではないか、と誰しも一度は考えたことがあるのではないか。

ことに、未成年によって引き起こされた重大事件や、マスコミによって大きく報じられる有名人の薬物事犯等では、とかく厳罰化の主張が行われる傾向があるようだ。罪を重くすれば犯罪が減る、という意見に賛成する人々は少なくないかもしれない。飲酒運転によって引き起こされた痛ましい交通事故などを見ると、心情的には厳罰化による犯罪抑止を支持したくなる。しかしながら、現代の犯罪学における様々な研究の結果、厳罰化が犯罪を減らす効果は小さなものでしかない、ということがわかってきている。

## 抑止理論

犯罪行為に対する厳罰化の効果を論じる際の理論的な枠組みとして、抑止理論がある。この理論の主張は明快である。すなわち、犯罪に及んだときに得る利益が、犯罪に及ぶことによって生じる費用を上回る、つまるところ、「犯罪が割りに合う」ときに、人々は犯罪に及ぶというものである。犯罪行為をしたことで、犯罪者が蒙る社会的反作用による威嚇の力を個々人が心理的に受け止めることで、個々人の犯罪が抑止されることになる。

威嚇力の具体的な内容としては、①刑罰の厳しさ、②悪いことをすれば確実に罰せられるという刑罰の確実性、③職を失ったり、配偶者との生活が破たんしたりといった、刑罰の間接的な影響等が考えられている。③については、違法薬物を使用した芸能人が、テレビへの出演を拒否され、過去に出演した作品からも抹消されるといった事態がそれに当たるだろう。

## メタ分析による検証

ここで抑止理論をメタ分析によって検証した研究を紹介する。アメリカ、シンシナティ大学の犯罪学者トラビス・プラットらの研究である。メタ分析とは、その分野についての研究を複数ピックアップし、個々の研究の中で示された統計学的な指標を複数集め、それらをメタ分析のために開発された統計学的な手法を用いて指標を計算し、結果を得るというものである。適切に行われたメタ分析によって得られた結果はエビデンス（科学的根拠）として最も信頼できるとされている。プラットらの研究では、抑止理論に関する40の研究が集められ、先に述べた①刑罰の厳しさ、②刑罰の確実性、③刑罰の間接的影響、がそれぞれ犯罪の減少とどの程度関連するかを分析している。それによると、まず、①刑罰の厳しさが犯罪を減らすことについては、非常に小さな効果しか得られなかった。②それに比べて刑罰の確実性は、中程度の犯罪抑止効果を持っていることがわかった。③刑罰の間接的影響は、小さな犯罪抑止効果を持っていた。

なお、①については、統計的には有意に犯罪の減少と関連していたが、効果量と呼ばれる数値は−0.027と小さな効果しか持たなかった。効果量は−1から1の値を取り、0に近くなると効果は小さくなる。②の効果量は−0.334、③の効果量は−0.177であった。

## 厳罰化政策に科学的根拠はあるか

厳罰化による犯罪抑止効果は微々たるもので、それよりは犯罪に及んだ人を確実に罰することのほうが重要である。しかしながら、犯罪に対する厳罰化の意見は、しばしば大衆受けがよいこともあってか、政策決定者も厳罰化に積極的になる傾向があるように思われる（わが国も例外ではない）。アメリカの社会学者ロバート・マーティンソンは、1974年に発表した論文で、当時の犯罪者に対する矯正プログラムの研究を調べ、何も効いていない（nothing works）と述べた。このnothing worksという言葉は有名であり、論文の影響は大きかったようで、犯罪者に教育をしても犯罪は減らないという言説が広まる一因になったと言われている。教育が無効であれば、世論は容易に厳しい刑罰を科すより他はないという方向に傾いてしまう。

アメリカでは、1990年代に三振法と呼ばれる法律が制定された。これは重罪で2回の前科を持つ者が、有罪判決を受けると終身刑になるという政策である。この法律によって、ゴルフクラブ3本を盗んで三振法が

### アメリカの州および連邦の管轄下にある刑務所人口、1980～2016年

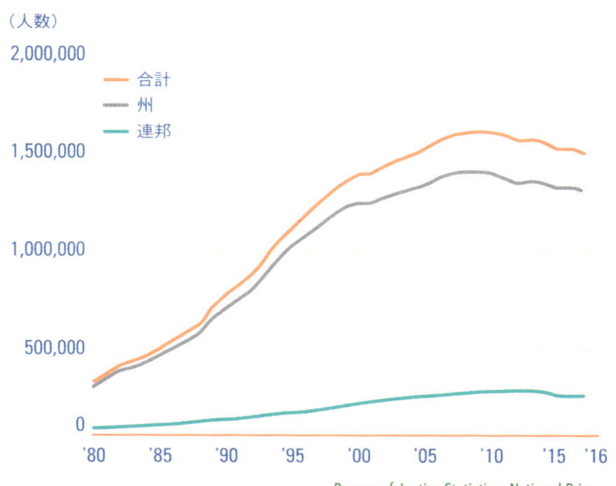


Bureau of Justice Statistics, National Prisoner Statistics, 1980-2016.

## わが国の刑事施設収容人員

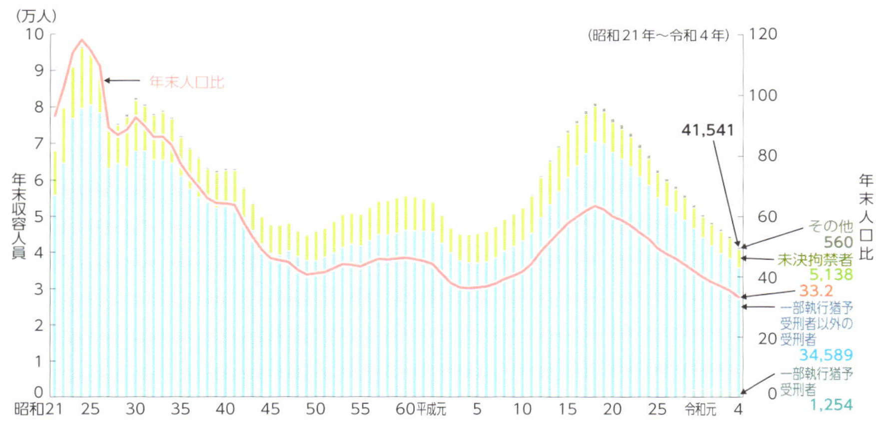


注 1 行刑統計年報、矯正統計年報及び総務省統計局の人口資料による。
2 「年末収容人員」は、各年末現在における収容人員である。
3 「その他」は、死刑確定者、労役場留置者、引致状による留置者、被監置者及び観護措置の仮収容者である。
4 「年末人口比」は、人口10万人当たりの各年末現在における収容人員である。
5 「一部執行猶予受刑者」は、刑の一部執行猶予制度が開始された平成28年から計上している。

適用され、終身刑が言い渡される事例が生じている。厳罰化政策の結果、アメリカでは刑務所人口が100万人を超えるという過剰収容に陥るようになった。わが国の刑事施設（刑務所と拘置所）の収容人員は、2023年7月末時点で4万680人である。アメリカの人口は日本の人口の約2.5倍程度であるから、どれだけアメリカの刑務所人口が多いかがわかるだろう。

わが国においても、21世紀に入ってから少年法や刑法等の改正による厳罰化政策が繰り返し行われている状況がある。これらの厳罰化については、その時々の趨勢を踏まえて政策決定者が行ってきたわけであるから、一概に否定的に論じることは避けたいが、単に厳罰化をすれば犯罪が減るのだという思想、信仰から行われた面があったとすれば、科学的な根拠を政策に反映させるような努力を怠っていると言わざるを得ない。

（森　丈弓）

# 様々な
# 犯罪と捜査支援

# 絞殺と扼殺：身内殺しの背後にある心理と手口

Keywords
殺人
敷鑑
捜査本部
扼殺
絞殺

殺人の疑いがある事件が発生した場合、警視庁では捜査第一課の庶務担当管理官（警視）が現場に臨場する。元警視庁捜査第一課長である久保正行によると、庶務担当管理官は、一課の管理官の中で最も優秀とされ、課長の右腕として仕えるという。管理官は、事件が殺人であるか、自殺、事故、病死であるかを見極め、課長に報告する。殺人と判断されれば、直ちに捜査が始まる。徹底した現場鑑識と並行し、一課の捜査員は、現場や遺体の状況を観察し、目撃者や関係者からも情報を得て、

殺人事件における被害者と加害者との面識関係の構成比（平成30年）

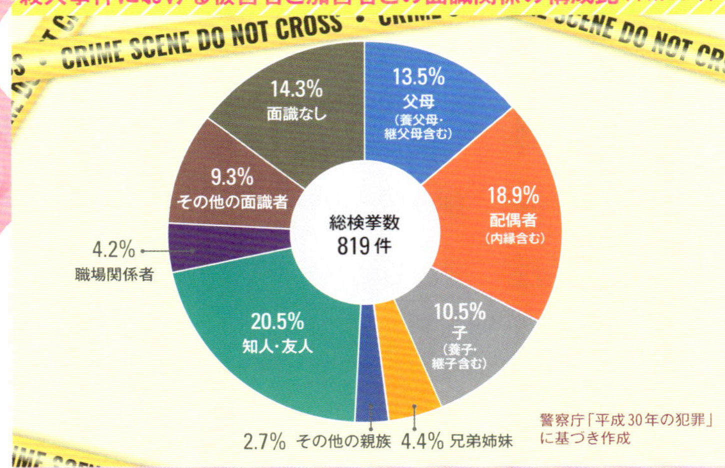


警察庁「平成30年の犯罪」に基づき作成

平成29年中に検挙された殺人事件819件の加害者と被害者の面識関係の内訳。見ず知らずの人物に殺害されたのは14.3%に過ぎず、残りのおよそ85%は被害者と面識がある者によって殺害されたことがわかる。

事件の筋読みを行う。事件の筋読みの要は「敷鑑」にある。敷鑑とは、被害者と加害者との間に、面識（鑑という）があるかどうかを判断することである。もし面識があると読めば、その関係性についても推論する。ここに殺人事件における被害者と加害者との面識関係の構成比を示す。最も多い関係性は、知人・友人（20.5%）であり、次に配偶者（18.9%）、そして父母（13.5%）が続く。一方、面識なしはわずか14.3%に留まる。つまり、日本における殺人事件の約85%以上が、家族や親族を含む面識者によって行われている。したがって、被害者の人間関係を捜査することで、被疑者が浮かび上がることが多い。一方、面識がない者による事件では、目撃情報などがより重要になり、事件前後の犯人の足取りなどを捜査することになる。このように、被害者と加害者の関係性を推定することは、捜査の方向性や優先すべき項目を決定する上で重要であり、ひいては事件解決の成否にも深く関わる。

ところで、ニュースやドラマなどでもお馴染みの捜査本部とは、殺人や強盗などの重大事件が発生した場合に編成される当該事件専従の捜査部隊のことである。通常、事件が発生した地域の警察署内に設置される。構成員は、捜査第一課の強行犯捜査係や殺人捜査係などの捜査員のほかに、警察署の捜査員が加わっている。捜査本部を設けることにより、捜査資源の集中投入や、捜査情報の集約・共有、的確な捜査指示などが図られることとなり、犯人の早期検挙が期待される。

## 日本で最も多い殺害方法は「絞殺」

日本で殺人と聞いて多くの人が思い浮かべる凶器は刃物であり、殺害方法としては刺殺が一般的と思われるかもしれない。しかし、次頁の表に示したとおり、日本で最も多い殺害方法は、絞殺である。絞殺とは、ひもや縄などの索状物を使って首を圧迫し、相手を殺害する方法である。首を圧迫する殺害方法は絞殺のほかに扼殺がある。扼殺とは、手や腕によって相手の首を圧迫して殺害する方法である。絞殺も扼殺も首を絞め

## 日本における殺人事件の殺害方法の内訳

| 殺害方法 | 件数 | % |
|---|---|---|
| 絞　殺 | 450 | 33.7% |
| 刃物等 | 317 | 23.7% |
| 扼　殺 | 203 | 15.2% |
| 鈍　器 | 178 | 13.3% |
| 銃　器 | 38 | 2.8% |
| 殴　打 | 34 | 2.5% |
| 溺　水 | 31 | 2.3% |
| その他 | 86 | 6.4% |

薩美・池上(1997)に基づき作成

日本において捜査本部が設置された殺人事件の殺害方法の内訳。最も多い殺害方法は絞殺であり、次いで刃物等を用いた刺殺、そして扼殺が続く。

る行為であるため、その死因は窒息死と思われがちである。しかし、実際には、脳への血液循環が停止することが主な死因となる。法医学者の渡辺博司らによると、絞殺や扼殺によって首を絞められたとしても、気道が完全に塞がれることはないという。むしろ頸部の血管が閉鎖されて脳への血液循環が停止してしまい、低酸素状態となり死亡すると説明している。したがって、絞殺・扼殺された遺体には、顔面のうっ血（静脈の血液が流れにくくなり、溜まった状態。青色が強調されてみえる）や、結膜の溢血、頸部の圧迫痕（絞痕・扼痕）などの所見がみられる。

## 面識者による二大殺害手法は絞殺と扼殺

被害者と加害者の関係を推定する際には、有形無形の様々な手がかりが利用される。実は、行動科学的な視点からみた殺害方法、つまり「殺しの手口」によって、被害者と加害者の関係性を推定できることが報告されている。科学警察研究所の薩美由貴らは、昭和48年（1973）から平成4年（1992）までの20年間に、全国で捜査本部が設置され、犯人が検挙された1,000件以上の殺人事件を分析した。その過程で、殺害方法と、被害者・加害者の面識関係の関連性が調べられた。その結果、殺害方法が異なると、加害者と被害者の関係性も異なることが明らかになった。例えば、絞殺された被害者では、加害者が配偶者や愛人である割合が高いことが示された。また絞殺という殺害手法は、紐などを事前に準備する必要があるため、殺害の計画性や確実性などがうかがえるという。一方、扼殺された被害者の場合も、絞殺より範囲はやや広がるものの、加害者が配偶者や愛人、あるいは知人・友人が多く、やはり面識者の割合が高いことが示された。扼殺という殺害方法は、直接頸部を絞めるという行為であるため、衝動性が強く反映された殺害手法であるという。また、刃物によって殺害された被害者は、加害者の身内・知人・友人、職場関係者ではなく、その他の面識者である割合が高いことがわかった。絞殺や扼殺と比べて、希薄な人間関係の場合に用いられる殺害手段であることを示している。銃器や鈍器の場合でも、刃物と同様の傾向を示す。これらのことから、絞殺と扼殺は、面識者に対する二大殺害手法であるとされている。

## なぜ身内に刃物を向けないのか？

加害者が身内や友人など、近しい者を殺害する場合、なぜ刃物の使用が避けられるのだろうか。その理解の一助となる知見が軍事学にある。米国陸軍士官学校で、心理学と軍事社会学の教授を務めた、元米陸軍中佐のデーブ・グロスマンは、刃物を用いた殺害に対する心理的抵抗を指摘している。そもそも、殺害を訓練された兵士でさえ、刃物による殺害（特に刺殺）を忌避するという。この事実は、古代ローマ時代から知られており、現代戦においても、刃物による兵士の創傷は、全創傷の1％にも満たないというデータを紹介している。

グロスマンは、刃物を用いた殺害が忌避される理由として、その行為の残忍性を挙げている。相手と対面し、刃を相手の肉体に刺し貫くという殺害方法に、人間は強烈な嫌悪感を覚えるという。そのため、刃物を用いた殺害は、兵士のみならず、殺人犯でさえも強い心理的抵抗があり、躊躇するという。特にそれが自分の身内や友人などであれば、その心理的抵抗は一層強まるであろう。逆に言うと、家族や友人を刺殺する殺害行為は強い怨恨の表れと考えられるかもしれない。　（大上　渉）

16

# 死の天使型連続殺人犯は白衣の悪魔

Keywords

看護師

ジェニーン・ジョーンズ

筋弛緩剤

自己顕示欲

学習性無力感

私たちがけがをしたり病気になって病院に行ったとき、ドクターとともに頼りになるのが看護師さんたちである。ドクターが診断や手術によって私たちをケアしてくれるのに対して、メンタルな部分も含めてケアしてくれるのが彼女ら・彼らである。この看護師がもし、連続殺人者だったらと考えると大変恐ろしいが、歴史的には看護師の連続殺人者の事例がいくつも報告されている。このような殺人者を死の天使型殺人犯という。

## 死の天使型連続殺人犯の代表ジェニーン・ジョーンズ

1981年5月～12月にかけて、テキサス州サン・アントニオのベクサー病院で集中治療室に入院中の子どもたちが次々に死亡するという事件が発生した。死亡した児童は合計20人にも達した。確かに集中治療室はもともと重病の子どもたちが入院する病室ではあるのだが、この病院の規模で半年に20人もの死亡というのはあまりにも多すぎた。そこで、死亡した子どもについて調査してみたところ、点滴の中から抗凝固剤が発見された。この薬品は不適切に投与すれば、とくに手術直後の子どもなどでは、死亡に直結する薬であった。そこで、病院側はいったいだれがこの薬を投与したのか調査した。その結果、浮かんできたのは、ジェニーン・ジョーンズというひとりの看護師であった。集中治療室での子どもの死亡はいずれも彼女のシフトのときに起きており、彼女がシフト外のときは子どもは死んでいなかったのである。しかし、病院側はこの事実をにわかには受け入れられなかった。なぜなら、ジョーンズは極めて優秀な看護師で、その救急救命技術に関しては医師以上だと評判が高かったからである。実際、集中治療室で子どもたちが緊急事態に陥った場合、真っ先に駆けつけて懸命に救命活動をしたのは彼女だった。また、彼女の活躍によって一命を取り留めた患者も多数存在した。そこで病院は、警察に告発しない代わりに彼女に退職してもらうことで事態を収めようとした。

ジョーンズが退職すると、ベクサー病院における子どもの死亡は激減した。その後、ジョーンズは、カービルクリニックで職を見つける。ところがジョーンズがこの病院に就職すると、今度はこの病院で子どもたちが相次いで心臓停止を起こしたのである。例えば、生後17カ月のチェルシー・マクラレンちゃんは、ジョーンズによって予防注射を受けた直後に心臓停止した。ジョーンズの緊急蘇生措置と献身的な看護も彼女を救うことはできなかった。チェルシーちゃんの両親は、健康状態にまったく問題がなかった彼女が死亡したのはあまりにも不自然だと考え、警察に捜査を依頼した。チェルシーちゃんの遺体が調べられた結果、遺体から筋弛緩剤が発見された。筋弛緩剤は適切に投与しなければ心停止を引き起こす薬品である。誰かが、チェルシーちゃんにこれを注射したに違いない。しかし、一体誰が？　カービルクリニックはベクサー病院より小規模な病院だった。そのため、チェルシーちゃんに注射をした人物を絞り込むのは難しくなかった。そう、ジェニーン・ジョーンズである。ジョーンズはこの事件をきっかけに検挙され、いままで行ってきた殺人について自

**白衣の悪魔ジェニーン・ジョーンズ**

死の天使型連続殺人犯の代表とされる看護師のジェニーン・ジョーンズは、60名以上の子どもたちを殺害したと考えられている。

供を始めた。彼女が殺害した子どもたちは合計60名にも達すると思われている。彼女は99年の刑を言い渡され、現在も刑務所に収監中である。

## なぜ看護師が殺人者となるのか

本来なら人の命を救うのが仕事のはずの看護師が、なぜ連続殺人者になるのだろうか。ここにはいくつかのメカニズムがあるのではないかと思われている。１つ目は自己顕示欲である。看護師は重要な医療上のス

### 死の天使型連続殺人犯チェックリスト

1. 病院を転々とする
2. 秘密主義・人間関係の樹立が難しい
3. 精神的不安定／鬱病の病歴
4. 誰かが死ぬと予言する
5. 「呪われている」などと発言する
6. 死について話すのが好き
7. シフト中の死亡率が高い
8. 自分のスキルに異常に熱心であるように見える
9. 死について質問されると一貫性のない発言をする
10. 夜勤を好む・同僚が少ない
11. 他の病院で事件を起こした
12. 他の犯罪行為に関与した
13. 同僚を不安にさせたり、疑念を抱かせたりする
14. 注目されることが好き
15. 他の人が自分担当の患者をチェックするのを防ごうとする
16. 死亡事件の捜査中にうろつく
17. 自宅やロッカーに薬物などを所持している
18. 個人情報について嘘をついている
19. 毒物や連続殺人に関する本を所持している
20. 規律違反を犯したことがある
21. 人格障害があるように見える
22. 薬物乱用の問題がある

Yardley & Wilson（2014）

タッフであるが、その活動は基本的に医師の指導の下に行われるわけであり、脚光を浴びることはできない。どうしても医師の陰に隠れてしまう。そこで、医師以上に脚光を浴びるためには自ら目立つこと、例えば、医師でも困難な救急救命活動を成し遂げることが必要である。たしかにジョーンズをはじめこのタイプの連続殺人犯はいずれも目立ちたがり屋で、人の注意を引くことに熱心な人物が多かった。つまり、彼女らは自ら患者を救急事態に陥らせて自らが救うという自作自演をしていたのである。しかし、この行為は大変危険であり、救命に失敗すると、患者は死亡してしまうのである。

２つ目の理由は、学習性無力感に関係したものである。看護師の仕事は基本的に医師の判断の下に行われるので、看護師自体は薬剤や治療方法を決定する権限はない。そのため、患者が死ぬか生きるか、治るか治らないかは医師の責任であり、看護師はそこにまったく影響を与えない。このような状況は看護師を学習性無力感に陥れる。つまり、自分の存在理由が見えなくなってくるのである。このような状況の中では、自ら状況に影響を及ぼしたい、患者の生死や治癒を左右したいという欲求が発生してくる可能性がある。この欲求が原因であるというのだ。

## 死の天使型連続殺人犯の行動パターン

死の天使型連続殺人犯が典型的に用いるのは、薬剤、とくにインシュリン、睡眠薬、精神安定剤、筋弛緩剤である。そして、ターゲットにされやすいのは、子ども、高齢者、重病人である。殺人が病院内で起こることから、発覚しにくい犯罪であり、発覚した場合にはすでに２桁以上の犠牲者が出てしまっていることも少なくない。

死の天使型連続殺人は、高齢化社会の進展に伴って看護の世界から介護の世界にも進出してくるのではないかと指摘されている。事実、近年、介護現場での連続殺人事件が、わが国も含め世界中で発生し始めている。

（越智啓太）

17

# リアル後妻業の女は黒い未亡人型連続殺人犯

Keywords
経済的動機
遺産
ヒ素
保険金殺人
後妻業

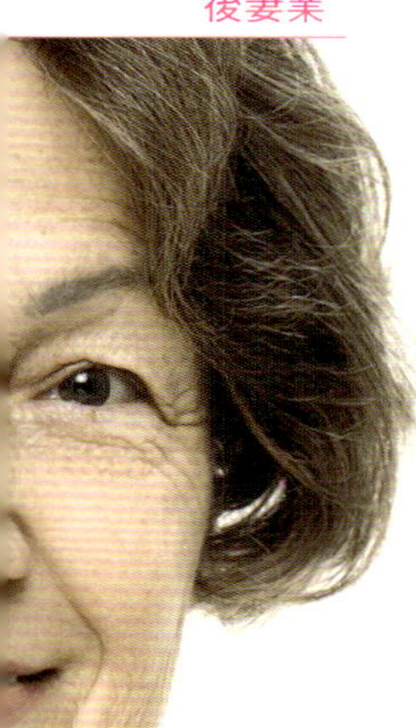

男性の連続殺人犯の動機の多くは性的、それもとくにサディズムに基づくものである。彼らは「人を愛する」代わりに、「人を虐げる」ことによって自らの性欲を満足させるのである。例えば、テッド・バンディは自分の好みのタイプの女性（ストレートヘアを真ん中で分けている二十代前半の女性）を拉致して、暴力的に虐げ、殺すことによって自らの性欲を満足させた。彼にとっては、性行為はゴールではなく虐待の一部でしかなかった。興味深いことに、女性の連続殺人犯では性的な動機はほとんどみられない。その代わり、彼女らの動機の中でもっとも多いのは経済的な動機、つまり金を奪うための連続殺人である。このようなタイプの殺人を黒い未亡人型連続殺人という。

## タイプ1の黒い未亡人型連続殺人

黒い未亡人型連続殺人事件は、おそらく、中世あるいはそれ以前から存在したと思われる。具体的な手口は金持ち層、例えば、貴族、地主などに近づき、結婚して、殺害し、その遺産を奪うというものである。夫だけでなく遺産相続者の兄弟姉妹や結婚の邪魔になる実の子どもなども殺害していく。このタイプの有名な殺人者としては、17世紀のブランビリエ公爵夫人や19世紀のゲッシェ・ゴットフリーがいる。このタイプの殺人者の典型的な手口は毒殺で、もっとも多く用いられたのはヒ素である。これはヒ素が殺鼠剤として出回っており、もっとも入手しやすかったからである。ただ、現実問題としてこのタイプの殺人は難しい。そもそも金持ちに近づかなければならないし、その心を奪わなければならない、しかも結婚後には殺害し、遺産も奪わなければならない。これをうまくやり遂げるためには若さと美貌と知性が必要であった。

## タイプ2の黒い未亡人型連続殺人

ところが、このタイプの殺人は近代になって一挙に大衆化する。それは保険金制度の発達と関連している。以前であれば、そもそも金を持っているターゲットを探すところから始めなければならなかったが、保険金制度を利用すれば、相手はある意味で誰でもよくなる。つまり、適当な男性と結婚し、多額の保険金をかけて殺害してしまえばいいのである。

このタイプのもっとも有名な殺人犯としては、アラバマ州生まれのオードリー・マリー・ヒリーがいる。彼女は17歳のとき夫のフランク・ヒリーと結婚する。フランクの稼ぎはよかったが、マリーの金遣いの荒さはそれ以上で、家計は苦しかった。ところが1975年にフランクは原因不明の腹痛で死亡し、マリーは３万ドルの保険金を得る。この後、しばらくはこの保険金を元に羽振りのよい生活を続けたが、金がなくなりはじめると、今度は実母がやはり原因不明の病気で死亡、保険金を受け取った。その後も金がなくなると家が火災になったり泥棒に入られたりして、その都度保険金を受け取っている。

そんなある日、今度は娘のキャロルが原因不明の病気で倒れた。ところがキャロルに２万５千ドルの保険金がかけられていたことや、マリーが彼女に得体の知れな

タイプ２の黒い未亡人型
連続殺人犯マリー・ヒリー

マリー・ヒリーは夫・母親に保険金をかけて殺害し、実娘も殺害しようとした。

い白い液体を注射していたことなどがわかると、病院と警察はキャロルを精密検査することにした。その結果、体内から通常の100倍ものヒ素が発見された。その後、埋葬されていた夫のフランクや実母、それに死亡しているフランクの両親からもヒ素が発見され、マリーは殺人犯として追われることになる。マリーは数年間逃亡生活を送ったが最終的には逮捕され検挙された。しかし、殺人の立証は難しく、結局のところ、キャロルに対する殺人未遂のみで懲役20年の刑となった。

ヒ素はマリー・ヒリーも用いたが、タイプ２の連続殺人でももっともよく用いられる凶器である。ただ、ほかにも溺死や転落死などを偽装した殺人も少なくない。

## タイプ3の黒い未亡人型連続殺人、そして後妻業の女

タイプ２の黒い未亡人型殺人事件は世界中で数多く発生しているのだが、この殺人の最も難しい点は警察をだますことでなく、保険会社をだますことである。保険会社は怪しい事件には保険金を出さないだけでなく、警察に告発してしまう。そこで、もし保険会社をスルーしてこのタイプの事件を行うことができれば、それはもっとも効率的な犯罪となる。

**黒い未亡人型連続殺人の3つのタイプ**

**タイプ1**
→富豪の男性と結婚して殺害し、財産を奪う

**タイプ2**
→男性と結婚して保険をかけ、殺害して保険金を奪う

**タイプ3**
→もともと金を持っている男性と交際して金を奪い、殺害する

黒い未亡人型連続殺人は、古くは中世ヨーロッパの貴族社会から存在していたと考えられ、現在では世界中で発生している。

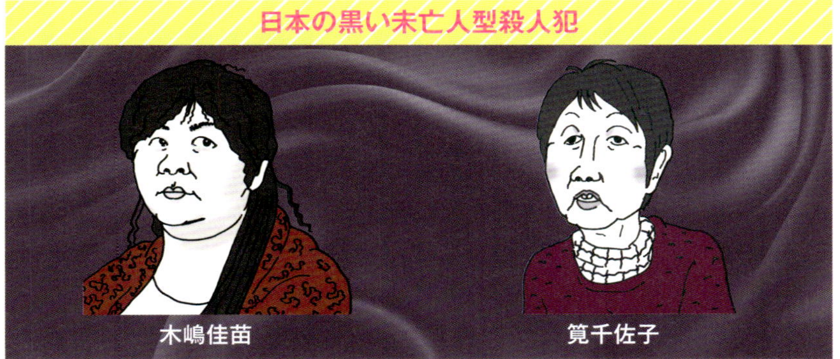


これがタイプ3の黒い未亡人型連続殺人である。

では、どのように保険会社をスルーするのであろうか。それはもともとある程度の金を持っている相手を狙い、保険会社からでなく、本人から金を奪えばいいのである。もちろん、これはタイプ1と同じであるが、この間、社会は大きく変化し、いまや貴族のような大金持ちはいないかわりに中程度の金持ちは少なくない。具体的に言えば、独身で貯金をしている中年男性や妻に先立たれた高齢者などである。このような人を狙って、近づき、交際し、金を奪って殺すのである。この2種類のターゲットをともに狙った犯罪者として木嶋佳苗がいる。

後者のターゲットを主に狙っていくタイプは後妻業の女といわれる。後妻業の女でもっとも有名な日本人の殺人者は、筧千佐子である。彼女は、2006年頃から2013年頃にかけて、高齢で資産家の男性と次々に知り合い、交際、あるいは結婚して殺害し、その資産を奪った。奪った資産の総額は10億円にも達すると考えられている。殺害は青酸化合物を用いる方法で、栄養剤と称してカプセルに入った毒物を被害者に摂取させて殺害した。警察は死亡したのが高齢者であったこと、彼らの多くががんであったり、脳や心臓に疾患を抱えていたりしたことから病死、あるいは突然死として処理していて、そもそも殺人事件であるということさえ気づかなかった。その後、筧は検挙され死刑判決が出されている。（越智啓太）

リアル後妻業の女は
黒い未亡人型連続殺人犯

# 親密関係での暴力はなぜ起こるのか

デート暴力
加害リスク要因
背景－状況モデル
暴力のサイクル理論
投資モデル

殺人にまで至る事件に代表されるように、親密関係での凄惨な事件が、近年、しばしばマス・メディアに取り上げられる。夫婦関係や親子関係、あるいは恋愛関係の中で、なぜ私たちは愛する人に暴言を吐き、暴力を振るい、苦しめるのか。ここでは、恋愛関係に的を絞り、そこで生じる暴力について考えてみよう。

ところで、未婚の交際関係にある二者間で、一方の者が他方の者に対して、日常的・継続的に身体的暴力、心理的攻撃、性的強要、社会的制限を行うことやほのめかすことを、デート暴力という。一般的には、デートDVとも言われる。暴力というと身体的危害が想像されるが、心理的苦痛を与えることも暴力に含まれる。また、デート暴力と家庭内暴力とを併せて、親密関係での暴力（IPV）とも言われる。

## 誰が暴力をふるいやすいのか？

デート暴力を考えるときに最も気になるのは、誰が暴力をふるいやすいのかということだろう。すなわち、暴力加害のリスク要因は何かということである。「暴力」は公衆衛生における次の最大の問題であるといわれるとおり（➡03）、これまで非常に多くの研究がなされてきた。

膨大な研究から重要な加害リスク要因を特定するために、米国疾病管理予防センターの研究者らは、2000年から2010年に出版されたデート暴力研究の内容分析を行っている。その結果、デート暴力の加害リスクは精神的健康問題、攻撃的思考／

## デート暴力の加害リスク要因

| 分類カテゴリ | 先行研究でデート暴力加害と関連の見られた変数例 |
|---|---|
| 精神的健康問題 | ・抑うつ<br>・不安 |
| 攻撃的思考／認知 | ・交際関係における暴力の受容<br>・暴力に対する受容的態度 |
| 若年からの暴力 | ・好戦的（Ex. 酷い喧嘩に加わる，他人を傷つける）<br>・全般的な反社会的行動 |
| 物質使用 | ・アルコールの使用<br>・マリファナの使用 |
| リスキーな性行動 | ・中学校2年生での性行為<br>・多数の性交相手 |
| 劣悪な恋愛関係と友人関係 | ・恋人との関係において敵意的である<br>・反社会的な友人との付き合い |
| 劣悪な家族関係 | ・両親の夫婦関係における葛藤<br>・幼少時代の身体的虐待 |
| 攻撃的メディアの使用 | ・攻撃的メディアの使用 |
| デモグラフィック要因 | ・性別<br>・人種 |

Vagi et al.(2013)を基に作成

2000年から2010年までに発表された20編の縦断研究の分析から抽出された、デート暴力の加害リスク要因である。左列が分類されたカテゴリ、右列が先行研究でデート暴力の加害と関連が見られた変数である。縦断研究のみを対象としているのは、複数時点での調査を行うことで因果関係がある程度特定できる研究を対象としているためである。

認知、若年からの暴力経験、物質使用、リスキーな性行動、劣悪な恋愛関係と友人関係、劣悪な家族関係、攻撃的メディアの使用、そしてデモグラフィック要因に分類できることがわかってきた。デート暴力には多様なリスク要因が関与しており、複数のリスク要因が複雑にからみあって生じていると考えるのが妥当である。

一方、誰が、いつ暴力をふるう可能性が高いのかを理解するには、背景－状況モデルに基づいて考えるのがわかりやすい。これは、「誰が」加害のリスクが高いのか（背景的リスク）を特定するのに加え、「いつ」暴力を起こすリスクが高いのか（状況的リスク）を特定する必要があるという考え方である。例えば、背景的リスクとして子どもの頃に身体的虐待を受け、暴力に受容的である人が、状況的リスクとしてアルコールの影響下にあり、恋人と不和を抱えたときに暴力が起こりやすくなると考える。

## 暴力から抜け出せなくなるトラップ……

もう１つデート暴力でたびたび問題になるのは、なぜ暴力的な関係から抜け出せなくなるのかということである。傍から見れば、「こんな暴力的な人とは、別れたらいいのに……」と簡単に言えるかもしれないが、当事者はそうはいかない。なぜなら、そこにはいくつかのトラップが存在するからである。その代表的理論として、ここでは暴力のサイクル理論を見てみよう。

暴力のサイクル理論では、暴力が生じている関係では、緊張期、爆発期、ハネムーン期の３つの時期が繰り返されると考える。緊張期では、加害者にイライラや不満が溜まり、心の緊張が高まっていく
は、まだ身体的暴力は見られないが、暴言などの心理的攻
合がある。緊張期に高まった心の緊張が最高潮に達する
し、暴力が現れる。これが爆発期である。加害者はこの
るうことで、高まった心の緊張を解放するのである。そし
力を振るっていた加害者が一転、暴力を振るわなくなる
訪れる。この時期の加害者は穏やかで、暴力を振るったこ
さしい言葉をかけることで悔い改めた姿勢を見せる。し
くは続かず、再び加害者は心の緊張を高めることになる
に見せる優しさによって、相手に惹かれ、また相手に同
ては相手の暴力を正当化してしまう。そのために、暴
れられなくなるのである。なお、このサイクルは広く
の、実は科学的に実証されているわけではない。

## 関係維持／終結に関わる投資モデル

社会心理学者のキャリル・ロスバルトの提唱する投

## ロスバルトの投資モデル

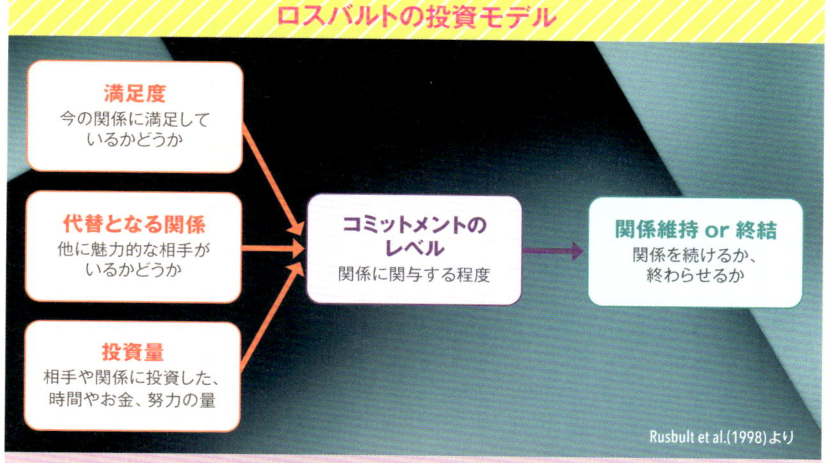


私たちが人間関係を維持する（終結させる）ことを意思決定するには、その関係にどれだけコミットしているかが重要である。また、関係へのコミットの深さは、関係への満足度、代替となる関係、そして投資量によって決まる。

ちが人間関係を維持する（終結させる）ことを意思決定するには、その関係にどれだけコミットしているかが重要であり、その関係へのコミットの深さは、関係への満足度、代替となる関係、そして投資量によって決まると考える理論である。関係への満足度は、関係にどの程度満足しているのかである。満足度が高いほど、関係へのコミットが高まる。代替となる関係は、恋人に代わる魅力的な人物がいるかどうかである。これには経済的な面も含まれており、別れによって経済的に困窮するような場合に問題になる。代替となる関係がない場合に、今ある関係により深くコミットするようになる。そして、投資量は、相手や関係のために費やした時間や金銭、努力である。投資量が多いほど、関係に深くコミットするという。

「暴力を振るう相手と別れたらよいではないか」と言ったり、考えたりするが、このモデルで考えると、暴力的な関係でもその関係に満足している、他に代替となる関係を持っていない、関係への投資量が多い場合には、たとえ暴力的な関係であっても、「別れよう」という選択が容易にはできなくなってしまう。

（荒井崇史）

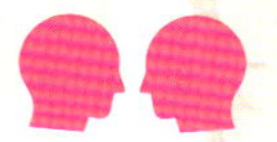

19

# ストーカーの心理はどこまで解き明かされたか

Keywords
ストーカー規制法
つきまとい
ストーカー行為
愛着不安
デート暴力

「最近、交際相手とうまくいかなくなって別れた。でも、どうしても話をしたくて、毎日何度もSNSでメッセージを送っているがまったく返事が来ない。電話も毎日何度もかけているけれど、着信拒否されているみたいだ。こんなに好きなのに、なんでだろう……」。架空事例だが、これはストーカー行為にあたるのだろうか。

## 意外と知らないストーカー行為

ストーカー行為に漠然としたイメージを持つ人は多いかもしれないが、厳密に説明できる人は意外と少ない。ストーカー行為は2000年に施行された「ストーカー行為等の規制等に関する法律(ストーカー規制法)」によって規定されている。その中では、「つきまとい等又は位置情報無承諾取得等」と「ストーカー行為」の2つが規制の対象とされる。「つきまとい等又は位置情報無承諾取得等」とは、特定の者への恋愛感情や好意、あるいはそれが満たされなかったことへの怨恨の感情を充足する目的で行う、つきまとい・待ち伏せ・押し掛け・うろつき等の10個の行為である。一方、ストーカー行為とは、ここに挙げたような各種の行為を、同一の人に対して繰り返し行うこととされている。

先ほどの例では、十分な情報でないため断定はできないが、連続したSNSや電話については、つきまとい行為に該当する可能性は低くない。さらに、これらの行動が、相手の身体の安全、生活の平穏、名誉などを害し、また行動の自由が著しく害されるような形で執拗に繰り返し行われると、ストーカー行為と判断されることもあるだろう。

## ストーカーにも種類がある

次に、つきまといやストーカー行為をする者に注目しよう。実は、ストーカー行為を行う者はいくつかの種類に分けることができる。

ストーカーの分類で、よく知られているのはモナッシュ大学のポール・ミューレンらの分類であろう。彼らは豊富な臨床経験に基づき、ストーカーの分類を提案している。彼らは、ストーカー行為に駆り立てる動機と行為が起こる文脈からストーカーを5つに分類している。

第1は拒絶型である。拒絶型は、元交際相手や元配偶者など親密な相手からの拒絶（例えば、別れ）を発端に、相手へのつきまといや嫌がらせを行うタイプである。拒絶型には、相手と和解したい気持ちと復讐の気持ちが混在し、ありとあらゆるストーカー行為を繰り返す傾向がある。このタイプのストーカーは、分類の中で最も脅迫や暴力に出やすい。公式統計からみると、日本ではこの拒絶型のストーカーが最も多い。

第2は憎悪型である。憎悪型は自分を侮辱したと信じ込んだ相手に、

### 「つきまとい等又は位置情報無承諾取得等」とされる行為の例

**つきまとい・待ち伏せ・押し掛け・うろつき等**
相手を尾行し、つきまとう。
相手の自宅や職場、学校等の付近をみだりにうろつく。

**監視していると告げる行為**
相手の行動や服装等を電子メールや電話で告げる。
「お前をいつも監視しているぞ」等と監視していることを告げる。

**面会や交際の要求**
面会や交際、復縁等の義務があると相手に求める。
贈り物を受け取るように要求する。

**乱暴な言動**
大声で相手を怒鳴ったり、罵倒したりする。
相手の家の近くで、車のクラクションを鳴らしたりする。

**無言電話・連続した電話・FAX・電子メール・SNS・文書等**
相手が拒否しても、携帯電話や自宅に何度も電話をかける。
相手が拒否しても、電子メールやSNS等を送信する。

**汚物等の送付**
汚物など、相手が不快や嫌悪を感じるものを自宅などに送る。

**名誉を傷つける行為**
相手を中傷したり、名誉を傷つけるような内容のメールを送る。

**性的しゅう恥心の侵害**
わいせつな写真を相手の自宅等に送り付ける。
電話や手紙で卑わいな言葉を告げ恥ずかしめようとする。

**GPS機器等を用いて位置情報を取得する行為**
所有物にGPS機器等を取り付け、位置情報を受信する。

**GPS機器等を取り付ける行為等**
所持するカバン等にGPS機器等を差し入れたりする。
使用・乗車する自動車等にGPS機器等を取り付ける。

ここに挙げたのは、「つきまとい等又は位置情報無承諾取得等」に含まれる行為の例である。これらの行為を同一の者に対して何度も執拗に繰り返し行うことがストーカー行為とされる。ただし、表の上から4つと電子メールの反復的な送信については、身体の安全、住居等の平穏、そして名誉が害されたり、行動の自由が著しく害されたりするような不安を与える方法により行われた場合に限られる。

復讐のためにつきまといや嫌がらせを行う。憎悪型のストーカー行為の目的は、相手に恐怖と不安を与えることである。憎悪型は被害者への脅迫は多いが、被害者への直接的な暴力は多くない。

第3は略奪型である。略奪型は、性的満足を得るためや性的支配への欲望を満たすためにつきまといや監視を行う。略奪型のストーカー行為は、通常は被害者に性的な攻撃を仕掛けるための準備と見なされる。このタイプのストーカーは、被害者への直接的な攻撃が比較的多く、脅迫はそれほど多くない。

第4は親密追求型である。親密追求型は、既知の人であれ、見知らぬ人であれ、自らが関心を持った対象者と親密になりたいがためにつきまといを行う。時に、妄想性の精神疾患によって、自分と対象者が恋愛関係にあるという妄想を抱くこともある。このタイプのストーカーは、被害者への直接的な攻撃は少ないものの、被害者への脅迫が比較的多い。

## ストーカーのタイプごとの特徴

| | ストーカーのタイプ | | | | | |
|---|---|---|---|---|---|---|
| | 拒絶型 (*N* = 52) | 憎悪型 (*N* = 16) | 略奪型 (*N* = 6) | 親密追求型 (*N* = 49) | 無資格型 (*N* = 22) | タイプ間で差があり |
| 男性の割合 | 85% | 81% | 100% | 69% | 82% | |
| 現在交際中 | 16% | 37% | 17% | 9% | 15% | |
| 現在雇用中 | 76% | 69% | 50% | 42% | 50% | ** |
| 被害者への脅し | 71% | 87% | 33% | 50% | 32% | ** |
| 被害者への暴行 | 54% | 25% | 50% | 23% | 27% | ** |
| 薬物乱用歴あり | 29% | 31% | 17% | 20% | 25% | |
| 前科あり | 51% | 43% | 83% | 26% | 32% | ** |
| | 平均値 (*SD*) | 平均値 (*SD*) | 平均値 (*SD*) | 平均値 (*SD*) | 平均値 (*SD*) | |
| 年齢 | 37.8 (11.7) | 41.3 (11.5) | 31.6 (8.2) | 38.2 (11.3) | 33.2 (8.0) | |
| ストーキング期間(月) | 41.3 (48.5) | 18.4 (18.6) | 8.5 (13.6) | 38.9 (47.8) | 16.1 (14.9) | ** |
| 嫌がらせ方法数 | 5.0 (1.6) | 4.2 (1.3) | 2.7 (1.0) | 3.9 (1.6) | 3.7 (1.5) | ** |

Mullen et al.(1999)のTable1を基に作成

治療のために司法精神医学センターに紹介されたストーカーに対して、ミューレンたちが調査した結果を示した表である。特に拒絶型や憎悪型で被害者への脅しが多く、拒絶型や略奪型では被害者への暴行にまで及ぶ割合が高いことがわかる。また、拒絶型と親密追求型でストーキングを行う期間が長いことも特徴であろう。

そして、第5は無資格型である。無資格型は、親密追求型に類似している。自分には相手と付き合う権利があると信じる一方、相手にも好みがあることには無神経である。自分のアプローチが成就しないことを理解できないし、理解しようとしない。アプローチする際には、最初からしつこく、的外れな手段に出ることが多い。通常、無資格型は相手を追い回すのは比較的短時間であるが、次々と対象を変えるため累犯性が高い。

## ストーカー行為をもたらす心理とは？

残念ながら、現在の知見をもってしても、ストーカー行為を行う者の心理が完全に解明されているわけではないが、最近の研究からいくつかのことがわかってきている。なお、ここに挙げたのはミューレンの分類に従うと拒絶型のストーカーに関する研究成果である。

１つは、ストーカー行為に関連するパーソナリティ要因である。これまでの研究では、ストーカー行為には愛着不安が関与する可能性が示されている。愛着不安とは、他者に見捨てられるのではないかと不安に感じる傾向である。この愛着不安が強いほど、破局時に相手への嫉妬や怒りを喚起しやすく、それが破局後のつきまとい行為を助長する可能性があるというのだ。

２つ目は、ストーカー行為に関連する関係性の要因である。最近の研究では、ストーカー行為はデート暴力（➡ Ⅰ 8）の一形態と考えられつつある。ストーカー行為は破局後に突然起こるわけではなく、実は交際期間中に何らかの形でその萌芽があるのではないかという。実際、交際期間中の過剰な監視や性的強要、あるいは精神的暴力によって、破局後にストーカー行為が起こることをある程度予測できるという研究も見られるようである。

このように、少しずつストーカーの心理を明らかにするような研究成果が見られつつある。今後も、ストーカーの加害や被害の予防や積極的な介入に資する知見が期待される。

（荒井崇史）

# 放火犯は病気か

単一放火
連続放火
怨恨
不満の発散
放火症
（パイロマニア）

連続放火犯との壮絶な闘いを描いた映画『バックドラフト』（ロン・ハワード監督、1991年）。消防士として殉職した父親の遺志を継ぎ、消防士となった兄スティーブン、その兄と同様に消防士となるが、挫折して火災調査官となった弟ブライアン。ブライアンは放火常習者で服役中のロナルドの助言を仰ぎながら、とうとう父親の部下であったアドコックスが犯人であることをつきとめるが、最後はアドコックスとともに兄が爆発に巻き込まれてしまう。ブライアンは、父と兄の遺志を継いで生涯を消防士に捧げることを決意する。この映画では、連続放火犯が父親の部下で、しかも消防士だったという衝撃的な展開であったが、現実にはなぜ放火犯は放火に至るのだろうか。

## 放火の動機は様々

日本でも、昔から「火付け」は存在し、重罪とされていた。江戸時代の徳川吉宗が制定した「公事方御定書」によれば、「火を付け候もの」は「火罪（ひあぶり）」に処すとされていた。それにもかかわらず、なぜ放火犯は「火」を用いる手段を選択するのであろうか。話を現代に戻し、ここ十数年の間に、１件だけの放火に及んだ「単一放火犯」と、複数の放火に及んだ「連続放火犯」が述べた動機を基に分類を試みた筆者の研究を紹介しよう。

「単一放火犯」の動機については、①怨恨型を中心として、②自殺型、③不満の発散型、④犯罪副次型、⑤保険金詐取型、⑥火遊び型、⑦人生悲観型といった７タイプに分類できるとされている。ちなみに、犯罪副次型とは、窃盗などの犯罪を隠蔽するため、もしくは犯行の失敗（目的の物が盗めなかったなど）の腹いせのための放火である。

「連続放火犯」における動機のタイプは、①不満の発散（雑多要因）型を中心に、②不満の発散（就業要因）型、③火事騒ぎ型、④逆恨み型、⑤犯罪副次型の５タイプに分類された。なお、雑多要因とは、パチンコなどのギャンブルの負け、両親との関係など様々な不満によるもの、就業要因とは、仕事や就職活動などの不満によるものである。火事騒ぎ型は、パトカーや消防車が出動され、消火活動を野次馬としてみることが動機となったものである。

これらの動機が、放火の典型と考えられる。このほかにも稀ではある

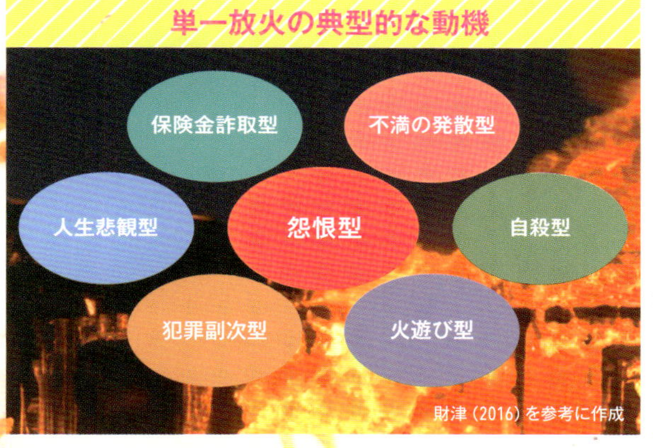


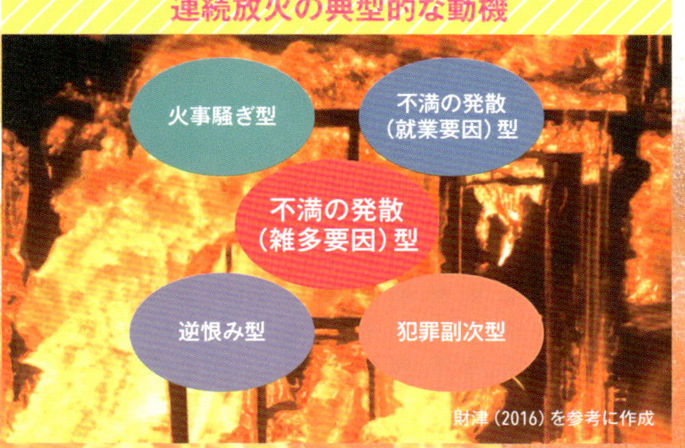

が、連続放火犯のタイプとして、「自己顕示欲（英雄志向）」または「ヒーロータイプ」の放火犯がいると指摘する研究者もいる。このタイプは、消火作業に従事して活躍している自分を認めてほしいという欲求から犯行に及ぶとされ、まさに映画『バックドラフト』のような消防士あるいは消防団員が犯人である場合もある。

## 時代や国で変わる放火の動機

現代の日本ではほとんどみられない放火もある。たとえば、少し時代をさかのぼると、放火動機に「郷愁」というものがあった。これは今風に言えば、「ホームシック」からの放火で、かつての日本では故郷を離れて奉公に出た少年が、「主人の家が燃えれば親元に帰れる」と考え放火するというものであったが、現在の雇用形態では珍しくなっている。また、昔は、消火作業後に協力者に対して酒食が振る舞われるといった習慣があり、その酒食の振る舞いを受けるために放火する者がいたとされるが、このような風習自体が現代ではほとんどないだろう。

外国と比較すると、アメリカFBIは、放火を動機別で、①ヴァンダリズム型、②興奮型、③復讐型、④犯罪隠蔽型、⑤利益型、⑥過激派型に分類している。それぞれの型は、日本のタイプとある程度は対応している。たとえば、ヴァンダリズム型は火遊び型に、復讐型は怨恨型に、犯罪隠蔽型は犯罪副次型に、利益型は保険金詐取型に対応している。ただし、スリルや注目、承認、性的満足を得るために放火する興奮型は、以前は日本でも同様の動機として「性的動機」「性的興奮」として指摘されてきたが、実際には少ない。また、過激派型は、社会・政治・宗教上のテロ活動の一環として行われる放火で、かつての日本においても1970年代から80年代にテロやゲリラ活動にともなう爆破や放火事件が多発した時期があったものの、最近はあまりみられない。

## 幼少期の放火は危険なシグナル？

FBIが性的殺人犯を調査した結果によると、多くの性的殺人犯が幼少期に特異な行動をとっていたことが確認されている。たとえば、虚言癖、夜尿症、器物損壊、盗癖などで、その中の１つに放火が挙げられている。少年グループによる火遊びの場合は、遊びの範疇（はんちゅう）で心理的に問題があるものは少ないとされるものの、６歳から８歳といった思春期前の少年が１人で火遊びをする場合は、家庭崩壊を要因として心理面に問題があることが多いとされることから、将来重大事件に発展する危険なシグナルかもしれない。しかしながら、幼少期に放火をしていた性的殺人犯が多いからと言って、幼少期における放火のすべてが、性的殺人犯の危険因子を意味するとは限らない。アメリカの放火少年に関する研究をまとめたデイヴィッド・コルコによると、少年の放火は動機によって、①火遊び型（好奇心や退屈しのぎによる放火）、②表出型（社会生活におけるストレスによる放火）、③非行型（非行の１つとして実行する放火）、④疾患型に分類できるとされる。中でも、④の疾患型は比較的深刻で、性的興奮を感じるための放火もあるとされている。このように放火少年と言っても様々な動機や背景を抱えていることを理解する必要があろう。

## 精神医学的には

アメリカ精神医学会が発刊している精神疾患を分類・診断するための手引書DSM–5には、「放火症（パイロマニア）」の定義が掲載されている。例えば、「２回以上の意図的で目的をもった放火」をして、「放火の行為の前の緊張感または感情的興奮」を感じるなどが記されており、金銭的利益などの動機ではなく、興味や好奇心、快感、満足感、解放感といった動機による場合が該当する。このような放火は精神疾患と判断されることもあるから、早期に心理療法などの治療が望まれるだろう。（財津　亘）

# 恐怖で操る:テロの真の狙い

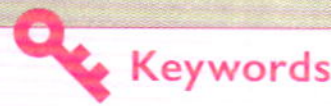

象徴
ソフトターゲット
恐怖喚起コミュニケーション
犯行声明
犯行パターン

テロリズム(以降、テロと称する)には統一された定義は存在しない。国連テロ防止部の役員も務めたアレックス・シュミットらによると、世界には109ものテロの定義が存在するという。普遍的な定義が難しい理由の1つとして、定義する者の立場によってテロの定義が相反することが挙げられる。例えば、パレスチナにおける反イスラエル闘争「インティファーダ」は、パレスチナ側からみれば、民族の自由のための「聖戦」だが、イスラエル側からは「テロ」となる。このように、何をもってテロと認識されるかは、時代や立場などによって相対的であり、普遍的な定義は難しいことがわかる。

シュミットらは109の定義を概観し、それらに共通する定義要素を出現頻度別に抽出している。テロの定義に最も多い要素は「暴力、武力」であり、次いで「政治的」、そして「強調された不安、恐怖」が続いている。つまり、テロとは、暴力や武力によって人々に恐怖や不安を与え、特定の主義・主張を実現させるための行いと捉えることができる。端的に言えば、恐怖感情を利用した世論の操作や誘導が「テロリズム」の本質といえる。

## テロのターゲットの象徴性

カリフォルニア州立大学のガス・マーチンによると、テロ攻撃においては、テロリストが信じる思想や宗教的世界などを実現するため、社会に大きな衝撃を与えられるターゲットが選ばれるという。つまり、敵対勢力のアイデンティティや文化的シンボル、また搾取や抑圧などを象徴する建物や人物、航空機が

### テロリストに狙われやすい象徴的ターゲット

| 象徴的なターゲット | 狙われる理由 | 実際の事例 |
|---|---|---|
| 1 大使館と外交官 | 大使館は国家の統治や国益を表している。また外交官は祖国の公的な代表として認識されている。これらに対する攻撃は彼らが代表している国家・政府に対する直接的攻撃と同等とみなされる。 | ○日本赤軍による在イタリア米国大使館への爆弾テロ事件（1987年6月）<br>○MRTAによる在ペルー日本大使公邸占拠事件（1996年12月～1997年4月） |
| 2 国家間の象徴 | 海外に駐留している企業や軍隊のこと。これらは利己的な搾取や帝国主義、もしくはなんらかの抑圧をイメージさせる象徴でもある。したがって、軍事施設、企業の事務所、軍人、企業の従業員を敵の利益と定義し、ターゲットにすることを正当化する。 | ○日本赤軍によるナポリ米軍施設前車両爆破事件（1988年4月）<br>○アルカイダによるサウジアラビア・リヤドにおける外国人居住区連続爆破テロ事件（2003年5月） |
| 3 象徴的な建造物や場所 | 建造物やセンシティブな場所は国家の威信や力、もしくは人々のアイデンティティをしばしば表す。これらを敬愛する人々から強い心理的・感情的反応を呼び起こすので、こうした場所がターゲットになりやすい。 | ○アルカイダによる世界貿易センタービル及び国防総省に対するテロ事件（2001年9月）<br>○イスラム集団によるエジプト・ルクソールにおける外国人観光客襲撃事件（1997年11月）<br>○フランス革命記念日のニース花火大会におけるトラック突入テロ（2016年7月） |
| 4 象徴的人物 | 警備・保安担当者、政治的リーダー、ジャーナリスト、企業の重役などの象徴的価値がある個人。これらのターゲットには誘拐や身体的暴力が用いられる。 | ○ドイツ赤軍による実業家ハンス＝マルティン・シュライヤー誘拐殺害事件（1977年10月）<br>○イスラム国による米国人ジャーナリスト2名殺害事件（2014年8月・9月） |
| 5 旅客機 | 旅客機には多くの乗客が搭乗しており、多くの潜在的な犠牲者もしくは人質となりうる。また、国際線であれば、即座に世界的なメディアに注目されることから、テロリストにとっては合理的ターゲットとなる。 | ○PFLPによるエル・アル航空426便ハイジャック事件（1968年7月）<br>○パンアメリカン航空103便爆破事件（1988年12月）<br>○デルタ航空機爆破テロ未遂事件（2009年12月） |

Martin (2017) に基づき作成

テロリストは宣伝効果があるので象徴的なターゲットを攻撃する。象徴的なターゲットへの攻撃は、多くの人を苦しめることになり、感情に影響を及ぼしやすいと考えられる。

狙われやすい。象徴的なターゲットが選ばれる理由として、①インパクトが大きく世界的な注目を集めやすく、宣伝効果が高い、②大衆に様々な感情を喚起させ、心理的ダメージも与えやすい、③暴力の行使に一定の合理性や公正さがあることや、ターゲットが攻撃をされても仕方がない「邪悪な存在」として受け止められやすい、などが挙げられている。

## テロ組織と犯行声明

テロ攻撃の後、実行組織によって、犯行の理由や正当性を世間に広く印象づけ、社会に恐怖や脅威を与えるために犯行声明が発出されることが一般的である。犯行声明の媒体は様々であり、テレビ局や新聞社などの報道機関に送付されることや、テロ組織の機関誌に掲載されることもある。また近年では、YouTubeなどのソーシャルメディアにアップロードされることも多い。

テロやスパイ活動を行動科学的に研究している福岡大学の大上渉は、1990年から2010年までの間に日本国内で発生した左翼過激派（中核派や革労協など）、右翼・新右翼及びオウム真理教によるテロ事件377件を分析し、テロ組織によって犯行時間帯や攻撃対象、攻撃方法などが相違しており、組織固有の犯行パターンがあることを報告した。例えば、午前0時〜午前4時までの時間帯に、防衛庁（現防衛省）などに向けて遠方から迫撃弾を撃ち込むのは、革労協主流派の典型的な攻撃パターンである。各組織の犯行声明の発出形態についても分析しており、例えば、中核派や革労協などの左翼過激派は、犯行の意義や正当性を表明するために、犯行後に犯行声明文を新聞社やテレビ局に送付することや、自派の機関誌に掲載することが多い。また、右翼や新右翼は、自らの行動の正当性を述べた檄文（げきぶん）などを懐中し、犯行現場で身柄が確保されることが多い。一方、これらの組織と著しく相違しているのがオウム真理教である。オウム真理教によるテロでは、犯行声明は一切発出されていない。彼らのテロの目的は、教団に対する捜査や裁判の攪乱、教団の運営・維持の妨げになる人物の排除、予言の成就などである。したがって、教団による犯行であることを隠しておく必要があることから、犯行を表明しないと考えられる。

## テロによる世論の誘導は成功するとは限らない

恐怖心を利用して、説得する側の意図する方向に相手の態度や考えを変容しようとする説得方法を、恐怖喚起コミュニケーションという。しかしながら、この方法は、受け手側が恐怖を感じるか否かにも左右され、

## 日本国内における左翼過激派や右翼などの犯行パターン

| 犯行組織 | 犯行時間帯 | 攻撃対象 | 攻撃方法 | 犯行声明の発出形態 |
|---|---|---|---|---|
| 中核派 | 午前0時〜午前4時 | 成田空港関係者・皇室と関連の深い神社など | 接近して発火装置 | 報道機関に送付。関西の大学でビラを配布し表明 |
| 革労協主流派 | 午前0時〜午前4時 | 防衛省・公安施設など | 離れた位置から迫撃砲 | 関東の大学でビラを配布し表明 |
| 革労協反主流派 | 午後8時〜午前0時 | 米軍基地など | 離れた位置から迫撃砲 | 報道機関に送付 |
| オウム真理教 | 午前8時〜正午 | 教団運営を妨害する人物や組織 | 化学兵器、暴行・殺害 | なし |
| 右翼 | 日中の時間帯 | 国会・省庁、報道機関、外国公館、企業など | 車両突入、火炎瓶、発砲、器物損壊 | 本人所持もしくは、なし |
| 新右翼 | 日中の時間帯 | 国会・政党本部、報道機関など | 侵入して立てこもり・器物損壊など | 本人所持 |

大上（2013）に基づき作成

左翼過激派のセクト、右翼、新右翼、オウム真理教で、犯行パターンばかりでなく、犯行声明の発出形態が異なることがわかる。なお、左翼過激派は、社会主義革命あるいは共産主義革命を目指し、武装闘争を行う集団をいい、その成立経緯や信奉する思想により、中核派や革労協主流派、革労協反主流派などに大別される。一方、右翼集団は、大きく分けると現体制を擁護し、親米・反共産主義路線の右翼と、日本の歴史や伝統を重んじ、国家革新を掲げる新右翼がある。新右翼は反体制的立場である。

常に成功するとは限らない。例えば、コロラド大学のメロディ・サドラーらによると、アルカイダによる2001年9月11日の米国本土へのテロ攻撃によって、恐怖と悲しみの感情を経験した米国人は、アルカイダに対する軍事的報復を支持しない傾向がみられた。しかし、怒りを感じた者は、米国を攻撃した責任を負わせるために、アルカイダに対し軍事行動で報復すべきだという強行的な政策を支持した。このように、同じテロ攻撃に直面しても、恐怖や悲しみを感じた者は、テロ組織への報復に対して抑制的反応を示し、逆に怒りを感じた者は、テロ組織に対し断固たる姿勢で厳しい報復を求めるようになる。したがって、テロリストが、象徴的でソフトなターゲットへの無差別な攻撃を行った場合でも、恐怖ではなく、怒りを感じる人々が存在する。彼らはテロ組織に対し、強い制裁や反撃を望むことから、テロリストの目論見どおりに世論の誘導が必ずしも成功するとは限らないといえる。

（大上　渉）

# スパイの心理作戦：MICEを狙え

Keywords
ヒュミント
MICE
RASCLS
スパイ
CIA

日本は、中国やロシアといった強国と隣接しており、これらの国に関する種々の情報が得られやすく、スパイを取り締るための厳しい法律も存在しないことから、ロシアや中国、北朝鮮などの諜報員が暗躍しているとされる。こうした周辺諸国による諜報活動に対し、警視庁公安部（外事第1～3課）は、諜報網の摘発や秘密漏洩の立件を目指し、人知れず監視活動を続けている。

## 水面下で繰り広げられている諜報活動

そもそも諜報活動とは、「他国の機密情報を秘匿された手段により入手しようとする政府の活動」であり、政府の政策決定支援のために行われる。諜報活動には、情報源の性質や収集方法の違いによって様々な形態が存在する。

諜報活動のうち、ヒュミントは人的情報源、つまり「人」から情報を得ることから、心理学と最も関係が深い諜報活動といえる。一般的には、諜報機関のヒュミント担当者（ケース・オフィサー）が、対象組織内部に情報提供者（エージェント）を養成し、彼らを通じて対象組織内の秘密情報を入手する。ヒュミントの歴史は古く（一説では紀元前1274年頃、古代エジプト軍に対しヒッタイト軍がスパイを送り込んだのが最初とされる）、古典的な諜報活動ともいわれる。しかし、通信・電波・画像などに基づく技術的な諜報活動では得にくい、計画の意図や人物の人柄のような内面的情報が得られることから、今日でも盛んに用いられている。

## 人の弱みはMICEに集約

情報提供者は、なぜ他国の諜報機関に協力するのだろうか。その一因は、ケース・オフィサーに様々な弱みを握られていることにある。それゆえ、情報提供者は籠絡され、支配下に置かれる。情報提供者の弱み（動機）は、頭字語「MICE（マイス）」として集約される。つまり、情報提供者には、金銭で買収される者もいれば、自ら信じる思想・信条に従って協力する者、また自らの立場や信用を失ってしまうような弱みを握られて協力を強制される者、さらに自らの職業や技能に拠り立つ誇りや自負心によって協力する者などがいる。

事実、日本の諜報事件の多くで、情報提供者のMICEが狙われている。例えば、ポクロフスキー事件（1987年）では、国内のあるメーカーの部長が、KGB機関員らに航空機の技術情報を提供していた。この部長は、多額の住宅ローンを抱えた上、家族の医療費の支払いで家計が逼迫（ひっぱく）しており、金銭で買収されて協力している。また、コズロフ事件（1980年）では、陸上自衛隊の元陸将補が「中ソ和解こそが日本の国益になる」と信じ、かつての部下の自衛官を通じて、自衛隊内の中国に関する軍事情報を入手し、GRU（ロシア連邦軍参謀本部情報総局）機関員に提供していた。この事件では、元陸将補の思想・信条と、情報専門家であった自尊心などが相まって、GRUに協力したと考えられる。

**情報提供者の弱み「MICE」**

| 弱み（動機）の種類 | | 内容 |
|---|---|---|
| Money | 金銭 | 金銭で対象者を買収。より快適で豊かな生活水準を求めて、教育費、病気の治療費、遊興費、ローンや借金の返済などを必要としている。 |
| Ideology | 思想･信条 | 自らが信奉する思想･信条に基づき相手側に協力（例:共産主義への忠誠から）。金銭で協力する者よりも忠誠心が高い。 |
| Compromise or Coercion | 脅迫･強制･妥協 | 対象者のスキャンダルや弱み（例:ハニートラップ、同性愛）などを握り、協力するよう脅迫･強制。 |
| Ego | 自尊心 | 対象者の自尊心や誇りなどを捉えてうまく利用する。対象者が専門家であるならば、師として慕い、教えを請う。 |

Burkett（2013）、小谷（2012）、海野（2007）、及び竹内（2009）に基づき作成

## 動機のMICEから説得技術のRASCLSへ

人の弱みを集約したMICEは、これまで多くの人々を情報提供者として仕立てることに貢献してきた。しかしながら、CIAのランディ・バーケットによれば、MICEが有効な着眼点であったのは冷戦時代までであり、現在では時代遅れになりつつあるという。彼は諜報専門誌『スタディズ・イン・インテリジェンス』において、最近の情報提供者の候補者は、家族や部族、宗教、民族、ナショナリズムなど、相反する忠誠心が複雑に混じり合っていることを指摘し、そのような候補者に対してはMICEではなく、新たな枠組み「RASCLS（ラスクルス）」が有効であると述べている。RASCLSとは、米国の社会心理学者ロバート・チャルディーニが提唱する、人間の選択行動を司る基本的な6つの原理の頭字語である。つまり、返報性、権威、希少性、コミットメントと一貫性、好意、社会的証明の原理を取り入れることで、さらに効果的な情報提供者獲得テクニックを構成できると考えられている。

日本で暗躍するロシア諜報機関も、RASCLSと同様の説得方略を用いていることが、これまでの検挙事例からうかがえる。まず、情報を提供することに対し、心理的抵抗や入手する負担が少なくてすむ資料などから依頼を始める。こうした些細な依頼でも、いったん承諾すれば、コミット

**社会心理学を応用したスパイの説得技術「RASCLS」**

| 説得・承諾につながる原理 | | 内容 |
|---|---|---|
| Reciprocation | 返報性 | 他人から受けた恩恵に対し、似たような形で返済しようとする義務感を利用。影響力が最も高い。 |
| Authority | 権威 | 職業や専門性、肩書き、社会的地位などの権威がある者に対しては、正しい判断が行えると信頼し、彼らの指示に従いやすい。 |
| Scarcity | 希少性 | 入手しにくい物や機会はより貴重で価値あるものとみなされやすい。 |
| Consistency and Commitment | コミットメントと一貫性 | 多くの人には、一度行った自分の判断、考え方、行為、発言などを以降も守り、一貫させたい欲求がある。 |
| Liking | 好意 | 自分が好意を感じている人、身体的魅力が高い人、自分と意見や態度が似た人に従いやすい。 |
| Social proof | 社会的証明 | 多くの人々が行った選択や行動は正しいに違いないと認識され、従いやすい。 |

チャルディーニ（2009）（社会行動研究会訳（2014））に基づき作成

メントと一貫性がはたらき、承諾した者の判断・行動が拘束され、その後の依頼にも応じてしまうようになる。また、情報提供の度に、見返りとして酒食で饗応するとともに、法外な金銭的報酬も与えている。その結果、情報提供者は返報性により負い目を感じ、以降も協力せざるを得ない心理状態に陥る。

## 情報提供者の素性とそのタイプ

情報提供者の候補者を選定する際の着眼点であるMICEや、情報提供者を獲得するテクニックとなるRASCLSとは別に、情報提供者になりやすい典型的な職業とその類型を調べた研究がある。福岡大学の大上渉は、1952年から2015年までの間に、日本においてロシア諜報機関に協力した情報提供者32名の類型化を行った。それによると、情報提供者は、自衛官型、自営業者型、メーカー社員型、国家公務員型の４類型に分類可能であり、類型（職業）が異なると、協力している諜報機関や提供情報の内容、情報の入手方法、動機などが相違することが示された。これは、情報提供者の職業という基礎的な情報から、狙われる情報やその提供先などを予測・説明できる。この知見は、平時から続けられているスパイ防止活動に役立つものである。

（大上　渉）

日本においてロシア諜報機関に協力した情報提供者は４つのタイプに分類される。タイプごとに提供する情報や、提供先のロシア諜報機関、また協力した目的・動機が異なる。

23

# なぜ無実の人が自白するのか

Keywords

虚偽自白
イノセンス・プロジェクト
虚偽自白のタイプ
Reidテクニック
取り調べへの迎合性

無実の人が、自分がやってもいない犯罪行為を「私がやりました」と認め、罪を犯したときのことを具体的に供述する。このように、自分の犯していない罪を認め自白することを虚偽自白という。一般には、このような虚偽自白は、ほとんど発生しない稀なものだと思われているかもしれない。しかし、私たちの直感に反し、無実の人が虚偽の自白をする事例は思いのほか多い。虚偽自白の発生率を正確に推定することは難しいが、米国のイノセンス・プロジェクトの成果が参考となる。イノセンス・プロジェクトは、有罪が確定した者のうち、無実の罪で収監されたと主張する人たちを再調査する民間団体である。この活動から、DNA鑑定やその他の証拠によって最終的に無罪が証明された事例が数多く報告されている。イノセンス・プロジェクトの統計によれば、1989年から2020年までに全米で375件の冤罪が判明している。そのうち29%で無実の人が罪を認める虚偽自白をしていた。さらに驚くべきことに、殺人の罪で有罪判決を受けた事例が130件あり、このうち81件（62%）で無実の人が虚偽自白をしていた（2018年7月9日時点での集計）。非常に重い刑罰が下される重要犯罪においても、虚偽自白が起こることがわかる。わが国でも無罪判決が下された富山事件、志布志事件、足利事件などで虚偽自白が発生している。

## 虚偽自白の3タイプ

虚偽自白はその動機や原因によって、自発型、強制－追従型、強制－内面化型という3つのタイプに分類される。自発型は、そ

**虚偽自白の3つのタイプ**

| タイプ | 内容 | 動機・原因 |
|---|---|---|
| 自発型 | 外部圧力がなくとも、自発的に虚偽自白 | 病的欲求（有名になりたい）、真犯人の隠蔽、より重大な犯罪や事実の隠蔽など |
| 強制-追従型 | 外部圧力により、事実でないと明確にわかっていることを自白 | 長期的な不利益（起訴や投獄）より、短期的な利益（取り調べの苦痛から解放される）を重視 |
| 強制-内面化型 | 取り調べの中で、自分が犯人であると信じ込むようになり自白 | 自分の記憶に対する不信、取調官などの外的な情報源に依存 |

の名のとおり、外部からの圧力を受けずとも、自発的に虚偽の自白をするタイプである。有名になりたいという病的欲求や、真犯人を守るため、より重大な犯罪や事実を隠すためなどの理由から嘘の自白をする。残りの2つは外部からの圧力を受けた結果、虚偽自白するものである。強制−追従型は、取り調べを受ける苦痛から解放され、早く釈放されたい、といった短期的には利益と思えることを、起訴や投獄といった長期的な不利益より重視し、事実でないと明確にわかっていることを自白するタイプである。強制−内面化型は、無実だが他者からの影響を受けやすい者が取り調べを受けるなかで、自分が犯人であると信じ込むようになるタイプである。時には、誤った記憶を作話することがある。何らかの理由で自分の記憶に不信を抱き、取調官などの外的な情報源に頼るようになる。

## 自白を引き出す危険なReidテクニック

刑事ドラマや映画の取り調べシーンで、いわゆる良い警官・悪い警官が登場する場面が描かれることがある。2人の警官が交代で尋問し、容疑者を落とそうとする。1人は容疑者に対して攻撃的で、脅すような言動をする警官であり、もう1人は容疑者に対して同情的で、諭すような言動をする警官である。悪い警官が容疑者を敵対的な取り調べで締め上げ、その後、良い警官が容疑者の味方をして素直に自白するように諭す。実は、こうした取り調べ手法は、真犯人から効果的に自白を引き出すためにアメリカで開発されたReidテクニックと類似している。手法名は開発者の名前からとられている。このテクニックのエッセンスは2つに集約される。1つは最大化戦略と呼ばれるもので、罪の重さや責任を大袈裟に伝えたり、目撃者がいると証拠をちらつかせたりして、容疑者に脅威を感じさせる手法である。もう一方は、最小化戦略と呼ばれるもので、罪の重さや責任を小さく見積もって伝えたり、同情を示したり、被害者にも否がある・情状酌量すべき事情があるのだといって容疑者の面子を保つ弁解を与え、正当化したりする手法である。前者が悪い警官、後者が良い警官に相当する。Reidテクニックは自白獲得を重視した圧力的な取り調べ手法である。真犯人から自白を得るのに有効かもしれないが、同時に、無実の人から虚偽自白を引き出す危険性があるとの批判がある。

## コンピュータ・クラッシュによる虚偽自白の実験

虚偽自白は拷問などの暴力的な取り調べに屈した結果、起こるものと思われるかもしれない。しかし、取り調べが暴力的でなくとも虚偽自白は起こりうる。ウィリアム大学のソール・カッシンとキャサリン・キーチェルは、実験的に虚偽自白を引き出すことに成功している。カッシンらは、大学生を対象にコンピュータを使った架空の実験への参加を求めた。この架空実験は、読み上げられた文字をできるだけ早く入力するというものであった。その際、実験者は「コンピュータがクラッシュし、データが失われてしまうので、ALTキーには触れないように」との注意を与えた。作業開始からしばらくすると、参加者はALTキーに触れていないにもかかわらず、コンピュータがクラッシュするよう、あらかじめ設定されていた。実験者は禁止されていたキーを押したのではないかと参加者を非難し、どの程度の人が無実の罪を認め、虚偽自白をするかを検討した。実際には全員が無実であり、最初のうちは全員がALTキーを押したことを否定していた。しかし、一緒に実験に参加していたサクラが「キーに触れるのを見た」と証言すると、約94%の人が責任を認め、「私がALTキーを押してコンピュータが壊れ、データが消失してしまいました」と書かれた用紙にサインした。こうした目撃証言がない場合でも、約50％の人が責任を認め用紙にサインした。暴力的な取り調べが行われていない場合でも、虚偽自白が起こりうることを示している。

この実験手法を踏襲して行われたその後の研究からも、同様の結果が得られている。カッシンらの実験では、虚偽自白をしたとしても、それが即、自分の不利益に結びつくような状況ではなかった。しかし、現実で虚偽自白をした場合には、無実の罪で逮捕・起訴されることになる。社会的・経済的な損失や、築き上げてきた人間関係の崩壊など、様々な悪影響が想定される。マーストリヒト大学のロバート・ホルセレンベルフらは、無実の罪を認めることが経済的な不利益をもたらす場合にも、虚偽自白が得られるのかを検討した。彼らは、責任を認めると実験参加への謝礼が80％減額される（10ドルから2ドルへ）という状況でも、多くの参加者が虚偽自白調書にサインすることを明らかにしている。これらの実験は、実際の取り調べ状況と等しいわけではないが、私たちが思っている以上に、虚偽自白は容易に発生することを示している。（丹藤克也）

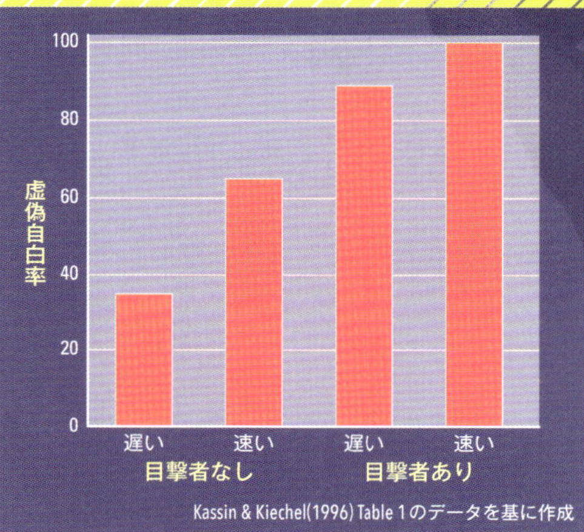


カッシンらの実験では架空の課題として、読み上げた文字をパソコンに入力するよう求めた。このとき、文字の読み上げペースが速い条件、ゆっくりな条件が設けられた。その後、パソコンがクラッシュし、触れるのを禁止したALTキーを押したことが原因だと実験者から非難された際、入力ペースが速く、なおかつ誤った目撃証言があった条件では、参加者全員が虚偽自白を認める書類にサインをした。さらに、この条件では参加者のうち65％が虚偽自白を内面化していた。文字入力のペースが速く、自分が無実であることに自信が持ちにくい状況や、何かしら証拠を突きつけられるといった条件が揃うことで、虚偽自白が起こりやすくなる。

24

# 子どもと高齢者の目撃証言は信頼できるのか

Keywords

イノセンス・プロジェクト

自由再生質問

誘導質問

写真面割り

ソースモニタリング

犯罪を立証するためには、被害者や目撃者の証言は非常に重要である。「私を襲ったのはあの人に間違いありません」といって被告人席にいる人物を指さすことはアメリカ映画でもしばしば描かれる場面である。しかし、この目撃者の記憶がじつはかなり脆弱で誤りやすいものであるということは、刑事司法関係者や心理学者の間では昔から指摘されていた。

## イノセンス・プロジェクトと誤った目撃証言の罠

とくにインパクトが大きかったのがイノセンス・プロジェクトである。これは、アメリカの刑務所に服役している受刑者が本当に犯人であるのかを新たに開発されたDNA鑑定を使って検証したところ、多くの冤罪が発見されたというプロジェクトである(➡23)。冤罪が証明された後で、なぜ冤罪になってしまったのかを検証したところ、圧倒的に多かったのがなんと「目撃者の誤り」であったのだ。目撃者の誤りは成人の目撃者や被害者でもごく普通に起こるものである。とすると子どもや高齢者などはもっと誤りやすい可能性があるということになる。しかも、悪いことに近年、子どもや高齢者が目撃者になる事件は増大する傾向がある。虐待事件の増加に伴って子どもの目撃者・被害者が、社会の高齢化に伴って高齢者の目撃者・被害者が、犯罪捜査において重要な役割を果たすことが増えてきているからである。では、彼らの証言はどの程度信頼できるのであろうか。

## 子どもの証言は信頼できるのか

まず、子どもの目撃証言についてみてみよう。子どもの証言の特性を明らかにするためには実験的な方法が有効である。多くの研究者が実験を行っているが、その中で、ゲイル・S・グッドマンとレベッカ・S・リードの研究を紹介してみよう。この実験では、3歳児と6歳児、そして比較対象のために成人が実験に参加した。実験参加者はまず、部屋に案内され、そこでいくつかの課題を行ってもらう。この課題は腕の運動など体を動かすような簡単な課題である。4〜5日後にこのときの出来事についての質問が行われた。質問はいくつかの形式で行われた。ひとつは、「実験室で何をしましたか」などの自由再生質問、つぎに「実験者の男の人の髪は何色でしたか」という客観質問、それに「君が部屋に入っていったとき、実験者の人は大きな本を読んでいた？　それとも小さな本を読んでいた？（実際には本は読んでいないので、読んでいなかったというのが正解で、大きな、あるいは小さな本と答えてしまえばそれは誤答となる）」という誘導質問、最後に5枚の写真の中から実験者の写真を選び出す写真面割

### 証言形式と正答率（数）の関係

| | 3歳 | 6歳 | 成人 |
|---|---|---|---|
| 自由再生（再生項目数） | 0.83 | 5.50 | 17.68 |
| 自由再生（誤りの数） | 0.61 | 0.91 | 2.25 |
| 客観質問（17問中正答数） | 10.00 | 11.75 | 12.68 |
| 誘導質問（4問中正答数） | 1.35 | 2.21 | 3.06 |
| 写真面割り（正答率） | 0.38 | 0.93 | 0.75 |

Goodman & Reed (1986)

実験結果と年齢がもっとも関連していたのは自由再生で、これが子どもにとってはかなり難しい課題であることがわかる。

り課題である。

この実験で、結果が年齢と最も関連していたのは、自由再生であった。つまり、自由再生は子どもにはかなり難しい課題である。次に誘導質問も年齢と関連していた。つまり、年齢が低いほど誘導的な質問に迎合してしまいやすいということである。一方で、客観質問や写真面割り課題ではそれほど大きな年齢の効果は表れなかった。つまり、このタイプの質問では、大人と子どもの差は小さいのである。

ただし、子どもが誘導質問に脆弱であることは実務上、非常に大きな問題となる。なぜなら、子どもは自由再生が苦手なためにどうしても事情聴取をする側、つまり警察官などが誘導的な質問をしてしまいがちだからである。例えば、虐待事件の取り調べでは、「お父さんはそこで何をしたの？」と聞くよりは「お父さんはこんなふうに君をぶったのかな」という形で聞いてしまいやすいのである。このような質問形式で事情聴取がなされると、証言は実際の出来事とは異なったものになってしまう可能性がある。

## 高齢者の証言は信頼できるのか

では、高齢者の証言はどうであろうか。これについて調べる場合にも実験的な手法が有効である。つまり、高齢者に実際にある体験をしてもらったり、事件の映像刺激などを見てもらったあとにその出来事について、いろいろな形で質問して、その正確性などについて調査するという方法である。

このような方法で実験を行ってみると、興味深いことに高齢者の目撃証言も子どもの証言と似た特徴を持っていることが明らかになってきた。つまり、自由再生や誘導質問は若い成人に比べて比較的苦手であるが、客観質問や写真面割りは若い成人とそれほど変わらないということである。ただ、高齢者の目撃証言を詳細に検討してみると、もうひとつ興味深いことがわかってきた。例えば、面割り課題を行う場合、彼らのヒッ

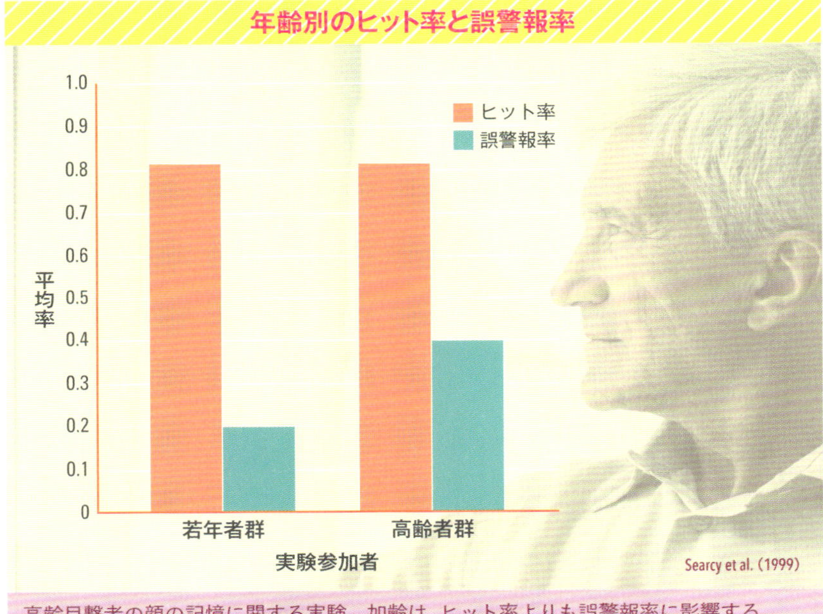


高齢目撃者の顔の記憶に関する実験。加齢は、ヒット率よりも誤警報率に影響する。

ト率、つまり実際の犯人を正しく犯人と指摘する割合は成人と変わらないのだが、フォールスアラーム率（誤警報率）、つまり、実際には犯人でない人を誤って犯人としてしまう割合は成人よりも高いのである。これは高齢者のソースモニタリング能力が低下していることから生じているのだと思われる。ソースモニタリングとは、それを「いつ」「どこで」見たかという情報源についての記憶のことである。高齢者の場合、この能力が低下しやすい。彼らは、ソースモニタリングがうまくできないので、「見覚えのある」顔を、実際には別の場所で見たにもかかわらず、事件現場で見たと勘違いしてしまいやすいのである。

取り調べをする警察官は、子どもや高齢者が被害者、目撃者となった事件では、このような目撃証言能力の年齢による違いについて留意しながら聴取を行っていくことが必要である。（越智啓太）

# 子どもから供述を聴取する工夫

Keywords
司法面接
NICHD プロトコル
オープン質問
クローズ質問

深刻化する児童虐待への予防・対策のために、日本では2000年に児童虐待防止法が制定された。令和元年（2019）版「子供・若者白書」によれば、2017年度に児童相談所に寄せられた相談件数は13万件を超える。児童虐待のような事案では事実関係の解明に、子どもの供述が重要な役割を果たす。しかし、子どもの記憶は汚染されやすく、正しい情報を聴取することは容易ではない（➡24）。過去には、子どもを虐待や犯罪から救おうとするあまり適切でない調査や捜査が行われ、多くの冤罪事件が発生した。例えば、1983年にアメリカで起きたマクマーティン事件では、300人を超える子どもが幼稚園職員から虐待被害を受けたと訴えた。しかし、後に事情聴取の仕方に問題があったことが判明し、被告人は無罪となっている。

## 子どもの供述は歪みやすい

子どもから事情聴取する際に重要なことは、どのような質問を行うかである。質問の仕方によっては、記憶を汚染し、供述を歪めてしまう可能性がある。例えば、子どもは一般に、答えを知らなかったり、意味がわからなかったりした場合にも、質問に答えようとしてしまう傾向がある。虐待や犯罪被害を疑って、大人が事実関係を確認しようと「叩かれた？」「触られたの？」という誘導的な質問をすると、そのような事実がない場合にも、子どもは「うん」と答えてしまうことがある。

シェフィールド大学のアマンダ・ウォーターマンらは、子どもの誘導されやすさを端的に示す実験を行っている。彼女らは

6〜8歳までの子どもを対象に、意味のある質問と、答えようのない無意味な質問をして、正しく答えられるのかを検討した。意味のある質問では「ウサギはカメより速いかな？」といった質問をし、無意味な質問では「石は耳よりもノロマかな？」のように回答不能な質問をした。無意味な質問に対しては、「わからない」や「どういう意味？」と答えることができれば正解となる。実験の結果、理解できない回答不能な質問であっても、6歳児では質問のうち81％、8歳児でも62％で不適切に答えてしまう傾向があった。しかし、無意味な質問であっても、「足は朝食に何を食べるかな？」といったように、選択式でない、自由に回答できる形式で尋ねると、6歳児でも質問の88％に正しく回答することができた。

## 質の高い情報を聴取する司法面接

目撃者や被害者となった子どもの供述を歪めず、質の高い情報を多く得ることを目的に開発されたのが司法面接である。アメリカ国立小児保健発達研究所（NICHD）、発達心理学のマイケル・ラムらが開発したNICHDプロトコルがその代表例である。日本においても、立命館大学の仲真紀子らが中心となって、NICHDプロトコルをもとに司法面接の開発や普及が行われている。

司法面接法は①本題に入る前の導入、②本題についての自由な報告、③補充すべき質問の確認、④終結という流れで進む。まず、本題について子どもから話を聞く前に、自己紹介、面接の手順や約束事の説明、ラポールの形成、自由報告の動機づけを行う。約束事には、本当にあったことを話すこと、質問の意味がわからなければわからないと言うこと等が含まれている。この約束事を理解し実行できるように練習も行う。また、リラックスして話しやすい関係を築くために、子どもが話したいことから会話をスタートさせる（ラポールの形成）。さらに、「朝起きてから、ここに来るまでにあったことを最初から最後まで、どんなことでも全部話してください」など、身近な体験を思い出して、自由に話す練習を行う（自

## 司法面接の標準的な流れ

**導入**
- 自己紹介、面接の手順や約束事の説明
- ラポールの形成、自由報告の練習・動機づけ

**自由報告**
- 子どもに主導権を与え、オープンな質問で自由な報告を促す
- 子どもが言っていない情報を面接者が提示して聞くことは避ける

**確認質問**
- 一度退室し、他のスタッフと補充すべき質問を確認
- 必要であれば、再度、面接室で質問を行う

**終結**
- 話してくれたことを子どもに感謝
- さらに話しておきたいこと、質問がないかの確認

司法面接の特徴として、できるだけ子ども自身の言葉によって、自発的に語ってもらうことを求める点が挙げられる。また、自由な報告を最大限引き出せるよう、面接の手続きが構造化されている点も特徴の１つとなっている。本題について聴取する自由報告の段階では、回答に制約のないオープン質問を用いることが重視される。

## オープンな質問のほうが、より多くの情報が得られる

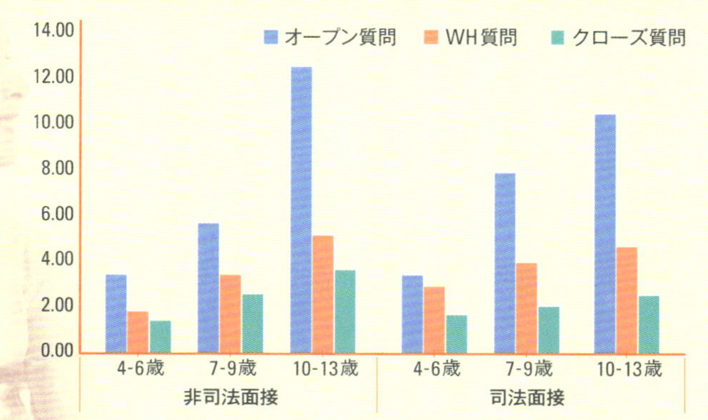


Lamb et al.(2009) Table1・2を基に作成

発達心理学者のマイケル・ラムらは、司法面接を用いた面接と、そうでない面接を比較し、各種の質問がどのくらい使用されているか、子どもがどのくらい詳細に話をしているかを検討した。司法面接のほうが、そうでない面接よりもオープン質問が多く、5W1Hを用いた質問（WH質問）やクローズ質問が少なかった。図に示したのは、1回の質問に対して得られた詳細情報の数である。いずれの面接でも、オープン質問が他の質問より多くの情報を引き出していた。

由報告の動機づけ）。こうした準備を整えてから本題に入る。

本題について聴取する際の原則は、オープンな質問を用いて、子どもに主導権を与え、自由な報告を促すことである。「はい・いいえ」で答える質問や選択式の質問のように、回答の幅が限定される聞き方をクローズ質問という。クローズ質問には具体的な情報が含まれるため、供述を誘導してしまう危険性がある。これに対して、オープン質問は回答に制約のない聞き方であり、「何があったか、最初から最後まですべてお話ししてください」といった質問が該当する。オープン質問にもいくつかの種類があり、本題の自由な報告は、通常この「誘いかけ質問」で始まる。その後、「それからどうしましたか？」（それから質問）と子どもの自由報告を促すこともある。また、必要に応じて、時間分割質問、手がかり質問が使用される。時間分割質問は、子どもが「学校に行った」と報告していたなら、「学校に行くよりも前にあったことを話してください」というように、子どもが述べた情報を用いて、まだ語られていない部分を埋めてもらうよう促す質問である。手がかり質問は、「××のことをもっと教えてください」と子どもがすでに報告した情報を掘り下げるものである。いずれもポイントは、子どもが述べた情報を利用することである。

③の補充すべき質問の確認では、出来事について一通り話してもらった後で、面接者は一度退室し、別室で面接をモニターしていたスタッフと補充すべき質問を確認する。子どもの精神的負担を防ぐため、司法面接は複数の機関が連携したチームで1度だけ行い、録音・録画するのが原則である。④の終結は面接を終える手順である。

これまでの研究から、司法面接を用いた場合、そうでない面接よりも、面接者側の発話は少ないが、より多くの情報を引き出すこと、またオープン質問が多く誘導的な質問が少ないことが明らかにされている。さらに、広く出来事を尋ねる「誘いかけ」のようなオープン質問は、「いつ・どこ・誰・どのように・なぜ」といった5W1Hを用いた質問やクローズ質問よりも多くの情報を引き出すことも知られている。（丹藤克也）

# どうすれば目撃者の記憶を促進できるか

Keywords
捜査面接
認知面接
描画
閉眼
目撃証言

犯人はどのような人物だったのか、事件や事故の内容はどのようなものであったのか。事件や事故の目撃者や被害者への事情聴取で得られる目撃証言は、警察の捜査活動において重要な情報源である。1980年代後半から、心理学の研究成果を生かして、目撃者や被害者の記憶を汚染せず、できるだけ多くの正確な目撃情報を収集する事情聴取の手法として、捜査面接の開発が盛んに行われている（➡ 25）。

## 記憶を促進する認知面接の4つの技法

正確な情報をできるだけ多く想起してもらう心理学的技法を集約した事情聴取として、司法・犯罪心理学者のロナルド・フィッシャーとエドワード・ガイゼルマンが中心となって開発した認知面接がある。この名称は、人の記憶の働きに関する認知心理学の研究成果にもとづく技法であることに由来している。イギリスでは警察の採用時研修などで認知面接の訓練が取り入れられている。日本でも警視庁が2012年に策定・公表した教本である『取調べ（基礎編）』に、認知面接の基礎的な手法が導入され、この教本に基づいた研修・訓練が、警察大学校内に設置された取調べ技術総合研究・研修センターで実施されている。

認知面接には、①文脈の心的再現、②すべて報告、③異なる時間順序での想起、④視点を変えた出来事の想起という、想起を促進する4つの主要な技法がある。

①文脈の心的再現は、心の中で出来事を目撃したときの状況をイメージ化しながら想起する技法である。建物や部屋の様

**認知面接法の４つの技法**

| 技法 | 内容 |
|---|---|
| ①文脈の心的再現 | 心の中で出来事を目撃したときの状況をイメージ化 |
| ②すべて報告 | 些細なことや重要でないと思うことも省かずに報告 |
| ③異なる時間順序での想起 | 出来事を終わりから始めに向かって、あるいは最もよく覚えている箇所から順に、もしくは逆向きに思い出す |
| ④視点の変更 | 自分以外の人物や別の位置からどのように見えたかなど、異なる角度からの描写 |

子、自分がいた位置、周囲にあった物、天候などの物理的環境や、自分が考えたこと、そのときの感情などの心理状態を心の中で再現する。目撃した出来事を取り巻く周辺環境や心理状態といった文脈が、他の情報を想起する手がかりとなるためである。

②すべて報告は、些細なことや重要でないと思うことでも、すべて報告するよう要求するものである。目撃者や被害者は捜査を進めるうえで価値があると思う情報だけを報告し、重要でないと思う情報の報告を控えてしまうことがある。あるいは、正確に話そうとするあまり、犯人の言動や周囲の状況について詳細を覚えていても、「銀行強盗を見た」のように目撃した事件を大まかに説明するに留めてしまう場合がある。そこで、多くの情報を収集するためには、重要度の判断はせず、些細なことでも報告を求めることが重要となる。

③異なる時間順序での想起は、出来事を時系列とは逆に終わりから始めに向かって思い出したり、最もよく覚えている部分から順に、もしくは逆向きに思い出したりすることを求める技法である。時間順に沿った想起では、出来事の中心的な情報（例：銀行強盗であれば、バッグにお金を詰める）が報告されやすい。これに対して、異なる時間順序での想起では、本筋から外れた周辺的な情報が得られやすい（例：犯行時に犯人がタバコを吸った）。

最後の④視点を変えた出来事の想起では、他の目撃者や犯人など、自分以外の人物や別の位置からどのように見えたかなど、異なる角度からの描写を求める。ただし、この技法は目撃者に推測で答えることを要求するものではない。あくまで、実際に自分が目撃した情報のみを想起してもらうことが重要である。視点や時間順序を変更した想起は、覚えているが十分に記憶を検索できていない、あるいは思い出しているが報告されていない情報の報告を促すものである。

なお、これらの技法に加え、認知面接にはコミュニケーションに関わる原則などもあり、面接の開始から終了までの一連の手順が構造化されたものが事情聴取の手法として活用されている。

認知面接にはどのくらい記憶を促進する効果があるのだろうか。ロンドン大学ロイヤルホロウェイ校のアミナ・メモンらは、メタ分析という手法を用いて、これまでに行われた59件の実験をまとめ、効果の大きさを算出した。その結果、標準的な面接と比べ認知面接が正確な情報の想起量を促進する効果は頑健で大きいことが明らかにされている。ただし、副作用として誤った情報の想起も増えるが、そのマイナスの効果は小さい。さらに、認知面接を子どもや高齢者に使用した場合にも、記憶を促進する効果が認められている。

## より簡便な記憶の促進技法としての描画と閉眼

認知面接には確かな記憶の促進効果がある一方で、各技法を実行するには時間や労力がかかるという問題点がある。最近の研究では、捜査現場での応用を推進するために、認知面接の実施に伴う負荷を軽減する方法が検討されている。たとえば、文脈の心的再現の代替手段として、描画を用いることが効果的であることが明らかにされている。レスター大学のコーラル・ダンドーらは、文脈の心的再現の代わりに、目撃した出来事や場所の絵をできるだけ詳細に描き、その出来事について思い出せることを報告するよう求める実験を行った。その結果、文脈の心的再現と比べ描画を用いたほうが実施時間は短いが、記憶を促進する効果は同等であった。描画は目撃時の文脈を心の中ではなく外部に絵として再現するため、これが他の情報を想起する手がかりとなると考えられている。また、描画によって、人の移動などの空間的な情報の報告が促される可能性も指摘されている。

想起時に目を閉じるという簡便な手法も記憶促進の効果がある。司法・犯罪心理学者のアネリス・ヴリディヴェルトらは、想起時に閉眼するよう指示した条件では、閉眼を指示しなかった条件よりも、正確な情報の想起量が増加し、不正確な情報の想起には影響がないことを明らかにしている。閉眼が想起を促進する理由として2つの可能性が指摘されている。1つは、開眼時には外部の環境に向けられていた注意が、閉眼によって内部に向けられ、記憶の検索により多くの注意資源を投入できるためであると考えられている。もう1つは、外部からの視覚情報を遮断することで、視覚的な情報が想起しやすくなることが考えられている。閉眼による記憶喚起は、目を閉じるよう指示するだけであるため、警察官が目撃者に実施する際にも特別な訓練を受ける必要はなく、捜査現場への応用が容易である。目撃者にとっても特別な労力がかからないというメリットがある。

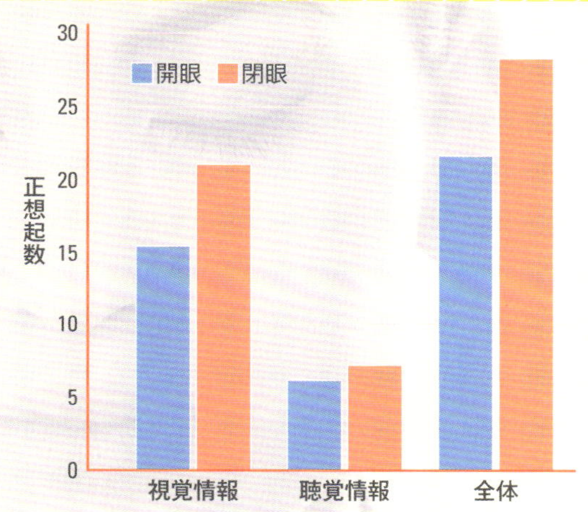


ヴリディヴェルトらの実験では、実験参加者にビデオ映像を提示し、映像を観てから数分後と1週間後の2度にわたって内容についての記憶テストを実施した。グラフは2度目の記憶テストで閉眼もしくは開眼で自由に想起した結果である。想起時の閉眼によって特に視覚情報の正しい想起が促進された。

ここで紹介した各技法は単体で使用した場合にも、記憶の促進効果が期待できる。目撃証言の聴取に限らず、日常生活においても応用可能なものである。

（丹藤克也）

27

# しぐさや言葉から嘘は見抜けるか

Keywords
虚偽検出
非言語的行動
CBCA
リアリティ・モニタリング

取り調べの場面で、容疑者が「私はやっていません」と犯行を否認したとする。それは真犯人が罪を逃れるために嘘をついているのか、はたまた無実の人が真実を語っているのか。犯罪捜査においては、相手の嘘を見破れるかどうかは非常に重要な問題となる。こうした嘘発見に対する関心の高さから、嘘を見抜くための手がかりに関する研究が数多く行われてきた。

## 嘘のサインに関する誤解

人はどの程度、他人の嘘を見抜くことができるのだろうか。ポーツマス大学のアルダート・ヴレイによれば、これまでの研究から、人は嘘をつくことはうまいが、見破るのは不得意であることが明らかにされている。他人の嘘を見抜けるかを検討した多くの研究を総合すると、正答率は50%を少し超える程度である。真実か嘘かをでたらめに答えたとしても正答率は50%となるため、まぐれあたりをわずかに上回る程度でしかない。

他人の嘘を見抜けない理由の1つとして、嘘のサインについての誤解が挙げられる。実は、嘘をついたときに表れると一般に考えられている特徴が、実際には嘘のサインとして機能していないのである。嘘についての国際研究チームが58カ国で行った調査によると、嘘のサインとして最も多く挙げられた特徴は「目をそらす」ことである。しかし、社会心理学者のバーバラ・デパウロらによれば、視線と嘘の関係はほぼゼロに等しい。「嘘つきは目をそらす」という考えは世界共通の誤解といえる。ヴレイによれば、言いよどみ、手指や足の動きが増えるというのも誤解である。嘘をついたときに言いよどみが増えるわけではなく、手や指の動きについてはむしろ減少する傾向がある。このように誤った嘘のサインを手がかりにしてしまうことが、嘘を見抜けない原因の１つとされている。

## 嘘のサインとなるしぐさはあるか？

では、嘘発見の手がかりとなるしぐさや動作はあるのだろうか。デパウロらは、嘘の手がかりとして検討されてきた158種類の行動について、これまでの研究をまとめている。その結果によると、嘘のサインだと思われている行動の多くは、嘘と結びついていなかった。例えば、まばたき、うなずき、話す速さ、姿勢を変える頻度、自分の体に触れる頻度などは、いずれも嘘と明確な関連性は認められなかった。確かに、研究によっては嘘をついているときに、これらの行動が増加することがある。しかし、複数の研究を総合すると、一貫した傾向は認められなかった。

嘘との関連が認められた特徴もある。声の高さ、手や指の動きの減少、あごが上がるなどである。しかし、これらの特徴と嘘との関係も強いものではない。ヴレイによれば、嘘をつくときに声が高くなると言っても、その違いは周波数でいえば数ヘルツ程度であり、特別な装置がなければ検出できないレベルである。このような嘘と非言語的行動の関連の弱さも、人が嘘を見抜くのがへたな理由の１つとされる。

## 話の内容から嘘を見抜く

それでは、発話内容から嘘を見破ることはできるのだろうか。スウェーデンやドイツなどでは、性犯罪の被害に関する子どもの供述が実体験にもとづくものなのか、作り話なのかを評価するために供述の妥当性分析という手法が用いられることがある。その中核となるのが「基準にもとづく内容分析（CBCA）」である。CBCAには19個の基準があり、これらと供述内容を照らし合わせて、あてはまる程度が高ければ実体験にもとづく供述だと判断される。CBCAの基準は大きく4つに分類される。1つ目は供述の全体的特徴に関する基準であり、整合性があり論理的に一貫しているか（論理的構造）や時系列に沿っていない部分はあるか（構造化されていない供述）、詳細情報がどの程度含まれているか（詳細情報の量）といった基準がある。2つ目は具体的内容に関するものであり、文脈への位置づけ、会話の再現、予期しない事態の説明、非日常的な事柄、不必要な情報など、10個の基準が設定されている。3つ目は供述の動機に関わる基準であり、供述の自発的な訂正があるか、覚えていない・わからないといった記憶や知識の欠如を認める内容があるか、自己非難や犯人に対する許しに関する内容があるかなど、5個の基準がある。最後の4つ目は犯罪に関わる特徴に関するものであり、その種の犯罪に典型的であると専門家が判断する要素が含まれるかという基準である。

発話内容から嘘に迫る別のツールとして、リアリティ・モニタリング（RM）がある。RMは記憶研究に着想を得たものであり、本来は実体験にもとづく記憶と、想像や思考・推論にもとづく記憶とを区別する認知過程を指す用語である。実体験の記憶には外的情報源から得られる知覚情報（音、匂い、感触、形、色）や文脈情報（出来事が

**CBCAにおける19個の基準**

| | |
|---|---|
| 全体的な特徴 | 1 論理的構造<br>2 構造化されていない説明<br>3 詳細情報の量 |
| 具体的な内容 | 4 文脈への埋め込み<br>5 相互作用についての説明<br>6 会話の再現<br>7 出来事中の不測の事態についての説明<br>8 めずらしい事柄についての詳細<br>9 余分な事柄についての詳細<br>10 誤解した内容の正確な報告<br>11 外的な関連情報<br>12 自分の心的状態についての説明<br>13 犯人の心的状態についての推測 |
| 動機に関わる内容 | 14 自発的な訂正<br>15 覚えていないことを認めること<br>16 自分の証言に対する疑問<br>17 自分に対する非難<br>18 犯人に対する許し |
| 犯罪に関する要素 | 19 犯罪の特徴に関する詳細 |

CBCAでは、供述の内容が19個の基準と合致しているかを分析し、その真偽を判断する。各基準は嘘の供述よりも、真実の供述にあてはまる特徴と考えられており、CBCAは嘘のサインではなく、真実のサインを探すツールといえよう。CBCAは子どもを対象として開発されたが、大人を対象とした場合にも正答率は同じ程度であることが示されている。

起こった場所、人物や事物の詳細など）などが含まれるのに対して、嘘は思考や推論など内的情報源にもとづくため具体性に乏しく、両者は質的に異なると考えられる。RMではこうした質的な側面に関する基準と照らし合わせて、発話内容の真偽が判断される。RMの基準には、鮮明さ、知覚情報、空間情報、時間情報、認知的操作（思考プロセス）などがある。

CBCAやRMはどの程度、嘘と真実の供述を区別できるのだろうか。ヴレイによれば、これまでの研究を総合するとCBCAの正答率は約71％、RMでは約69％であり、偶然よりも高い確率で嘘と真実の供述を区別できることが示されている。現在のところ、CBCAとRMは嘘と真実を区別するうえで同じくらい有効なツールだと考えられている。

以上のように、しぐさに注目するよりも、話の内容を複数の基準で分析するほうが嘘を見破る方法として有望である。最近の研究では、認知的負荷を与えると、しぐさや発話内容に嘘のサインが表れやすくなることが報告されている。例えば、答えを事前に用意することが難しい予想外の質問をしたり、出来事を逆順に話すよう要求したり、話し相手と視線を合わせ続けるよう要求する戦略が検討されている。ただし、嘘のサインが表れやすくなったとしても、個別のサインから嘘を見抜こうとするのは賢明ではないだろう。ピノキオの伸びる鼻のような、嘘を見破るための明確かつ確実なサインはまだ発見されていないのである。

（丹藤克也）

## 発話内容から嘘を見抜く

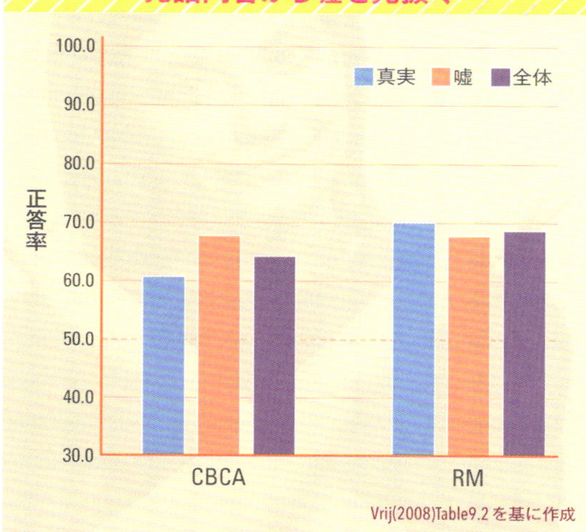


CBCAとRMの有効性を比較した7件の研究をまとめると、真実を真実と正しく検出する場合と、嘘を嘘と正しく検出する場合のいずれも、正答率は偶然の確率より高い。発話内容に着目したCBCAとRMは嘘を見抜くうえで同等の効果を持っている。

28

# 脳イメージング技術を用いて嘘を検出する

Keywords
ポリグラフ検査
隠匿情報検査
fMRI
fNIRS

私たちの日常には、様々な嘘が存在している。他愛のない嘘ならば見逃されても大きな問題はないが、犯罪捜査においては、犯人が自分にとっての不都合な情報を警察に隠すような嘘を正確に見破ることが非常に重要となる。ここでは、罪を犯した犯人の嘘を見破る方法について取り上げ、近年、着目されている脳イメージング技術を用いた虚偽検出について見ていきたい。

## 日本の犯罪捜査における嘘の見破り

犯人の犯罪への関与についての隠匿意図を複数の生理反応に着目して見破る方法が、日本の犯罪捜査で1950年代から行われているポリグラフ検査である。ポリグラフ検査では、嘘をつくことと関連しうる様々な生理指標が用いられるが、主に用いられるものは汗腺活動、呼吸、心拍である。

日本のポリグラフ検査では、隠匿情報検査（CIT）と呼ばれる検査法が用いられている。CITは、ミネソタ大学の行動遺伝学者デイビット・T・リッケンが考案した方法であり、被疑者が犯人しか知り得ない当該事件についての事実を知っているかどうかに焦点を当てる。CITでは、当該事件に関係する事柄について尋ねる1つの裁決質問と、当該事件とは無関係な事柄について尋ねる複数の非裁決質問を用意する。たとえば、あるアクセサリーショップでネックレスの窃盗事件が発生した場合、裁決質問は、「あなたが盗んだのはネックレスですか？」となる。非裁決質問としては、「あなたが盗んだのはブローチですか？」

「あなたが盗んだのはブレスレットですか？」などが用いられる。これらの質問をランダムな順番で被疑者に聞いていき、その際の生理反応から「犯行に関与していない」という嘘を見破る。もし被疑者が無実ならば、どれが裁決質問かがわからないため、すべての質問で同じような生理反応が出現する。一方、もし被疑者が犯人ならば、裁決質問がどれであるかを知っているため、裁決質問に対して複数の非裁決質問とは異なる生理反応がみられる。日本のCITにおけるポリグラフ検査は、実際の犯罪捜査で高い有効性を示しており、各都道府県警察の科学捜査研究所で年間5,000件ほど実施されている。

**裁決質問／非裁決質問**

| | |
|---|---|
| あなたが盗んだのは**ブローチ**ですか? | **非裁決質問** |
| あなたが盗んだのは**ブレスレット**ですか？ | **非裁決質問** |
| あなたが盗んだのは**ネックレス**ですか？ | **裁決質問** |
| あなたが盗んだのは**イヤリング**ですか？ | **非裁決質問** |
| あなたが盗んだのは**指輪**ですか？ | **非裁決質問** |

## CITの大きなパラダイム・シフト

CITを用いたポリグラフ検査は、高い有効性が示されているにもかかわらず、今日でも多くの研究者や実務家が日々さらなる研究に取り組んでいる。少しでも高い精度で犯人の嘘を見破ることができれば、事件の早期解決や、犯罪に苦しむ人々を救うことにつながるからだ。そのようなCIT研究に、近年大きなパラダイム・シフトが起こっている。

2000年代になって、人間の脳の働きを可視化する脳イメージング技術が急速に発展した。脳イメージング技術の発展は、医療関係者のみならず、心理学者にも多大な影響を与えた。従来の心理学では、特定の認知課題において外的に観察可能な反応時間や正答率などの行動データをもとにして、心のメカニズムの解明が行われてきた。それが、脳イメージング技術を心理学に活用することで、特定の認知課題を遂行中の脳の働きを直接観察できるようになった。これにより、脳領域の機能的関連から考察を加えることで、人間の心のメカニズムの解明を促すことになった。

脳イメージング技術の発展は、心理学の領域に含まれるCIT研究にも

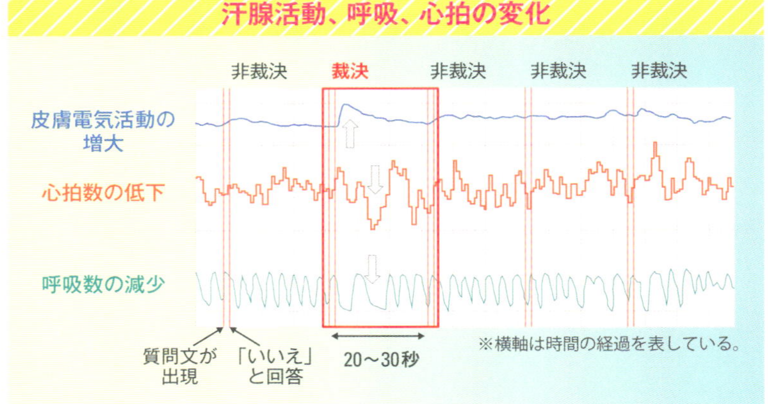


大きなパラダイム・シフトをもたらした。CITにおいて生じる汗腺活動、呼吸、心拍などの生理反応は、もともとは心の働き、つまり、脳活動に起因して生じている。そのため、脳イメージング技術の発展から長い時を待たずして、嘘をつくときの脳活動に着目しようというモチベーションが生まれ、CIT研究に活用されていった。

## 犯人の脳は嘘をつけない

初めてCITに脳イメージング技術を活用したのは、精神科医のダニエル・ラングルベンであった。彼は、機能的核磁気共鳴画像法（fMRI）を用いて、CITの枠組みで実験を行った。実験参加者はあらかじめ複数あるトランプカードの中から♣5のカードを受け取り、どのカードを持っているかを実験終了まで隠し通すように求められた。そして♣5のカードに関する質問を裁決質問、それ以外のカードに関する質問を非裁決質問として実験参加者に尋ねたところ、左前帯状回から右内側上前頭回にかけての領域および左前運動皮質の前頭部から背側部、そして、中心溝から頭頂間溝の下縁に至る前頭頂皮質を含む頭尾軸に沿ったU字型の領域の2つが賦活することを確認した。これらは、感情の形成と処理、記憶、自己認識といった機能と関連する領域である。このように、裁決質問を尋ねられたときに特有な脳活動パターンが見つかったのである。その後も、世界各地でfMRIを活用したCIT研究が行われ、同様に裁決質問をされたとき特有の脳活動パターンが確認されている。

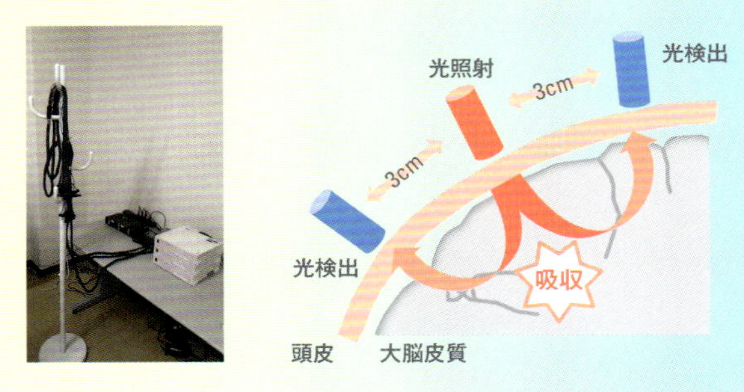


近赤外光は、生体組織に吸収されやすく、特に脳血流中のヘモグロビンに吸収される。吸収のされやすさは、脳活動の程度に依存するヘモグロビンの酸素化状態によって異なる。「得られた光の強度変化」を数学的に変換することで、「脳活動の大きさ」を求めることができる。fNIRS装置では、頭の表面に近赤外光を照射し、反射してきた光を検出する。

ただし、fMRIは強力な電磁波を発生させる特殊な検査環境を必要とし、また非常に高価であるため、都道府県警察に導入することは非現実的だった。

では、現実の犯罪捜査に応用できそうな脳イメージング技術はないのだろうか。筆者は簡便に脳機能を計測でき、fMRIよりもコストが低い機能的近赤外分光法（fNIRS）に着目した。実験参加者を半分ずつ、模擬窃盗を行う有罪群、模擬窃盗を行わない無罪群に割り当て、盗品についての裁決質問と非裁決質問に回答しているときの脳活動を計測した。その結果、有罪群についてのみ、裁決質問に対して、報酬・罰に関連することが知られている眼窩前頭前皮質を含む前頭領域および側頭領域が活動していることを確認した。さらに、これらの領域での脳活動に基づいて、80%近い精度で有罪群と無罪群を識別できることを示した。

今日も、fMRIやfNIRSによるCIT研究は行われている。事件への関与について犯人ではなく、犯人の脳に直接聞いてしまおうという、SFの世界のような話が現実になる日も遠くはないのかもしれない。（新岡陽光）

# 統計学で犯人像をあぶり出せ

Keywords
犯罪者プロファイリング
統計学
リヴァプール方式
多変量データ解析
相同仮説

作家トマス・ハリスの代表作となった『羊たちの沈黙』(小説は1988年、映画はジョナサン・デミ監督、1991年)で、一躍注目されるようになった犯罪者プロファイリング。ジョディ・フォスター演じる、アメリカFBI行動科学課の若き訓練生クラリス・スターリングは、当時発生していた事件のヒントを得るために、精神科医であり、猟奇的な連続殺人犯であるハンニバル・レクターとの面接を試み、その過程で犯人にたどりつく。同じく大人気ドラマ『クリミナル・マインド　FBI行動分析課』(2005年9月〜)のFBI捜査官は、現場を観察し、チームで議論を重ね、そして卓越した洞察力で犯人像を鮮明に浮かび上がらせる。「犯人は、中年の男性で、重度の精神疾患を患っており、体型はやせ型、現在は無職、独身で友人はいない」といった犯人像は、視聴者の想像力をかきたて、犯人逮捕のドラマ終盤まで目をくぎ付けにさせる。

犯罪者プロファイリングの中でも、犯人の特徴(性別や年齢層など)を推測することを犯人像推定と呼ぶ。体系的な犯人像推定は、1970年代半ばからのFBIに端を発し、実際の事件捜査にも応用されてきている。初期の犯罪者プロファイリングは職人芸に近い要素が多かったと言える。ただし、職人芸では分析者が変わると分析結果も変わってしまう。また、より科学的な方法を採用するべきだという指摘もあり、その後1980年代半ばからイギリスの環境心理学者デヴィッド・カンターを嚆矢とした、統計学を用いた犯人像推定の研究がスタートした。この方法は、カンターがリヴァプール大学に在籍していたことにちなんでリヴァプール方式とも呼ばれ、それと対比してFBIによる方法はFBI方式と呼ばれている。

## 統計学はデータとのにらめっこ

では、統計学とはそもそも何なのか。世の中には様々なデータが存在する。気温や湿度といった天候に関わるデータや日々の株価といった経済指標、はたまた消費者の購入した物品に関する購買データなど、私たちの身の回りには無数のデータが存在する。このようなデータは、眺めているだけでそのデータの傾向がわかる場合もあるが、その性質を調べたり、データをまとめることで、そのデータの本質により一層近づくことができる。その方法論を体系化した学問が統計学である。

たとえば、「推測統計」という統計では、手元にあるデータ（「標本」と呼ばれる）の特性から、目に見えないデータの本質（「母集団」と呼ばれる）の特性を推測することを目的としている。また、「多変量データ解析」という分析手法を使うことで、様々なデータをまとめ、視覚的に理解しやすい形に変えることができるので、多岐にわたる分野で用いられている。

犯罪に関する現象についても、多種多様な情報が存在する。殺人事件を例にすると、いきなり被害者を襲ったのか、被害者と会話をしつつ騙して近づいたのかなどの「接近方法」からはじまり、被害者を脅したのか暴力をふるったのかといった「コントロールの仕方」、逆に被害者が犯人を蹴る、または言葉だけで抵抗したのかなどの「被害者の抵抗」、それに対して犯人はあきらめたのか、そのまま無理やり襲ったのかといった「抵抗に対する反応」、はたまた「凶器の種別」や「殺害方法」といった様々な項目が考えられる。「接近方法」や「コントロールの仕方」「凶器の種別」といった項目は、統計学的に「変数」と呼ばれ、その変数内の詳しい分類は、凶器であれば「刃物」や「鈍器」、または「銃器」といったような扱いをする。このような犯行特徴とは別に、過去に捕まった殺人犯の「性別」や「年齢」、有職者もしくは無職者といった「就業状態」、既婚者だったか独身者だったかといった「婚姻状態」など、犯罪者自身に関する情報も扱い、分析のためのデータセットを作成する。また、このような情報は、警察など公的機関に存在するものであるが、新聞やニュースの記事を利用して分析することもできる。

## 事件解明の鍵は解決した事件にある

さて、事件に関する情報を集めたとしても、この情報はすでに解決した事件のものである。すでに解決した事件の内容や捕まった犯罪者に関するデータを分析しても、いま現在発生している事件の犯人はわかるのだろうか？　犯人像を推定することが可能となるには、「相同仮説」といった前提条件が必要となる。「相同仮説」とは「類似した事件に及んだ犯罪者たちは、類似した特性を持つ」といったものである。このことから、過去に発生した事件といま現在の事件が類似していれば、以前解決した事件を分析することで、それがいま現在の未解決事件をひも解く鍵となるのである。

分析に際しては、まず事件の内容や犯罪者情報を基にしてデータセットを作成する。具体的には、個々の犯罪者情報をそれぞれの行に、事件内容に関する情報（変数）をそれぞれの列に設けたデータセットを作成し、このデータセットについて「多変量データ解析」を実施する。多変量デー

### データセットの例

| | 急襲 | 不意打ち | 偽計 | 暴力 | 脅迫 | 刃物 | … |
|---|---|---|---|---|---|---|---|
| 殺人犯 1 | 1 | 0 | 0 | 0 | 1 | 1 | … |
| 殺人犯 2 | 1 | 0 | 0 | 0 | 1 | 0 | … |
| 殺人犯 3 | 0 | 1 | 0 | 0 | 0 | 0 | … |
| 殺人犯 4 | 0 | 0 | 1 | 1 | 1 | 0 | … |
| 殺人犯 5 | 1 | 0 | 0 | 1 | 0 | 0 | … |
| 殺人犯 6 | 0 | 0 | 1 | 1 | 1 | 1 | … |
| 殺人犯 7 | 0 | 1 | 0 | 0 | 0 | 0 | … |
| … | … | … | … | … | … | … | … |

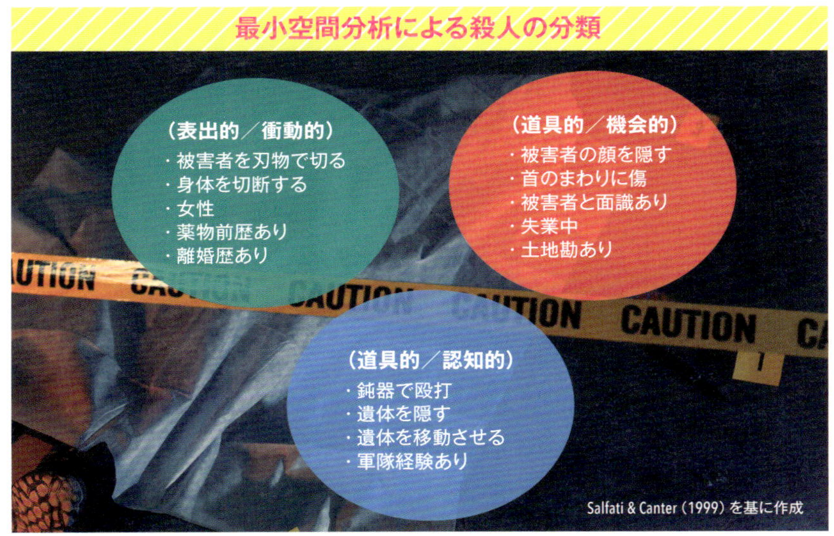


タ解析には様々な分析手法があるが、海外では「最小空間分析」が、日本では「数量化理論Ⅲ類」や「コレスポンデンス分析」などの手法が多用されている。たとえば、ガブリエル・サルファティとデヴィッド・カンターは、警察が殺人を認知した時点で犯人が明確ではない殺人事件（82件）について最小空間分析を試みている。分析の結果によると、３つのタイプに分類され、１つ目の「表出的／衝動的」殺人犯は、身体を切断する、刃物で切るといった犯行特徴があり、女性あるいは薬物前歴者や粗暴犯の前歴を有している者が多いとされている。２つ目の「道具的／機会的」殺人犯は、被害者の顔を隠す、首のまわりに傷が多いといった特徴があり、被害者と面識がある、失業中であるといった特徴がみられている。最後の「道具的／認知的」殺人犯では、鈍器で殴る、遺体を隠すなどの特徴がみられ、軍隊経験を有する人物が多いとしている。

このように解決した事件を分類することで、将来類似の事件が発生した場合に、どのタイプに属すのかを検討し、そのタイプの犯罪者の特徴をみることで、未解決事件の犯人像を推定していくのである。（財津　亘）

# 犯人像を確率で表現?

Keywords
確率
ベイズの定理
ベイジアンネットワーク

三百年ほど前のイギリスの牧師であり、数学者でもあったトーマス・ベイズ（1702-1761）という人物をご存じだろうか。現在、統計学の分野を席巻している確率論を提案した人物で、実は最近の私たちの日常にとって非常に深い関わりを持っている。その確率論が関連する分野は、医療や教育システム、経済学、気象予報など多岐にわたっており、特に21世紀に入ってからは、これらの分野におけるテクノロジー技術の発展が目覚ましい。たとえば、電子メールのスパムメールを自動的に判別する技術、いわゆるメールフィルターもベイズ確率論が基礎にある。それでは、その確率論と犯罪、中でも犯人像の推定がどのように関わっているのだろうか。

**トーマス・ベイズとベイズの定理**

$$p(\theta|y)=\frac{p(y|\theta)\ p(\theta)}{p(y)}$$

## 未知の事象は確率で表現するしかない

確率といえば、0～100%で表現することができるもので、サイコロの目の出る確率や宝くじが当たる確率などを想起するかもしれない。サイコロは、基本的に6面体なので、偏りがなければ理論上は「1/6」の確率となる。また、宝くじが当たる確率は、「当たりくじの枚数／販売総枚数」で計算することができるだろう。これらの確率は、「客観確率」と呼ばれ、複数回試行する中で、何回ある事象が生じたかという頻度を基盤としている。一方で、「自分が10年後に月に旅行に行っている」、あるいは「いまから売り出す本がヒット商品になる」といった事象は将来のことであり、未知の事象である反面、自分の中では「この程度かな」とおおよそ見当をつけることはできる。もっと明確に表現すると、「自分が月に行っている確率は10%」「本がヒットする確率は15%」などと主観的に評価をすることは可能であろう。このような確率は「主観確率」と呼ばれ、トーマス・ベイズはこの主観確率も許容するスタンスの確率論者であった。そして、未知の事象というのは確率で表現するしかない。未解決事件の捕まっていない犯人もある意味で未知であることから、「犯人の性別が男性である確率は80%」などと表現することは自然なのである。

## 結果から原因を求める魔法の式、ベイズの定理

さて、突然だが「体温40℃の発熱がみられた」場合、その原因は「風邪」と考えるか、それとも「インフルエンザ」と考えるか。この関係を因果関係として見ると、「風邪」や「インフルエンザ」を「原因」となりえる事象、「高熱」を「結果」と考えることができる。また、「インフルエンザ」に罹るとたいていは「高熱」が出るが、「高熱」だからといって「インフルエンザ」とは限らない（単なる「風邪」か、新型ウイルスが原因かもしれない）。ちなみに、前者の「原因から結果を求める」ことを「順問題」と呼び、後者の「結果から原因を求める」ことを「逆問題」と呼ぶ。また、これを犯人像推定に当てはめると、「犯人」が原因となり、「犯行現場や被害者の状況など」が「結果」に該当し、まさに犯人像推定は、「犯行現場や被害者の状況など」から「犯人」を導き出す逆問題を解くことと言える。トーマス・ベ

イズは、結果から原因を推測する「逆問題」を解く式としてベイズの定理を提案した。

ベイズの定理を犯人像推定に当てはめて説明しよう。たとえば、過去に解決した殺人事件に関するデータから、「殺人犯の性別」と「毒物の使用の有無」の間に関連性が見出されたとする。そして、新たな殺人事件が発生し、「毒物」が使われていたとする。この場合、ベイズの定理に従うと、原因である「性別」は、結果である「毒物」が使われたという事実から、次の式から求められる。

$$\text{「毒物」を使った新たな殺人事件で、犯人が「女性」である確率} = \frac{\text{「女性」の殺人犯の中で「毒物」を使う確率} \times \text{殺人犯全体での「女性」の確率}}{\text{殺人犯全体の中で「毒物」を使う確率}}$$

## 原因と結果が複雑に絡み合う連鎖、ベイジアンネットワーク

前述の例は、「性別」と「毒物の使用の有無」間のみであったが、実際には、殺人犯自身の情報として、「年齢層」や「職業」「犯罪経歴」など複数の要因が存在し、犯行に関する情報についても「侵入方法」や「証拠隠滅の有無」「逃走手段」など複数の要因が存在する。そして、それらの原因と結果が、因果関係として複雑に入り組んでいるかもしれない。近年では、このような複雑なネットワークを扱う手法として「ベイジアンネットワーク」と呼ばれる分析手法がある。ベイジアンネットワークでは、「性別」「年齢層」「職業」「侵入方法」「証拠隠滅の有無」「逃走手段」といった項目をそれぞれ「ノード」と呼ばれる円形部として表現し、それらのノードをつなぐ一方向の「矢印（アーク）」でその関係を視覚的に表現することができる（ノードとアークで表現したグラフを「グラフィカルモデル」という）。また、前述のベイズの定理で計算したように、今度は複数の項目に関す

**FBI捜査官ロバート・K・レスラーの知識経験をベイジアンネットワークで表現したモデル**

「妄想型」の精神疾患
食事をあまり食べない
被害者の血液を飲む
痩せている

円形部を「ノード」、矢印を「アーク」と呼ぶ。このモデルは因果関係として表現されており、アークの根っこ側のノードが「原因」、アークの先のノードが「結果」を意味している。

る情報を基に、たとえば「性別」や「年齢層」といった犯人の特徴を確率で算出することができる。

著書『FBI心理分析官』で1990年代に一躍有名となったFBI捜査官ロバート・K・レスラーは、通称「サクラメントの吸血鬼」と呼ばれる被害者の血液を飲むといった猟奇的な連続殺人事件で「犯人は栄養不良で痩せている」といった分析をしたとされる。その理由としては、「犯人は被害者の血液を飲んだ」→「重度の妄想型の精神疾患者が多い」→「食物をとらないことが多い」→「痩せている」という図式が経験的にあったとされている。ベイジアンネットワークでは、このような捜査官の経験をモデルとして表現することができることも特徴の１つである。

以上のようなベイジアンネットワークは、機械学習の１つの手法として位置づけられ、人工知能分野でも用いられている。近年では、様々な犯罪現象の分析に機械学習を取り入れる兆しもあることから、近い将来、人工知能分野と心理学は切っても切れない関係になるのかもしれない。

（財津　亘）

31

# 文章の指紋を探る旅

Keywords

テキスト
マイニング

著者識別

文章の指紋

著者
プロファイリング

通称ユナボマー事件。この事件は、1978年5月25日、米国のイリノイ大学駐車場で通行人が小包を発見するところから始まる。小包に記載された差出人の住所は、ノースウェスタン工科大学のバックレー・クリスト教授。親切な通行人は、差出人である教授が出しそびれたものだと思い、教授に連絡し、教授は宅配の手配をする。届いた小包の伝票に書かれた筆跡を見るや、自身の筆跡ではないと判断したクリスト教授は、警備員に通報し、警備員が開けるや否や「パンッ!!!」。

この事件を皮切りに、大学や航空業界など全米17カ所で同様の爆破事件が発生、3名の死者と23名の負傷者を出したものの、事件は全米各地に及び、なおかつ犯人が一切の証拠を残さなかったために、犯人逮捕まで18年の歳月を要した。これが爆弾魔のユナボマーことセオドア・ジョン・カジンスキーによる連続爆破事件である。2017年には、FBIプロファイラーとの戦いを描いた『マンハント：謎の連続爆弾魔ユナボマー』としてドラマ化されている。

一連の事件は、米国FBI捜査官が犯罪者プロファイリングを行って犯罪捜査を進めた事件としても知られているが、カジンスキーが1995年に『ニューヨーク・タイムズ』や『ワシントン・ポスト』に犯行声明文を送りつけ、それが大々的に掲載されたことでも有名である。そして、犯行声明が出された後に、FBIは犯行声明文に書かれた文章の特徴的なクセを持つ人物について捜査したとされている。また、逮捕のきっかけも、カジンスキーの弟が、犯行声明文の哲学的内容や言葉遣いが兄のものとそっくりだと感じ、知り合いの私立探偵に相談を持ちかけたためとされている。

## 文は人なり、文にも個性

カジンスキーの犯行声明文は、非常に知的かつ哲学的な内容であったために、読み手に強い印象を残す文章であったと言えよう。だからといって、犯行声明文や脅迫文、名誉毀損文といった犯罪に関わる文章から、それを書いた犯人がわかるものなのだろうか。フランスの博物学者ジョルジュ＝ルイ・ルクレール・ド・ビュフォン（1707–1788）は「文は人なり」と言ったとされている。これは、文章というものが、その著者の思想や人柄が表されるものであり、逆にいえば文章を見れば書いた人物の「人となり」がわかることを意味している。戦前から戦後にかけて、日本では「文章心理学」という名で、文学作品の作者を推定する研究がされていた。その後は、文章を計量的に扱う「計量文体学」や「計量文献学」といった学問分野で、文章のクセ、いわゆる文章内の文体的特徴を計量的に分析し、著者を特定する技術が研究されてきている。それはあたかも指紋のパターンから個々人を特定するように、「文章の指紋」を探る旅のようである。

そもそも文体的特徴と一言でいっても、着目する視点を変えれば様々な特徴が存在する。特に、文の話題内容に依存しない品詞や文の構造などに着目することが多い。日本語の場合、文章内の「漢字やひらがな、カタカナ」が占める割合もその１つである。また、文章をすべて品詞に分解し、隣り合う2つの品詞の組み合わせの頻出パターンを見ていく「品詞の2-gram」という方法もある。たとえば、人の文章をひも解くと、「名詞の次に動詞」や「名詞の次に副詞」といったパターンが多い文を書く場合もあれば、「動詞の次に名詞」や「名詞の次に助動詞」といったパターンが多い人もおり、個々人のクセがみえてくる。さらに、「読点の打ち方」にも個性があるとされる。「で」や「に」の後に読点を付けることが多い人がいる反面、「は」や「も」の後に読点を付けることが多い人もいる。このような文体的特徴を複数検討することで、指紋のように著者の個性を捉えることが可能となり、著者を識別することができるのである。

**品詞の2-gramの例**

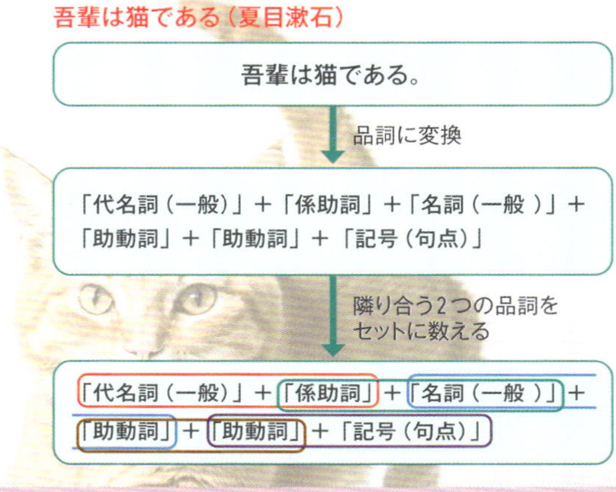

吾輩は猫である（夏目漱石）

吾輩は猫である。

品詞に変換

「代名詞（一般）」＋「係助詞」＋「名詞（一般 ）」＋「助動詞」＋「助動詞」＋「記号（句点）」

隣り合う2つの品詞をセットに数える

「代名詞（一般）」＋「係助詞」＋「名詞（一般 ）」＋「助動詞」＋「助動詞」＋「記号（句点）」

「吾輩」は「代名詞（一般）」、「は」は「係助詞」であり、文中すべてを品詞に変換したのちに、隣り合う2つの品詞が文中にいくつあるかを数える。

## 「文章の指紋」で事件解決

このような文章上の特徴を統計解析する手法は「テキストマイニング」と呼ばれ、事件解決にも貢献している。その事件は、2001年9月東京都豊島区内で発生した保険金詐取目的の殺人事件である。多額の住宅ローンの支払いなどに悩んでいた犯人が、路上生活をしていた弟に約4千万円の保険を掛けて、その弟を泥酔させた上に車でひき殺した。当初警察では、ひき逃げ事件として捜査が進められていたが、母親を受取人名義として保険が掛けられていたことが判明し、殺人事件も視野に入れて捜査が進められた。

事件発生から10日ほど経過したころ、事故を目撃したとする自称サラリーマンから1通の手紙が警察署に届く。情報提供を名目に、ひき逃げ事件の詳細が書かれたものであった。また、その数日後には、犯人を名乗る者からひき逃げ事件を告白し、さらには自殺をほのめかす内容の手紙が届く。そこで、この「目撃者の証言」に関する手紙と「告白書・遺書」が、

## 保険金殺人事件での分析例

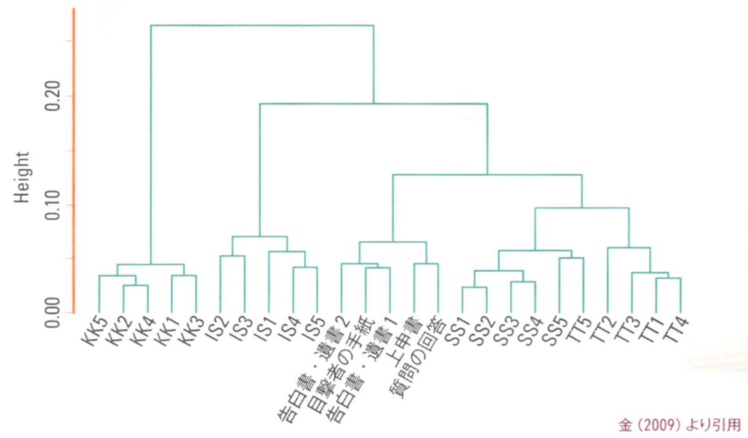


金（2009）より引用

「KK」「IS」「SS」「TT」は事件に関係のない4名による文章、「KK1」～「KK5」はKKが書いた5つの文章。

被害者の兄によって書かれたものなのかが分析された。分析は、被害者の兄が過去に交通事故を起こしたときに作成した2つの書類（「上申書」と「質問の回答」）の文章と、事件に関係のない4名が作成した文章を含めて行われた。これらの文章内の「助詞の使い方」に着目し、階層的クラスター分析という手法によって分析した結果、「目撃者の手紙」「告白書・遺書」「上申書」「質問の回答」の文章は、すべて同じ人物によって書かれたものと結論づけられた。そして、報告書提出1カ月後、被害者の兄は「保険金目的で弟を車でひいた」ことを認め、逮捕にいたっている。

最近では、文体的特徴を基に、文章を書いた人物の性別や年齢層を推定するという技術も研究されており、そのような技術は「著者プロファイリング」と呼ばれている。日本では、このような計量的文体分析はいまだ一般に広まっているとは言えないが、今後はこのような技術も犯罪捜査で活用されることが期待される。

（財津　亘）

# III

# 処遇や更生保護の支援

# 殴ると子どもはダメになる!?

Keywords
児童虐待
IQ
学力
知能回復

「コイツが全然勉強しよれへんからですわ！」児童相談所に子どもを一時保護された加害親による第一声である。

2021年度に全国の児童相談所が対応した虐待相談は207,660件にのぼり、統計を取り始めた1990年（1,101件）から1度たりとも減少したことはない。『子ども虐待による死亡事例等の検証結果等について』（厚生労働省）によると、第1～18次調査の期間（2003～2020年）で、虐待死した子どもの数は（親子心中による死亡595人を除いて）合計939人である。この国では1週間に1人の子どもが虐待で殺されている。

法律に定義された児童虐待には、①身体的虐待、②性的虐待、③ネグレクト、④心理的虐待という4つの種別がある。さきほどの検証結果によれば、調査期間を通して不明を除く死亡事例の48～86%は身体的虐待によるものであった。「かわいいわが子をなんで虐待なんかできるんやろう？」マスメディアの報道に触れた一般市民が常々感じる疑問である。しかし犯罪と同じく、虐待加害の動機は様々なので、すべての原因をひと言で説明することは不可能であり、また不適切でもある。ただし冒頭の加害親による「言い訳」はしばしば虐待臨床の現場で耳にする。しかし、しつけを意図した虐待が本当に子どものためになるのだろうか？

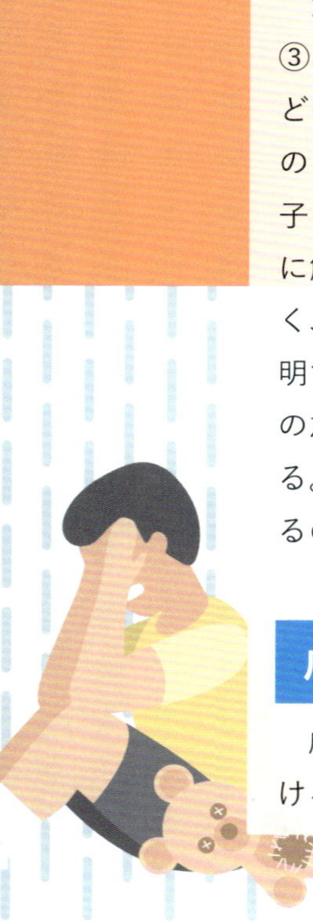

## 虐待による発達への影響

成長途上にある子どもが日常生活のなかで虐待被害を受け続けると健全な発達が阻害されてしまう。虐待によるトラウマ体験は子どものこころに様々な影響を刻み込み、うまくしゃべれない子、教室で落ち着かない子、なにごとにも意欲をみせない子、乱暴な子など、ありとあらゆる行動上の問題をひき起こす（➡35）。そして保護者や教師を含めた大人たちが、行動上の問題に対して叱責を繰り返す結果、子どもの成長はますます歪められてしまうという悪循環が続くのである。

虐待による被害は子どもの知的発達にも暗い影を落とす。20世紀に発表された知見をまとめて児童虐待が脳に及ぼす影響を整理した研究がある。実に様々な脳へのダメージが報告されており、ストレス反応と関連の深い視床下部―下垂体―副腎系の機能不全や副交感神経およびカテコールアミン反応などに異常が見られるケースもある。虐待を受けた子どもでは脳の容積自体が縮小しているとの知見に加えて、単なるストレス反応では生じないはずの生化学的、生理学的、解剖学的な変性さえもが観察されたという報告もある。脳の発達が阻害されるということは、当然、子どもの知的な発達にも悪影響があり、認知能力に制限がかかってしまう。

## IQの低下と虐待被害

虐待を受けた子どものIQは低い。知能指数と訳されるIQは「賢さ」を示す心理学的な指標の1つである。虐待された子どもに知能テストを実施した研究では、ほとんどの場合に理論的な平均である100を下回るIQが観測されている。

虐待された子どものIQが測定されている先行研究を系統的に収集し、メタ分析という過去の知見を総合する統計手法を用いた報告が、緒方康介『被虐待児の知能アセスメント――科学的根拠に基づく心理診断を目指して』（2012）に収録されている。虐待を受けたことがない子どもに比較して8ポイント弱のIQ低下が生じると推定された。つまり、子どもは虐待されると「賢くなくなる」のである。たとえば、重度のネグレクト家庭に育つ子どもでは日常的に栄養不足となり、脳機能が生理学的に成熟しないケースも考えられる。さらにこのメタ分析による報告では、ネグ

### 虐待された子どものIQに関するメタ分析の結果

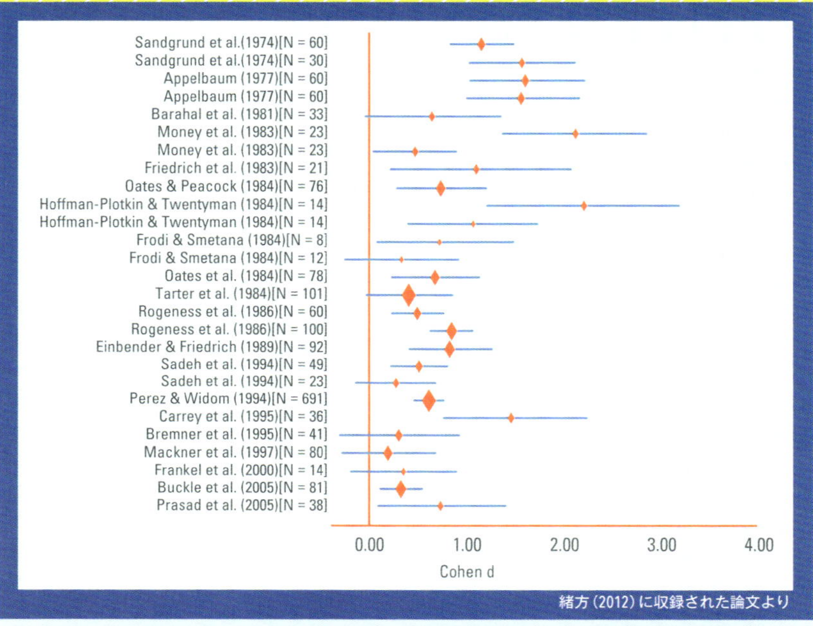


緒方（2012）に収録された論文より

左右に伸びる線は結果の幅を表す信頼区間であり、縦の赤線をまたいだ知見は統計的に有意ではない。赤色の菱形は研究で使用されたデータ数のおおよその大きさを表している。平均値の差に関する効果量であるCohen d の行動科学における基準は、効果なし（0.0~0.2）、小さな効果（0.2~0.5）、中程度の効果（0.5~0.8）、大きな効果（0.8~）である。

レクトによるIQ低下は5ポイント強であったのに対し、身体的虐待でのIQ低下は9ポイント強と推量されている。すなわち、栄養管理を含めた適切な監護・養育を与えられないことより、殴られることのほうがよっぽど子どもの知的発達に悪影響を及ぼすのである。

イギリスで7万人以上の子どもを5年間にわたり追跡した大規模なイアン・J・ディアリたちによる調査がある。時系列を考慮した分析の結果、11歳のときにIQがおよそ100であった子どものうち58％は、16歳のときにイギリス社会で必要とされるレベルの学力に達することができていた。この学習到達率は、11歳時点のIQがおよそ115であった子どもの場合、91％にも上り、逆にIQがおよそ85しかなかった子どもの場合、16％

殴られて「賢さ」を落とす子ども

殴られるその一発一発が、子どものIQを低下させるのかはわからないものの、殴るという行為を繰り返せば、加害親の期待とは裏腹にどんどん「賢さ」がこぼれ落ちていく。

に過ぎなかった。つまり、IQは将来の学力をかなりの程度予測でき、この大規模調査において、その関連性は行動科学の世界では滅多に目にすることのないほどの高さであった。

冒頭の加害親は子どもの学力を気にして「勉強させねば」と思い込んでいたのかもしれない。勉強しないと頭が悪くなる（≒テストの点が低くなる）と思い込み、殴ってでも勉強させることがしつけであり、子どものためになると勘違いしていたのだろう。しかしエビデンスに基づけば、殴った結果は裏目に出る。子どもを殴ってしまう保護者には、「殴ると子どもはダメになる」ことを決して忘れないでほしいと願うばかりである。

## 知能を回復させるには

虐待被害から子どもを回復させるためにはどうしたらよいのだろうか？　ジョンズホプキンス大学のジョン・マネーたちは被害回復に関する一連の研究を報告している。虐待家庭から分離された子ども50人を最長で17年間にわたり追跡調査した結果、身長と体重の劇的な伸びといった身体的側面にとどまらず、知的側面であるIQの回復も確認された。最も顕著なケースでは、3～13歳の10年間でIQが36から120にまで上昇した子どももいた。なお児童福祉施設に入所した前後で、虐待された子どものIQを比較したわが国の調査研究でも同様の知見が得られている。

虐待された子どもたちを保護する責任は社会にあるが、認知能力を回復させることで、その子の将来を拡げていくことも虐待臨床においては看過できない課題である。（緒方康介）

# 「P ＞ V」と書いて“言語性劣位”と読む

Keywords
非行少年
IQ
知能テスト
プロフィール分析

犯罪心理学のなかでもエビデンスとして繰り返し確認され続けている知見は少ない。自然科学と違って、行動科学には様々な誤差が混入するためである。したがって、まったく同じ研究結果が再現されないことさえある。そうしたなかにあって、非行少年に知能テストを実施して得られるプロフィール特徴は、犯罪心理学が誇る頑健な知見の1つである。

## IQの低さ

非行少年は賢くないから「悪いこと」をするのだろうか？犯罪心理学における非行少年の知能研究は1910年代に開始され、ゆうに1世紀以上の歴史を持っている。つまり、非行少年のIQに対する関心は100年以上も前から継続しているのである。

これまで数多の調査によって非行少年の低いIQが観測され続けている。知能テストは、最初に作られたビネー式から始まって様々な変遷を遂げ、現在では7種類程度が世界中で標準化されている。非行少年のIQはどの種類の知能テストを実施してもおおむね低く、その意味で、測定装置側の問題ではなく非行少年側の特徴と考えることができる。ただしIQの低さだけが非行の原因であれば、知的障がいのある子どもたちはすべて罪を犯すという単純な話になってしまうが、実際のところ、知的障がいのある子どもたちの多くは非行に手を染めない。因果の鎖におけるたった1つの原因としてIQを捉えてしまうと、犯罪・非行を正しく理解できなくなる。そうではなく、あくまで非行少年の心理学的特徴の1つとみるほうが妥当である。すなわち「頭が悪いから」非行に走ったと短絡的につなげるよりは、IQの低さに表れるような「考える力」の不足ゆえに、誘惑を含めた様々な環境からの刺激に対して、衝動的な反応を抑制できないことが特徴なのかもしれないと考えるのである。

## 「P ＞ V」プロフィール

低いIQのほかにも非行少年を特徴づける知能プロフィールがある。最も有名なものが「動作性優位」と呼ばれてきたプロフィールである。1930年代に完成したウェクスラー式知能テストでは、ヒトの総体的な知能を表すIQに加えて、動作性IQならびに言語性IQと名付けられた2つの知能モデルが採用された。言語性IQの課題は、当時のアメリカ軍候補生のなかで、英語を話せる者の知能測定を目的としたアルファテストを基に作成された。一方、動作性IQの課題は、英語を話せない候補生の知能測定を目的としたベータテストが基になっている。つまり、英語の力を必要とする問題を解かせても答えられなかったため、テスト課題は結果的に動作を伴う作業が必要となったが、動作能力の測定が目的だったわけではない。動作性IQは「Performance IQ」、言語性IQは「Verbal IQ」の訳であり、それぞれPIQ、VIQと略記される。犯罪者や非行少年では、このPIQが相対的にVIQよりも高いという「P ＞ V」プロフィールが繰り返し観測されており、犯罪心理学におけるエビデンスの1つとして確立されてきた。しかしウェクスラー式知能テスト作成の歴史的背景に鑑みれば、「Performance IQ」の意味は「動作性IQ」というよりも「非言語性IQ」と捉えたほうが妥当だろう。

「P ＞ V」プロフィールの再現性は高く、21世紀に入ると過去60年以上の研究知見をメタ分析という統計手法により総合した結果も報告された。たとえば、一般的に女性は男性よりも言語能力に優れているため「P ＞ V」が当てはまらない可能性も考えられたが、犯罪者や非行少年であれば女性であっても「P ＞ V」は何度も観測されていた。対象者の年代に

非行少年のP>Vプロフィール

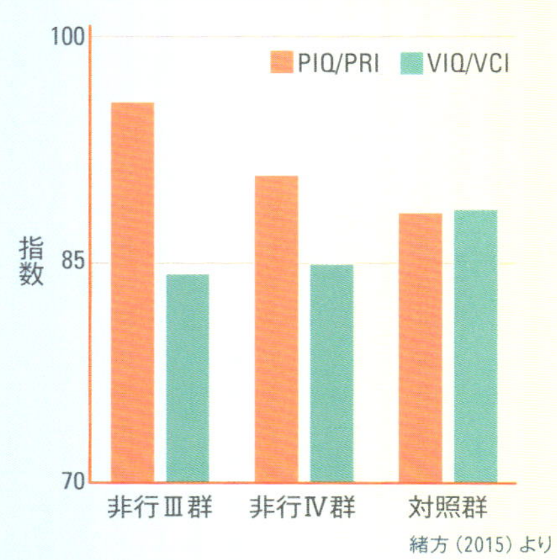


性別、年齢、FIQをマッチングという手続きにより同じ程度に統制。非行Ⅲ群（40名）はWISC-Ⅲ（第3版）によるPIQとVIQ、非行Ⅳ群（40名）はWISC-Ⅳ（第4版）によるPRIとVCI、対照群（40名）はWISC-Ⅳ（第4版）によるPRIとVCIの比較。どの程度の違いがあったかを示す効果量は、非行Ⅲ群で大きな違いがあり、非行Ⅳ群で中程度の違いがあったものの、対照群では違いはなかった。

よって分析結果には相違があり、年少の子どもや成人よりも思春期以降の青年で「P ＞ V」が最も大きく開いていた。このメタ分析では、児童用の第3版までを分析対象としていたが、ウェクスラー式知能テスト（WISC）は第4版から大きく様変わりし、動作性IQと言語性IQという伝統的な2つの知能モデルを捨ててしまった。「P ＞ V」は犯罪心理学から消え失せたのだろうか？

実はWISCの第4版には、①言語理解、②知覚推理、③ワーキングメモリ、④処理速度という4つの広範的能力がモデル化されている。このうち、言語理解と知覚推理はそれぞれVIQならびにPIQとみなせることが第4版のマニュアルにも記載されている。日本での改訂後、非行少年の知能プロフィールを分析した研究がある。分析の結果、第3版ほど顕著ではないものの第4版においてもWISCは非行少年の動作性優位、すなわち「P ＞ V」を再現できたと結論されている。

## 言語性劣位

これまでに紹介してきた知見から「P ＞ V」が非行少年の特徴であることは明らかである。ただし慣習に従ってこのプロフィールを「動作性優位」と呼び続けることはもはや不適切であろう。理由は4つある。1つ目に、そもそも「非言語性IQ」を「動作性IQ」と名付けたことの誤りがある。2つ目に、近年の改訂でそもそも「動作性IQ」は姿を消している。3つ目に、非行少年のIQはそもそも低いため、PIQは決して理論的な平均であ

## 言語性劣位の典型的なパターン

「P＞V」プロフィールゆえに、対人葛藤場面で言葉による自己主張や自己弁護などがうまくできず、ストレスに誘発された反応がときに暴力となってしまうことがある。

る100を超えて優れているわけではない。むしろ100以下に位置しており、あくまでもVIQより相対的に高いというだけなのである。そして最後の4つ目は、アメリカの心理学者たちによる21世紀初頭の調査報告である。この調査では子どもたちの成長を3～17歳の期間追跡している。のちに非行に陥ってしまった子どもたちのプロフィールを分析すると、3歳時点で言語能力は落ち込んでおらず、むしろ非言語能力のほうが低かった。その後、非行少年では11歳までに言語能力が低下し続けるという発達過程が明らかとなった。すなわち、低下し続けているのは「VIQ」であり「PIQ」が促進されているというエビデンスはどこにもないのである。以上の理由から、非行少年の知能プロフィールを特徴づけるには「言語性劣位」こそが適当であり、その臨床像を最も的確に描いた言葉であると思われる。

非行少年の低い言語能力は、学力が重要視されるようになる思春期以降に発見されやすい。元来低かった言語能力のために学力の獲得に失敗した者もいれば、非行化してきたことにより学校適応が悪化し、結果的に学力を含めた言語能力が低いと判定される者もいる。いずれにせよ、非行少年と言語性劣位を読み解くカギは学校適応にあるとにらんでおくことが臨床的には有効であろう。（緒方康介）

# なぜ犯罪は繰り返されるのか

再犯
偏見
社会的包摂
更生
犯罪者イメージ

犯罪者が刑務所に服役し、刑期を終えると社会に復帰することとなるが、その後にまったく犯罪に手を染めない者もいれば、再び犯罪に手を染めてしまう者もいる。これに関して、多くの人は「反省し、更生した者は再び犯罪に手を染めず、そうでない者は再び犯罪に手を染める」と考えるだろう。

そもそもどの程度の犯罪者が再び犯罪に手を染めているのだろうか。一体、どのような要因が再犯に関連しているのだろうか。

## 減っているけれど増えている犯罪統計

2021年版「犯罪白書」によると、日本において刑法犯により検挙された者のうち、再犯者（道路交通法違反を除く）の数は、2006年をピークとしてその後は減少し、2020年は2006年と比べて39.9%減少した。一方、初犯者は、2000年を境に増加を続けていたが2004年をピークに、その後は減少を続け、2020年は2004年と比べて62.8%減少した。このように2006年を境に日本の犯罪件数は減少している。

それに対して再犯者率（刑法犯検挙人員に占める再犯者の人員の比率）は、再犯者の数が減少に転じた後も、それを上回るペースで初犯者の数も減少し続けていることから、再犯者率は1997年以降上昇し続け、2020年は49.1%であった。犯罪の件数は減少を続けている一方で、再び犯罪に手を染める者の割合は増え続けている。約3割の再犯者によって約6割の事件が行われているというデータもあり、犯罪件数が減少している一方で、再犯の予防が課題となっている。

**刑法犯検挙人員中の再犯者人員・再犯者率の推移**

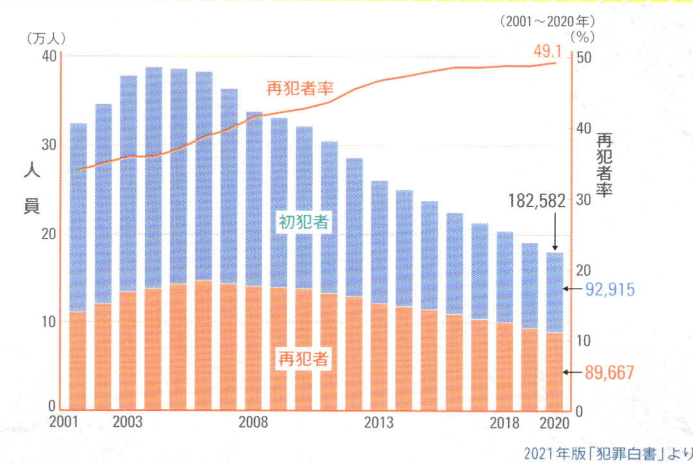


近年、犯罪の認知件数は減少し続けているが、その一方で再犯者率の増加が著しい。

## 再犯の社会的背景

再犯の背景には、もちろん犯罪者本人の問題（たとえば反社会的な人格、依存症など）も存在するが、それだけでなく出所後におかれる状況がおおいに関係してくる。「犯罪白書」(2021年版) によると、2020年における刑務所再入者は、その69.3%が犯行時無職であった。職がなければ生活費を得ることができないため、生活費を得るために窃盗などの犯罪に手を染める可能性が高くなる。また、「犯罪白書」(2021年版) によると、2020年における出所受刑者の帰住先において、出所時に帰る場所がない、住む場所が見つからない住居不定の者が18.4%となっている。住所がない場合、生活拠点がないだけでなく、職を得ることまで難しくなるのは言うまでもないだろう。

再犯防止のためには、出所者の就労や住居等の安定を図ることは必要であるが、そのためには出所後の社会での受け入れの態度が重要となる。しかし、仮に出所者が反省し、心を入れ替えたとしても、出所前の就労支援で受け入れ先の理解が得られず、職や住居の確保ができないことや、受け入れ後に差別に合うことも少なくない。矯正施設や受刑者および刑務所出所者に対する固定化されたイメージが、刑務所出所者を社会の一員として受け入れ、問題解決を図る（社会的包摂）ことを妨げる一因として指摘されており、これには犯罪者への偏見、犯罪発生における再犯の実情に関する知識のなさがあげられる。

## 犯罪者に対する偏見・差別

まず、人は犯罪の原因についてどのように考えているのだろう。犯罪原因は本人の人格特性、家庭環境、人間関係、生活環境、社会経済的背景、犯行時の状況など様々な要因に基づいて考えるべきだが、一般人は犯罪者の人格的な要因が原因であると考える傾向がある。これは、人が誰しも陥りやすい「基本的帰属のエラー」という「他者の行動の原因を推測する際に、その行為者の性格や能力などの内的な属性を過度に重視し、行為者を取り巻く状況や環境要因を見逃しやすい傾向」によるものである。このように考えやすい背景としては、自分自身と犯罪者は「全く異なる特殊な存在」だと考えることで、自分自身の心の安定を図るために自己防衛的な帰属を行っているという見方ができる。人格に犯罪原因を強く帰属する場合、犯罪者に対する刑罰を重く判断しやすいことや、犯罪者の社会からの長期的な隔離・排斥につながり、雇用をはじめとする社会復帰を阻害することにつながってしまう。

出所者の社会復帰には、出所後の生活基盤の確保が重要となるが、地域住民、雇用先が受容的・支援的な態度を示すのは容易なことではない。先に述べたように基本的に犯罪者の内的な特性に原因が帰属されやすいため、実際よりも犯罪者はネガティブなイメージをもたれるといえるだろう。「刑務所に入るような人は、一般の人とは異なる特殊な人だ」「刑務所に入った人は立ち直ることができない」「刑務所に入った人の大半は、自分の罪を深く反省していない」などの犯罪者に対する否定的なイメージは、地域社会での出所者支援に対する支持的な態度（刑務所から出た後は、

## PFI刑務所情報提示条件別の心理的距離

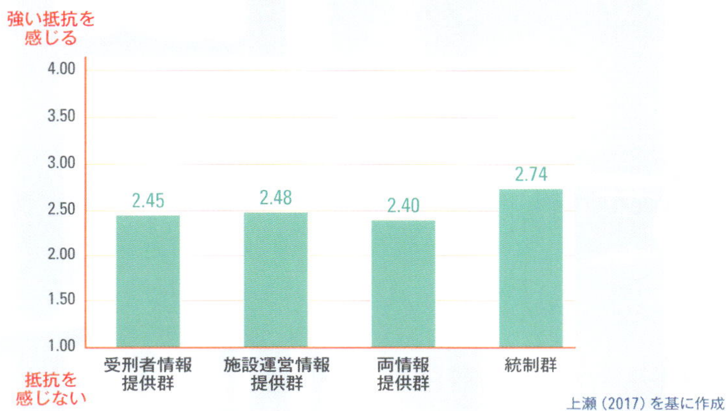

上瀬（2017）を基に作成

社会全体で元受刑者を支えるべきだなど）を低め、出所者との心理的距離（一緒の職場で働くことなどへの許容度）を遠くすることが明らかになっている。しかし、再犯の背景として出所者の就労や住居等の問題があることを示した場合、否定的なイメージを強く持っている者でも地域社会での出所者支援に対する支持的な態度が高くなることが明らかになっている。

また、官民協働の刑務所であるPFI刑務所に関する意識調査では、開設から数年で開設前には施設ができることに抵抗を感じた人の数は大きく減少していた。態度変容の背景として、施設に対する様々な形の接触（たとえばメディアを通じて接触、見学会参加など）が多い人ほど、施設への抵抗感が低く、また出所者に対する態度も受容的であった。これに加え、受刑者情報提供群、施設運営情報提供群、両情報提供群、情報を与えない統制群の4つに参加者を振り分け、PFI 刑務所や出所者に対する態度を尋ねた実験では、統制群と比較して、情報を与えられた条件では心理的距離が近く、刑務所に対する信頼が刑務所出所者一般に対する受容的態度を促進させた。これらのことから、刑務所出所者の社会的包摂のために、刑務所施設全体の信頼感を高めることの重要性と矯正システムに関する広報の有効性が指摘されている。（板山　昂）

35

# 問題児？　その背景に虐待はないか

Keywords
児童虐待
AD/HD
自閉スペクトラム症
トラウマ

小学校や中学校の教室に「問題のある子ども」はどのくらいいるのだろうか。文部科学省は2022年に約88,000人の児童生徒を対象とした全国調査を実施した。「知的発達に遅れはないものの学習面又は行動面で著しい困難を示す」と担任教師から評価された児童生徒は実に8.8％にも上った。10年前の2012年に実施された調査では6.5％、20年前の2002年では6.3％であったことから増加傾向が読み取れる。わが国の義務教育課程において、通常の40人学級であれば3～4人は該当することになる。文部科学省の調査は専門家による診断こそ行っていないものの、①限局性学習症、②注意欠如・多動症、③自閉スペクトラム症といった発達障がいのある子どもを想定し、特別支援教育の必要性を検討する目的で実施されたものである。しかしながら発達障がいのある子どもがすべて「問題のある子ども」ではない。当然、すべての発達障がい児が非行化するわけでもない。

## 発達障がい特性

学校で教師から「学習面や行動面で著しい困難を示す」とされた子どもたちにはどのような特徴があったのだろうか？

限局性学習症は長い間LD（学習障がい）と呼ばれてきたが、近年ではSpecificの頭文字を冠してSLDと略記されるようになった。IQは決して低くないのに、特定の分野の勉強ができないことから発見されることも多く、①読み、②書き、③計算に著しい学習の困難がみられる。医学的診断では上記3つを重視しているが、教育上の定義はもう少し幅広く、(1) 聞く、(2) 話す、(3) 読む、(4) 書く、(5) 計算する、(6) 推論するといった6つの観点が考慮される。限局性学習症では、努力しているのにどうしても成績が上がらず、授業についていけなくなり学校不適応が生じるケースもある。

注意欠如・多動症はしばしばAD/HDと略記される。①不注意、②多動性、③衝動性を特徴とし、発達障がいのなかではめずらしく、薬理作用により症状の軽減効果が一定程度認められている。教室のなかで先生の話を集中して聞き続けることが難しく、注意があちこちに逸れてしまう。加えて衝動性の高さから、思いついたことをすぐに実行してしまうため失敗も多くなりがちである。注意欠如・多動症は、反抗挑発症、素行症へと発達し、やがて反社会性パーソナリティ障がいへと結実して犯罪者になるという「破壊的行動障がいのマーチ」が理論的に提案されている。

自閉スペクトラム症は、かつて「アスペルガー症候群」や「広汎性発達障害」と呼ばれていた。①他者の気持ちに気付きにくいという対人相互反応と社会的コミュニケーションに困難があり、②自分のこだわりに「こだわり過ぎる」ため行動、興味、活動が極端に限定されてしまい、かつ、それが反復されるという特徴がある。周囲の視線を気にせず自分自身の興味のおもむくままに行動しがちであり、結果的に学級集団のなかで浮いた存在となってしまう。

発達障がいの特性は、決してそれ自体が違法あるいは犯罪に親和性の高いものではない。しかしながら、周囲の理解が得られず、学校のなかで不適応が進むうちに自尊心が傷つき、他者への攻撃や非行に陥ってしまうケースも残念ながら少なくないのである。

## 発達障がい特性と虐待症状の類似性

ところで、ここまで説明してきたような「発達障がいの特性」はほとんどすべて虐待を受けた子どもたちの行動問題としても表れる。日常的に殴られ続けている子どもが学校のなかで落ち着かず、授業中に教室を飛び出していくことがある。「虐待」の背景を知らなければ、その多動性・衝動性は担任教師の目にあたかも注意欠如・多動症と映るだろう。決して知的障がいがあるようには思えない子どもが、驚くほど低い成績を取り続けることもある。「虐待」のために勉強が手につかない事情を汲むことができなければ、限局性学習症ではないかと疑われたりするだろう。対人関係が苦手で周囲の状況を読み取ることが難しい子どもは、他者との接触をあまり好まない。「ネグレクト」による親からの無関心・放任が適切なソーシャルスキルを育まなかった結果だとしても、家庭生活の状況を細かく調査しなければ、自閉スペクトラム症と誤診される可能性さえある。虐待とネグレクトの繰り返される親子関係を継続的に経験すると、ヒトに対する信頼感が育たず愛着関係も極めて脆弱となってしまう。対人反応の乏しさは反応性アタッチメント障がいにも認められるため、自閉スペクトラム症との鑑別は難易度の高い診断技術となる。

**問題行動とその背景**

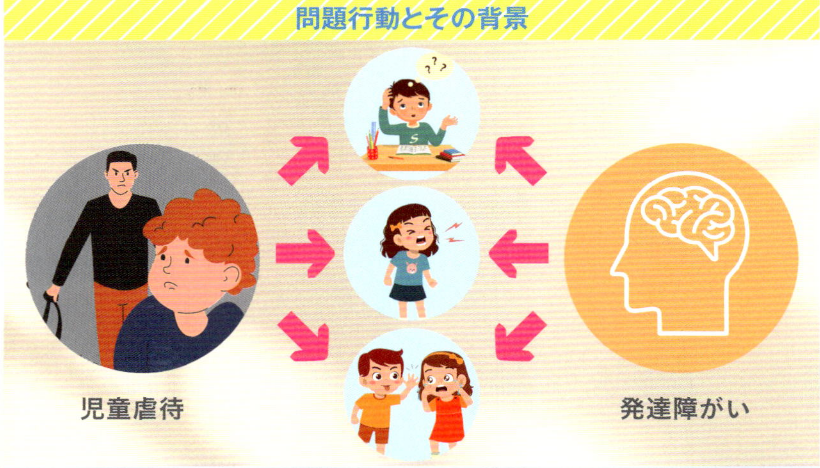


中央は表現系となる行動問題である。右側は脳の器質的問題が想定される発達障がい、左側は環境因としての児童虐待。限局性学習症を疑わせる勉強のできなさ（中央上）、注意欠如・多動症を疑わせる衝動的な行動（中央中）、自閉スペクトラム症を疑わせる対人関係の困難さ（中央下）、原因系は異なっても目に見える現象としては同じように出現する。このように多数の原因から1つの結果が導かれることを発達精神病理学では「複数原因同一結果帰着性」と呼ぶ。ある1つの原因が複数の結果に至る「同一原因複数結果帰着性」と同じく、子どもの個人要因と子どもが置かれた状況における複雑で多様な因果パターンを説明するモデルである。

## 発達精神病理学

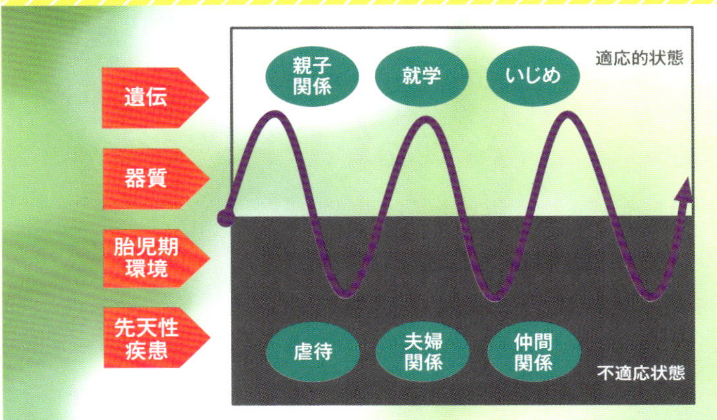


人間は生涯にわたって、適応的状態と不適応状態との間を往復するものであり、発達の正常/異常にかかわらず、生理・心理・社会的な文脈の相互作用を解明し、行動問題の起源と変化の過程を明らかにする。子どもにみられる精神病理は、発達段階と子どもが置かれた状況、特に家族システム（親子関係、夫婦関係、きょうだい関係など）との相互作用によるものである。リスク因子は常に行動をネガティヴな方向に導くわけではなく、リスク因子ゆえに状況との不適合が生じやすくなり、その結果、心理システム（認知、情緒など）に影響が表れる。裏を返すと、今現在子どもに生じている行動問題が、その子どもの生育過程における時間軸のなかで、どのように発達してきたのか、その動的プロセスを解き明かすことが、臨床的介入にとって最も効果的なアセスメントとなる。

虐待は被害を受ける子どもたちの発達に様々な影響を刻み込む（➡32）。身体的な発育、知的な発達にとどまらず、情緒は歪められ、結果として行動問題が頻出することになる。発達障がい類似の症状はトラウマに起因している場合にも同様にひき起こされるのである。脳になんらかの損傷が想定される真の発達障がいと虐待によるトラウマ症状とを明確に鑑別できる基準はいまのところ確立されていない。そのため、虐待臨床だけでなく、公認心理師などの子どもに関わるあらゆる専門家は、行動問題の背景に虐待の可能性を疑う必要がある。学校の教師や保育士といった日常的に子どもを観察する立場の専門職から相談されたとき、ゆめゆめ「虐待」の可能性を見落とさないように発達精神病理学を含めた専門性の向上に努めていきたい。

（緒方康介）

# 犯罪者の再犯を予測することは可能か

Keywords
再犯
予測
リスクファクター
再犯率

再犯とは、過去に犯罪に及んだ人が再び犯罪に及ぶことである。再犯によって被害がもたらされると、社会には大きな犯罪不安が引き起こされる。再犯を予測することができれば、事前に対策を講じて被害を未然に防ぐことができるのではないだろうか？ （➡3 4）

残念ながら、ある犯罪者が将来再犯するか否かを、前もって100％予測することはできない。私たちが確実に把握できるのは、結果としての再犯率しかない。考慮すべき要因、影響を与えている要因が多すぎるからである。しかしながら、ある犯罪者が、釈放されて社会に戻ったあと、どの程度の確率で再犯が起こるのかを推定することはできる。

## 再犯の3つの論点

まず、再犯予測を考える上で、理解しておくべき3つの論点について解説する。1つ目として、何をもって再犯とするのか、その定義を明確にする必要がある。例えば、過去に警察に逮捕された人が再び警察に逮捕される、過去に刑務所に入所した人が、出所後に再び刑務所に入所する、あるいは、出所後に再び警察に逮捕される、これらは扱っている事象は異なるが、いずれも再犯である。非行少年であれば、少年鑑別所に入所し、出所したあと再び事件を起こして少年鑑別所に入所する、といった再犯の定義の仕方がある。

2つ目として、過去の犯罪からどの程度、時間が経過したあとの再犯であるのか、期間を明示して論じる必要がある。例えば、刑務所を出所したあと、再び刑務所に入所するまでの再犯を考えるときには、刑務所出所後、1年以内に再犯をしたのか、2年以内なのか、その基準をどこに取ったのかを明確にしなければいけない。これは、病気の再発を例に考えるとわかりやすい。ある成人病の患者さんに治療が行われたあと、1年以内の再発、2年以内の再発、と期間を区切って経過観察を行うのと同じである。もちろん、観察期間が長くなればなるほど再犯は増えていくことになる。

3つ目は、再犯を評価する方法に関することである。1人の犯罪者が社会に戻り、一定の期間が経過したあとで考えれば、「再犯をした」か「再犯をしない」かのどちらかである。しかし、犯罪者の集団を考えると再犯率を算出することができる。例えば、刑務所を出所した窃盗犯が100人いたとして、出所後2年間に再び刑務所に入所したものが30人いた場合、再犯率は30%と計算することができる。他方、現時点で再犯に及んでいない人に関する将来の再犯可能性を考えることもできる。この場合、再犯可能性は確率を使って表現することができ、例えば、今後2年以内に再犯する可能性は25%（4分の1）などと表すことができる。

## 非行少年用リスクツール

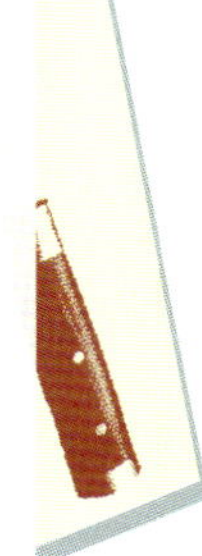

わが国における再犯予測の研究例として森丈弓・大渕憲一が行った、非行少年用リスクツールの作成を紹介する。対象となったのは、少年鑑別所に入所した420名の男子非行少年である（平均年齢17.2歳）。彼らが、少年鑑別所を出て再び犯罪に及んで少年鑑別所に入ることを再犯と定義する。再犯を追跡した期間は、彼らが20歳の成人に達するまでの最大で5年間である。追跡調査の結果、420名のうち89名が再犯したことがわかっているが（再犯率21%）、その再犯を予測しようというわけである。この研究では、それぞれの非行少年について、過去の犯罪歴、施設収容歴、家庭環境、知能指数などの情報を集め、多変量解析と呼ばれる統計手法で将来の再犯の有無について予測を行った。その結果、420名のうち

38名の非行少年が将来再犯があると予測され、その内、実際に再犯をしたのは24名であった。つまり、予測が的中したのは63%ということになる。他方、420名のうち382名の非行少年が将来再犯をしないと予測され、その内、317名は実際に再犯をしなかった。こちらの的中率は83%となる。予測精度の評価にはAUCという指標が一般的に用いられる。AUCは0から1までの値をとり、値が1に近いほど予測の精度が高いことを示す。予測の判別がランダムであるとき、AUC = 0.5となる。この研究におけるAUCは0.75であったから、偶然の的中を超えて意味のある予測が行われていたということができる。すなわち、将来の再犯を100%の確率でピタリと当てることは不可能であるが、当てずっぽうというわけではなく、ある程度の目安は付けられるということになる。

## 8つのリスクファクター

それを持っていることで将来再犯に走る可能性が高くなる因子をリスクファクターと呼ぶが、再犯予測の手法は、これをどの程度、当該犯罪者が社会に戻る時点で有しているかを解析して行うやり方が一般的である。再犯のリスクファクターは、大きく分けて8つあるというのが、最新の知見である。すなわち、①過去に犯罪行為に及んだ程度(犯罪経歴)、②衝動性・危険を起こすことを好む・対人トラブルを起こしやすい(反社会的行動)、③犯罪に肯定的な価値観・犯罪行動を合理化しようとする(反社会的認知)、④犯罪をする

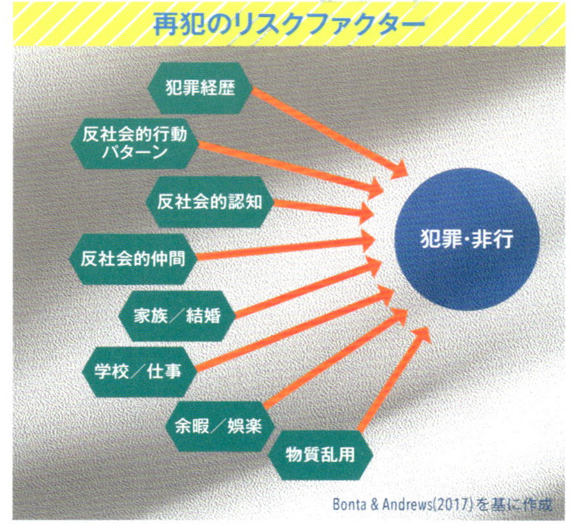

人々との交流（反社会的仲間）、⑤不良な家庭環境・結婚生活での葛藤（家族／結婚）、⑥学校や職場での不適応・怠学している・無職である（学校／仕事）、⑦仕事や職場以外の時間に反社会的でない趣味や娯楽を持って生活していない（余暇／娯楽）、⑧アルコールやその他薬物の問題がある（物質乱用）、である。その際、再犯のリスクが高いことで危険な犯罪者であるというレッテルを貼るのではなく、犯罪者の再犯リスクの程度やどの領域がリスクを高くしているのかを十分に把握して、再犯防止への働きかけに結びつけていくことが重要である。リスクファクターを減らす働きかけを行うことで、再犯を減らすことができる。今日、犯罪者のリスクを測るツールが多数開発されている。

## わが国の犯罪者の再犯率

最後に、具体的にわが国の犯罪者がどの程度再犯をしているのか、刑務所のデータを見てみよう。2017年に全国の刑務所を出所した殺人犯は299人いた。そのうち、2021年まで（5年以内）に再び刑務所に入った者は25人いた。つまり、刑務所を出所して再び刑務所に入る5年以内再犯率は、25 ÷ 299 × 100 ≒ 8.4%となる。このようにして他の罪種についても同様の計算で再犯率を算出したのがこの表である。この場合、再犯率は刑務所への再受刑率となっていることに注意が必要である。再犯率を見ると、窃盗と覚せい剤受刑者の再犯率の高さが目立つ。（森　丈弓）

**刑務所受刑者の再犯率**

| 罪種 | 2017年の刑務所出所者数 | 2021年まで再受刑者数 | 再犯率 |
|---|---|---|---|
| 殺人 | 299 | 25 | 8.4 |
| 強盗 | 788 | 154 | 19.5 |
| 傷害･暴行 | 1065 | 351 | 32.0 |
| 窃盗 | 7265 | 3232 | 44.5 |
| 詐欺 | 1919 | 426 | 22.2 |
| 強姦･強制わいせつ | 643 | 129 | 20.1 |
| 放火 | 148 | 26 | 17.6 |
| 覚せい剤取締法 | 6134 | 2689 | 43.8 |

令和4年（2022）版「犯罪白書」を基に作成

# 犯罪者の再犯を教育によって100%防ぐことは可能か

再犯防止
性犯罪
再犯防止指導
認知行動療法
刑務所

過去に犯罪に及んだ人が、再び犯罪に及ぶことを再犯という（➡34、36）。再犯によって重大な事件が起こると、犯罪者に対する世間の捉え方は、おおむね厳しいものになる。一度、犯罪を起こしたのに、なぜまた犯罪をするのか。反省をしていないのではないかといった怒りや、人として問題があるのではないか、異常者ではないかといった強い非難の声がマスコミやネットに広がりやすい。また、どうして再犯を防げなかったのか、犯罪者への対応に欠陥があるのではないかという論調の議論が起こり、社会に対する怒りや不安が喚起されることになる。

## 再犯を予防する教育

再犯を犯罪者に対する教育の効果によって完全に防ぐことができるか、という問いに対する答えは明確である。犯罪者の再犯を教育によって完全に防ぐことは現在の技術では不可能である。ただし、再犯を予防できる処遇をすれば将来、再犯に及ぶ可能性（確率）を減らせることがわかっている。なお、再犯を予防できない教育があり、それは再犯防止の効果が科学的に確認されていないすべての教育のことである。例えば、犯罪者が再犯を回避し、人生において成功をおさめるためには規律を学ばなければならず、規律を植え付けるような厳しい訓練を経験させる必要があるという考え方がある。これに基づく教育は、再犯防止効果がないどころか、再犯率を高めてしまうことが知られている。

## 性犯罪再犯防止のための教育プログラム

2004年11月17日、奈良市で帰宅途中の小学校1年生の女子児童が誘拐され、その後殺害・遺棄されるという事件が起こった。この事件について朝日新聞は以下の報道をしている。「奈良市の小1女児誘拐殺害事件で、誘拐容疑で逮捕された小林薫容疑者(36)は、過去に2度、子どもに対する性犯罪で有罪判決を受けていた。強姦(ごうかん)や小児性愛による性犯罪者は、同じような犯行を繰り返すケースが少なくないと指摘されているにもかかわらず、再犯を防げなかった。専門家からは、服役中の矯正教育の至らなさなど、刑事司法制度の不備を指摘する声が上がっている」。

実は、このときまでわが国の刑務所(法務省が所管している)では、性犯罪受刑者に対して性犯罪に専門的に特化した系統的、集中的な再犯防止教育は行われていなかったのである。この新聞記事に見られるような指摘が世論から数多く上がった。こうした声を受ける形で2006年から、刑務所で性犯罪再犯防止指導という教育プログラムが開始された。この教育プログラムは、心理療法の1つの手法である認知行動療法を用いた処遇プログラムであり、性的逸脱を減らし、問題のある認知やそのときの感情状態に対処し、自己をコントロールする能力を開発させることを目

### 法務省矯正局によって作成された性犯罪再犯防止指導

**■ 指導の目標**

強制わいせつ、強姦その他これに類する犯罪又は自己の性的好奇心を満たす目的をもって人の生命若しくは身体を害する犯罪につながる自己の問題性を認識させ、その改善を図るとともに、再犯しないための具体的な方法を習得させる。

- **対象者**　性犯罪の要因となる認知の偏り、自己統制力の不足等がある者
- **指導者**　刑事施設の職員(法務教官、法務技官、刑務官)、処遇カウンセラー(性犯担当。認知行動療法等の技法に通じた臨床心理士等)
- **指導方法**　グループワーク及び個別に取り組む課題を中心とし、必要に応じカウンセリングその他個別対応を行う。
- **実施頻度等**　1単元100分、週1回又は2回、標準実施期間:3～8か月※
  ※ 再犯リスク、問題性の程度、プログラムとの適合性等に応じて、高密度(8か月)・中密度(6か月)・低密度(3か月)のいずれかのプログラムを実施

《認知行動療法》
問題行動(性犯罪)の背景にある自らの認知(物事の考え方、とらえ方)の歪みに気付かせ、これを変化させること等によって、問題行動を改善させようとする方法

37

**性犯罪再犯防止教育プログラムを受講した群と、非受講の群の再犯率を比較した生存関数**

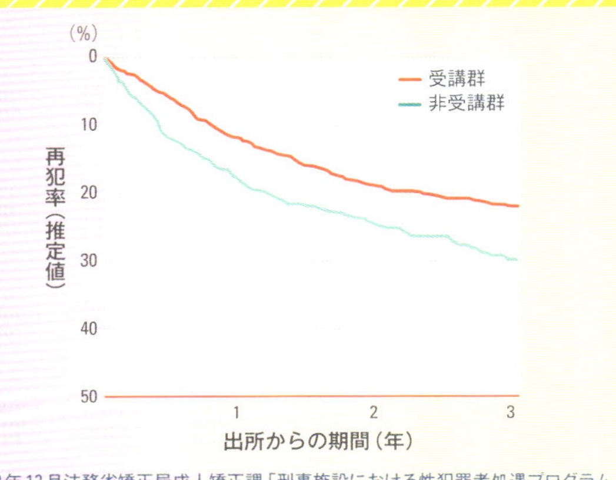


2012年12月法務省矯正局成人矯正課「刑事施設における性犯罪者処遇プログラム受講者の再犯等に関する分析」研究報告書より

的としている。

現在、この教育プログラムは法令によって対象とされたすべての性犯罪受刑者に対して実施することが義務づけられているが、一体、どの程度、性犯罪の再犯率を引き下げることができたのだろうか。法務省では2012年にこの教育プログラムの再犯防止効果を検証している。法務省矯正局の報告書によれば、刑務所を出所した2,147名の性犯罪者に対して最大3年間の追跡調査を実施している。2,147名の内、性犯罪再犯防止指導を受けた者は1,198名、受けなかった者は949名であり、その2つの群の再犯率（その後、再び刑務所に入所する割合）を比較することによって、教育プログラムの効果を測定しようという試みである。

図は、性犯罪再犯防止教育プログラムを受講した群と、非受講群の再犯率を表したものである。ここでいう再犯とは刑務所へ再び入所することである。グラフの横軸は刑務所を出所したあとの時間を表す軸であり、縦軸は再犯率を示しており、グラフの上方から下方に向けて0%、10%、20%と再犯率が増えていく。刑務所を出所したあとの時間が経過するにつれて、グラフの線が漸次、下方に下がっていき、徐々に再犯率が増えていく様子が見て取れる。赤色の線が教育プログラムを受講した性犯罪者、青色の線が受講しなかった性犯罪者を示しており、赤色の線が青色の線と比べて時間が経過しても再犯率が上昇しにくいことがわかる。すなわち、教育プログラムを受講した性犯罪者のほうが、釈放後に時間を経過しても、再犯率が抑えられているのである。おおむね3年を経過した時点で、教育プログラムを受講した者の再犯率（赤色の線）が21.9%、非受講者の再犯率（青色の線）が29.6%となっており、8%程度再犯を抑えることができている。この再犯率の差については、統計学的な分析が行われ、意味のある差であることが確認されている。再犯率を8%減らす効果を大きいと見るか小さいと見るかは主観に拠るところも大きいが、犯罪心理学的な見地からすれば十分な結果と言える。

## 再犯防止に向けた総合対策

2012年、犯罪対策閣僚会議において「再犯防止に向けた総合対策」が決定された。策定後10年間の取り組みにおける数値目標として、「刑務所出所後2年以内に再び刑務所に入所する者等の割合を今後10年間で20%以上削減する」ことが掲げられた。下の図から刑務所を出所した受刑者の再犯率の推移は次第に低下してきていることがわかる。（森　丈弓）

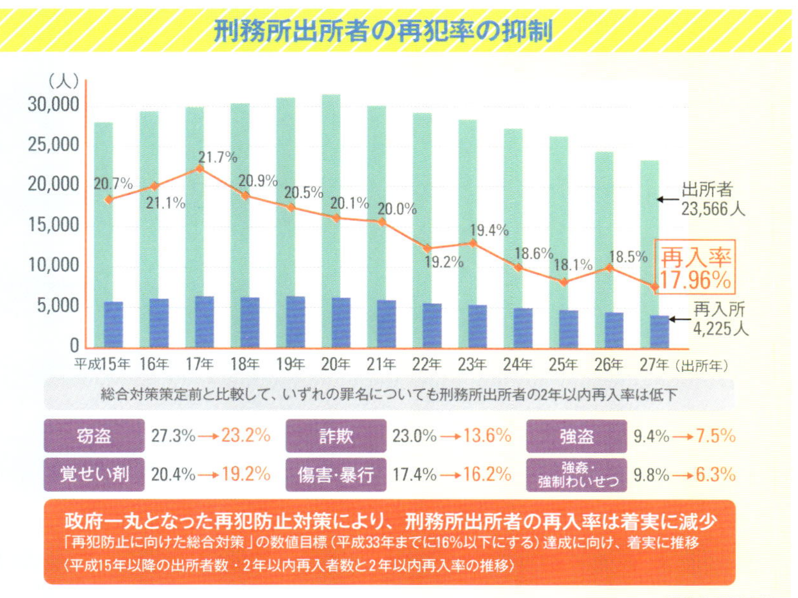

法務省のHPより

# 刑務所は衣食住がタダで手に入る気楽な場所なのか

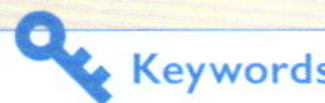

Keywords
刑務所
刑務官
受刑者
矯正指導
刑務作業

バブル経済の崩壊後、いわゆる失われた30年を経て、わが国の景気は回復局面だというが、一般市民の生活感覚としては好景気という触れ込みとはほど遠いものがある。物価高が進行し、生活環境の厳しさは一層増しているようにも思える。一般社会で辛酸を嘗めて生きるくらいなら、いっそのこと刑務所に入ったほうがましではないか。住むところ、着るもの、食べるものが無償で保障された、気楽な生活が送れるのではないか。そういった声が聞かれても不思議ではない。もちろん、刑務所に入るために敢えて罪を犯すことは許されない。そこは外せない前提として十分に留意した上で、ここでは刑務所生活の日課を見ながら、そこが楽園であるか否かを考えてみよう。

## 刑務所の一日

朝は6時45分起床である。この時間は決まっているので、もう少し布団に入っていたい、などということは許されない。起床後は布団をたたみ、掃除、歯磨き、洗顔、用便等を済ませる。居室には、単独室と集団室の2タイプがある。単独室は衝立ての奥に洋式便器があり、トイレと同じ空間での生活になるが、洗面台もトイレも占有できる。一方、集団室では6人程度の共同生活になる。起床後、15分すると点検が始まるので時間の制約は大きい。トイレは1つなので、順番待ちができ、ゆっくりと用を足すわけにはいかない。同部屋の住人はもちろんすべて受刑者で、中には気性の激しい者もいる。「ぐずぐずするな」「早く出ろ」と荒い言葉が飛び交うこともある。洗面台も共用で、複数で歯磨きをしていると、飛沫が同衆の顔に飛んで揉めごとになることもある。受刑者同士でケンカが起これば非常ベルが鳴り、駆け付けた複数の刑務官に連行されることになる。

7時に刑務官による点検が始まる。刑務官は法務省の職員であり、被収容者に対し、日常生活の指導、職業訓練指導、悩みごとに対する指導などを行うとともに、刑務所等の保安警備の任に当たる。点検は逃走者の有無を把握する人員確認が主目的だが、受刑者一人一人の動静を刑務官が把握する機会でもある。居室の受刑者は原則として所定の位置に座り、刑務官の「番号!」という号令に対して、順番に自分の番号を答えていく。刑務所内では規律と秩序が常に重んじられる。「点検終了」の号令がかかるまでは、座ったまま動いてはいけないし、もちろん私語も厳禁である。

## 被収容者の一日

| | | |
|---|---|---|
| 6:45 | 起床 | 洗顔やトイレを済ませ、朝の点検を待ちます。 |
| 7:00 | 点検 | 逃走者がいないかどうか人数を確認することが第一の目的ですが、職員が受刑者各人の様子や、顔色を見て、健康状態などを確認することも重要な目的の一つです。 |
| | 朝食 | |
| | 工場へ移動 | 通常は、工場に向かう途中にある更衣室で居室衣から作業衣に着替えます。この機会に不正な物品の持ち出しや身体の異状の有無を確認するための身体検査が行われます。 |
| 8:00 | 作業開始 | 準備体操をしたり、作業場の注意事項を確認したりして、作業に向けての体調と心構えを整えてから、作業を開始します。 |
| 10:00～10:30 | 運動 | この時間帯には、家族などとの面会やグループワーク等の改善指導も実施されます。 |
| 12:00～12:40 | 昼食等 | |
| 14:30～14:40 | 休憩 | |
| 16:40 | 作業終了 | 作業終了後、身体検査が行われます。 |
| | 入浴 | 入浴の実施日には、入浴の時間帯に応じて作業時間が短縮されます。 |
| | 居室へ移動 | |
| 17:00 | 点検 | |
| | 夕食 | |
| 18:00～21:00 | 余暇時間 | 就寝することもできますし、クラブ活動や集会活動に参加したり、通信教育等の自習時間に充てたり、テレビやラジオを視聴したり、読書をしたりして過ごすこともできます。<br>家族から来た手紙を読んだり、家族に宛てて手紙を書いたりしながら、出所後の生活に思いをはせたり、自らを見つめ直したりする時間でもあります。 |
| 21:00 | 就寝 | |

「日本の刑事施設」(法務省矯正局)より

居室で配食された朝飯を30分程度で食べ終えると、今度は工場へ移動し、8時から刑務作業に従事する。刑務所の塀で囲まれた敷地内（戒護区域）に、洗濯、印刷、炊事、木工、溶接等の仕事を行う棟が別々に建てられており、工場というのはその呼び名である。受刑者は居室から自分が配役された工場に連行され、各々に割り当てられた仕事をする。どの作業になるかは指定されるので選ぶことはできない。懲役5年などという判決を耳にしたことがないだろうか。懲役とは刑務所内で働く義務を負わせるという刑である。刑務作業を拒めば規律違反行為となり、刑務官から取り調べを受け、懲罰の対象となる。懲罰を受けると、刑の途中で刑務所を釈放される仮釈放という措置を受けられなくなるなどの不利益を蒙る。作業中は、勝手に持ち場を離れることはできず、トイレに行く際にも刑務官に申し出て許可を得なければならない。

工場での作業が終わると、入浴等を済ませ居室に戻る。入浴も毎日ではなく、週に2～3回と決まっている。飲酒、喫煙は一切できない。夏場は酷暑でも居室に冷房が入ることもない。17時には再び点検が行われ、その後夕食をとり、21時までは居室で3時間程度の自由時間となる。この時間は、テレビやラジオの視聴、読書、クラブ活動、通信教育等の自習にあてることができる。家族から来た手紙を読んだり、手紙を書いたり、自分なりに出所後の生活を考えたりできる時間にもなっている。21時になると居室は一斉に減灯され、翌朝まで就寝時間となる。起きて何かをしたりすることは許されない。夜間にも15分に1回、鉄格子の外の通路を刑務官が巡回している。受刑者の動静は常に監視の下にある。

## 刑務所での矯正指導

刑務所では、受刑者に対して矯正指導が行われている。矯正指導の内容には、作業、改善指導及び教科指導の３つの柱がある。刑務所には、法務省に所属する心理の専門家である法務技官、臨床心理士・公認心理師等の民間のカウンセラーがいて、受刑者は、希望によりカウンセリング

## 受刑者に対する矯正指導

| | |
|---|---|
| 作業 | 刑務作業は、受刑者に規則正しい勤労生活を行わせることにより、その心身の健康を維持し、勤労意欲を養成し、規律ある生活態度及び共同生活における自己の役割・責任を自覚させるとともに、職業的知識及び技能を付与することにより、その社会復帰を促進することを目的としています。この刑務作業の一態様として、受刑者に免許や資格を取得させ、又は職業的知識及び技能を習得させるため職業訓練を実施しています。また、社会性をかん養するための指導訓練を兼ねて刑事施設の外塀の外で実施する作業や、刑事施設の職員の同行なしに、受刑者を刑事施設外の事業所に通勤させて外部事業所の業務に従事させる、外部通勤作業も実施しています。 |
| 改善指導 | 改善指導は、受刑者に犯罪の責任を自覚させ、社会生活に適応するのに必要な知識や生活態度を習得させるために必要な指導を行うもので、すべての受刑者を対象とした一般改善指導と特定の事情を有することによって改善更生、円滑な社会復帰に支障が認められる受刑者を対象とした特別改善指導があります。特に、特別改善指導には、薬物依存離脱指導、暴力団離脱指導、性犯罪再犯防止指導、被害者の視点を取り入れた教育、交通安全指導、就労支援指導があります。 |
| 教科指導 | 受刑者の中には、義務教育を修了していない者あるいは修了していても学力が不十分である者も少なくありません。そこで、社会生活の基礎となる学力を欠くことにより改善更生や円滑な社会復帰に支障があると認められる受刑者に対しては、小学校又は中学校の教科の内容に準ずる指導を行っています。また、学力の向上を図ることが円滑な社会復帰に特に資すると認められる受刑者に対しては、その学力に応じて、高等学校又は大学で行う教育の内容に準ずる指導を行うことができます。 |

法務省矯正局　https://www.moj.go.jp/content/001311951.pdf

を受けることがある。心情面の安定を図ったり、釈放後の生活等を相談したりする目的である。そうした場で、しばしば聞かれる悩みが「刑務所の中の人間関係がきつい」というものである。工場で、自分が苦手としている古参の受刑者から、ことあるごとに作業内容について非難される。居室に戻っても同じ顔ぶれで、生活についてあれこれ注意、指摘を受ける。刑期が満了するまで延々と同じ状況が続くのだ。殺人など凶悪犯の受刑者が、カウンセリングで、自身の犯した罪への反省の言葉ではなく、刑務所生活の辛さを語ることは珍しいことではない。常習累犯窃盗で刑務所に10回を超えて入所してくる受刑者もいる。彼らは「(社会で) 生活に困り、誰も助けてくれる人がいなくて、盗みをして、刑務所に来た。刑務所に来なくて済むのであれば来たくない。刑務所に入りたい人などいるものか」といった感想をしばしば述べる。塀の中の自由のない窮屈な辛さを十分に知っているのである。

なお、2025年6月1日からは、刑罰の懲役と禁錮を一本化して拘禁刑が行われることとなる。そこでは、刑務作業は義務ではなくなっており、大きな変化が行われることになるだろう。

(森　丈弓)

刑務所は衣食住が
タダで手に入る気楽な場所なのか

# IV
# 司法制度や犯罪被害者の支援

# 人はなぜ犯罪者への罰を考えるのか

Keywords
裁判員制度
量刑判断
公正世界信念
被告人の外見的魅力
ステレオタイプ

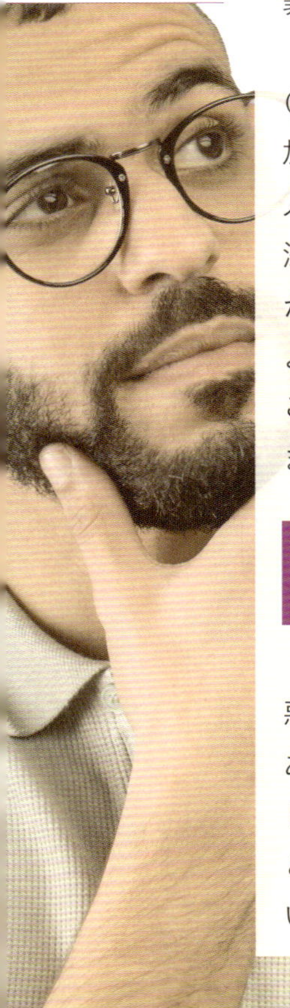

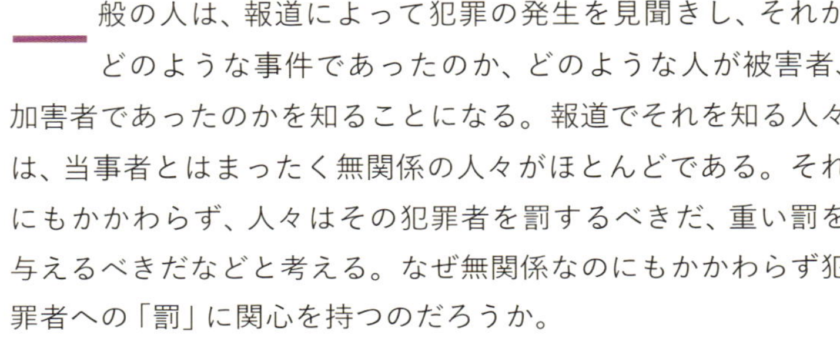

一般の人は、報道によって犯罪の発生を見聞きし、それがどのような事件であったのか、どのような人が被害者、加害者であったのかを知ることになる。報道でそれを知る人々は、当事者とはまったく無関係の人々がほとんどである。それにもかかわらず、人々はその犯罪者を罰するべきだ、重い罰を与えるべきだなどと考える。なぜ無関係なのにもかかわらず犯罪者への「罰」に関心を持つのだろうか。

また、2009年5月から「衆議院議員の選挙権を持つ日本国民（18歳以上）の中から無作為に選ばれた一般人が、刑事裁判に参加する制度」である裁判員制度が導入された。それにより、一般人が裁判員として刑事裁判の審理に出席して証拠を見聞きし、法の専門家である裁判官と対等な立場で議論して被告人が有罪かどうかを判断することとなった。さらに、有罪の場合はどのような刑罰を科すのかを決める量刑判断にまで一般人も関わることになったことからも、犯罪者への罰に対する関心は一層高まったと思われる。

## 「世界は公正であるべきだ！」という思いと公正の回復

人は基本的に「私たちの住む世界は、よい人にはよいことが、悪い人には悪いことが起きる公正な世界である」という信念である「公正世界信念」を持っている。その理由としては、努力をしても報われなければ頑張っても無駄になってしまう、悪いことをしている人が得をして、悪いことをせずに真っ当に生きている自分が損をすることは問題であると考えるからである。もし悪事を働いた犯罪者が罰せられないのなら、自分が持っている公正世界信念、つまり公正であるべき世界の構図が崩れてしまう。そのため、自分自身とはまったく関係のない人に起きた事件であっても関心を持ち、「この犯罪者は罰せられるべきだ」と考えるのである。なお、この公正世界信念は、犯罪者を罰することだけでなく、被害者を非難することにもつながる（➡48）。

また、一般的に人は応報（報復）動機にもとづいて罰の判断を行うとされ、行った行為の罪の重さに相応しい罰を与えることになる（➡40）。応報（報復）の機能には以下の2つがあるとされる。1つ目は、犯罪などによって損なわれた均衡を等価交換によって回復することであり、加害者によって壊された所有物を弁償することや損害賠償を支払うなどの物的賠償である。2つ目は、加害者の持つ反社会的な考え方を変化させることであり、加害者を刑に服させるなどの道徳的賠償である。社会的逸脱行為を罰することで得られる罰の決定者（裁判官・裁判員、組織の懲戒処分を決める者など）、被害者、観察者（処罰されたことを知る一般市民など）の公正感である「応報（報復）的公正」においては、犯罪などで損なわれてしまった均衡は、等価交換によって回復されなければならないとされる。しかし、衡平回復の議論においては、例えば窃盗・強盗の犯人に金品を返してもらうだけでは十分ではなく、それ以上の苦痛を求める傾向があることがわかっている。さらに、等価交換であれば、人が誰かに殴られたならば、均衡回復のためには同じ強さで殴り返すことになるが、より強く殴り返すといったような付加的な反応を示す傾向があることが指摘されている。このことから考えると、一般人は、犯罪行為によって失われた衡平の回復のために、比較的重い罰を求める可能性が考えられる。

## 当事者がどんな人かで罰が変わる？

被告人や被害者の情報を操作した研究から、被害者や加害者（被告人）がどのような人であるかによって、判断される量刑の重さが変わること

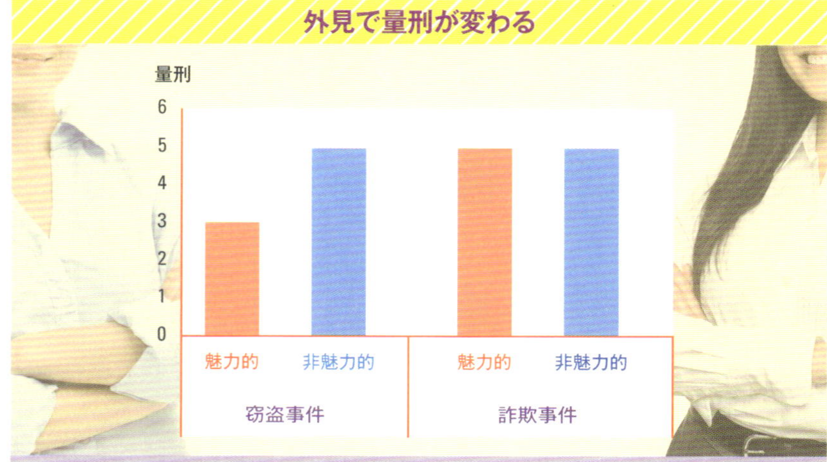


ハロルド・シガールらの実験によると、窃盗事件が対象の場合には、女性犯罪者に与えるべきであると判断された量刑は、外見が魅力的な場合よりもあまり魅力的ではない場合のほうが重く判断されたが、窃盗事件と同額の詐欺事件の場合は、女性犯罪者の外見による量刑の差はみられなかった。

が指摘されている。

「美人は得をする」という言葉を耳にすることがあると思うが、被告人の外見的魅力に一般人の量刑判断は影響を受けることが指摘されている。たとえば、被告人女性の外見が魅力的な場合とあまり魅力的ではない場合で比較した研究では、窃盗事件や危険運転致死事件の場合、外見があまり魅力的ではない場合よりも魅力的な場合のほうが量刑は軽く判断された。しかし、窃盗事件と同額の詐欺事件の場合は、女性犯罪者の外見による量刑の差はみられない。これらの結果から言えることは、詐欺のような外見的魅力を「武器」にして犯行に及ぶ犯罪では外見の影響は少ないが、それ以外の犯罪では外見的な魅力の高い犯罪者は得をする可能性があるということである。

他にも、被告人に前科があるか、被告人の国籍、裁判当事者（被告人・被害者）の職業や社会的地位などによって、同じ事件であっても判断される量刑の重さに違いが生じることが明らかになっている。これらの結果

**被害者（遺族）の意見陳述が量刑に与える影響**

被害者や遺族が裁判に参加し、その意見を聞くと被害者感情に流され、同情し、量刑を重く判断しそうであるが、実際に被害者に対する同情は量刑増進効果を持つ一方で、白岩祐子・唐沢かおりは「理性を重視し、感情を排除して法的判断をすべき」という裁判イメージを持つことによって抑制されることを明らかにしている。また、被害者参加制度に否定的な態度を持つ人ほど、被害者参加人の発言による自己への影響を否定し、その影響を否定する人ほど軽い量刑を判断することも示されている。

は、判断者の持つ属性に対するイメージやステレオタイプ、自分の国籍以外の者への内集団ひいきなどが作用するものと考えられている。

このような話を聞くと「じゃあ、一般人には公正な量刑判断なんてできないのですね」と思われるかもしれないが、大切なのは「人は見た目や属性によって罰の重さを変えてしまう傾向がある」ということを知っておくことである。そのような心理学の知識を持つだけでも、偏った判断をする可能性を低め、公正な判断につながるのである。　（板山　昂）

# 人を裁くときの心理に働きかけるもの

量刑判断
応報的動機
潜在連合テスト
潜在的態度

量刑判断とは、事件における被告人に対してどれくらいの刑罰を与えるべきかという意思決定のことである。かつては、量刑判断を行うのは裁判官のみであったが、2009年に裁判員裁判制度が導入され、法の素人である一般市民も量刑判断を行うことが現実となった（➡39）。

## 直感で決まる量刑判断

法の素人である一般市民の量刑判断について、フィリップ・E・テットロックらは、直感で無意識的に決まったあとに、その後の意識的・能動的な修正を経て、最終的な判断が決定されると考えている。しかし、これは法の知識を持たない一般市民だけの判断方略ではないこともまた指摘されている。法と心理学の研究者ローレンス・ライツマンは、法の専門的知識をもつ裁判官の場合でさえも、直感の影響からは逃れられないと報告している。裁判官も直感により量刑を判断し、裁判官ならではの専門的知識は、その判断を後付け的に正当化する理由に過ぎない。そして、判断を下している裁判官自身もそのような判断方略を自ら行っていることに気づいていない。

## 人を裁きたい心理：応報的動機

では、量刑判断に影響する「直感」とは、一体何であろうか？心理学者のケヴィン・カールスミスは、そのような直感の正体を応報的動機であると説明した。応報的動機とは、悪いことをした人には制裁として相応の刑罰を与えたいという動機である。すなわち、事件の結果が重大であるほど、それに伴って刑罰を重くしたいと動機づけられるのである。たとえば、被害者が怪我ですんだ場合よりも殺害された場合のほうがより重大であると評価され、死刑や無期懲役といった重い刑罰を与えるべきという判断方略がとられる。

応報的な態度とは、事件の結果の重大性と被告人に与える刑罰の重さを釣り合わせようとする態度である。

量刑判断における他の方略としては、無力化、教育、一般抑止がある。無力化は、刑罰によって被告人を社会から隔離し、被告人の再犯を防止するという考え方である。教育は、刑罰のもつ教育的効果によって被告人を更生させ、社会に復帰させることで、被告人の再犯を防止するという考え方である。これらの考え方のもとでは、被告人の再犯可能性が高いほど刑罰を重くする判断が行われる。一般抑止は、被告人に罰を与えることで、犯罪は罰せられる行為であるという警告を社会に与え、将来的な犯罪の防止を期待し、社会の秩序を守ろうとする考え方である。そのため、一般抑止に基づく判断方略では、犯罪が多発している状況や、犯人が捕まらないような場合、すなわち、社会的脅威が高い場合に刑罰を重くするということになる。応報的動機に基づく方略は、こうした他の方略以上に量刑判断に用いられやすいことが知られている。

## 普段は意識されることがない応報的動機

応報的動機は量刑判断に大きく影響を与えるのだが、私たちはそのことに気づいていない。すなわち、応報的動機は無意識的に生じるものである。カールスミスは、一般市民の量刑判断において応報的動機の無意識的側面が存在することを実証するために実験を行った。実験参加者は、有罪判決を受けた犯罪者に判決を下す状況を想像して質問に回答した。その際、「判決を下すうえで、どのような要素を重視したか」についても併せて回答させた。その結果、実験参加者の量刑判断は事件の結果の重大性に関する情報のみによって決まっており、犯罪者の無力化、教育、一般抑止の効果は見られず、量刑判断の背後には、応報的動機が存在することが確認された。しかし、その一方で、自己報告された応報的動機と量刑判断の間には関連が見られなかった。応報的動機は自己報告できない、すなわち、意識化できないことを示す結果となった。

## 潜在的な応報的動機が一般市民の量刑判断に与える影響

潜在的な応報的動機は、そもそも本人が意識化できないため、科学的に研究することは難しいように思われる。しかし、そのような困難を打ち破り、潜在的な応報的動機の大きさを測ることに成功した研究がある。大阪大学の綿村英一郎は、潜在連合テスト（IAT）のパラダイムを応用して、潜在的な応報的動機を測り、量刑判断への影響を検討した。

IATは、ある対象と評価のカテゴリの組み合わせの規則に基づいて、刺激項目をボタン押しによってカテゴリに分類する課題であり、反応時間の早さからある対象に対する潜在的態度を明らかにする。提示される刺激項目は、各カテゴリにおいて典型的なものが使われる。たとえば、「花カテゴリ」として「バラ」「スミレ」「ヒマワリ」を、「虫カテゴリ」として「アリ」「トンボ」「バッタ」を使用し、「ポジティブ語カテゴリ」として「きれいな」「明るい」「活力のある」を、「ネガティブ語カテゴリ」として「汚い」「暗い」「活力のない」を使用したとする。参加者には、①刺激語がポジティブ語あるいは花ならば左、ネガティブ語あるいは虫ならば右のボタンを押す、②刺激語がポジティブ語あるいは虫ならば左、ネガティブ語あるいは花ならば右のボタンを押す、の両方の課題を行ってもらう。IATでは、分類される2つのカテゴリ間に強い概念的な連合があると、反応時間が早くなるという前提がある。もし、①のほうが②に比べて反応時間が

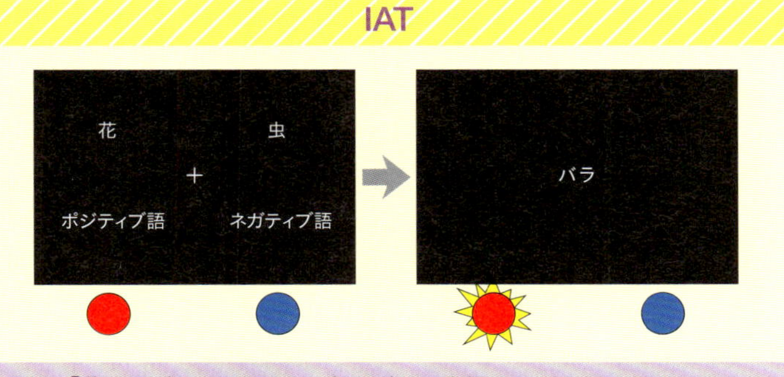

「バラ」は「花カテゴリ」であるから左のボタンを押すのが正解である。

早いなら花に対してポジティブな態度、②のほうが反応時間が早いなら虫に対してポジティブな態度を「潜在的に」持っていると考えられる。

このIATにおいて、綿村は、「特に悪質な犯罪カテゴリ」(「連続放火」「強盗殺人」「傷害致死」)、「それほど悪質でない犯罪カテゴリ」(「万引き」「賭け事」「無断駐車」)、「厳しい刑罰カテゴリ」(「無期懲役」「終身刑」「死刑」)、「寛大な刑罰カテゴリ」(「保護観察」「仮釈放」「執行猶予」)の4つのカテゴリを使用した。そして、「特に悪質な犯罪カテゴリ―厳しい刑罰カテゴリ」「それほど悪質でない犯罪カテゴリ―寛大な刑罰カテゴリ」の組み合わせのときに、逆の場合よりも反応時間が早ければ、それだけ潜在的な応報的動機が大きいと考えた。また、潜在的な応報的動機が大きい場合には、重い量刑を正当化する理由、たとえば「裁判官が非常に厳しい刑罰が必要との見方を示している」等が与えられることで量刑判断に影響し、重い刑罰が科されると考えた。結果は、綿村の予想通りであった。すなわち、「特に悪質な犯罪カテゴリ―厳しい刑罰カテゴリ」「それほど悪質でない犯罪カテゴリ―寛大な刑罰カテゴリ」と、その逆の組み合わせの場合の反応時間の差が大きくてもそれだけでは量刑判断には影響しなかったが、重い量刑を正当化する何らかの理由が与えられた場合のみ、量刑判断に影響することが確認された。

今後、実務における量刑判断に一般化しうる知見が蓄積されていくことで、裁判員の意思決定の性質および裁判員参加に伴う影響が、多面的に検討されるようになっていくことだろう。 (新岡陽光)

41

# なぜ子どもを苦しめるのか

虐待
育児ストレス
代理ミュンヒハウゼン症候群

日本では少子化が問題となっており、子どもを大切にしたいのだが、一方で、児童虐待が深刻な問題になっている。

児童虐待は、「身体的虐待」「心理的虐待」「ネグレクト」「性的虐待」の４つに分類される（➡42）。「身体的虐待」とは、殴る、蹴る、叩く、投げ落とす、激しく揺さぶる、やけどを負わせる、溺れさせる、首を絞める、縄などで一室に拘束するなどである。「心理的虐待」は、言葉による脅し、無視、きょうだい間での差別的扱い、子どもの目の前で家族に対して暴力をふるう（面前DV）などである。「ネグレクト」は、食事を与えない、ひどく不潔にする、自動車の中に放置する、病気になっても病院に連れて行かない、学校に通わせないなどである。「性的虐待」は、子どもへの性的行為、性的行為を見せる、性器を触る、または触らせる、ポルノグラフィの被写体にするなどである。

児童相談所での児童虐待相談対応件数は、2019年度193,780件、2020年度205,044件、2021年度207,660件、2022年度219,170件（速報値）と年々増加している。特に心理的虐待にかかる相談対応件数が増加（2017年度72,197件→2022年度129,484件）しており、その要因として「子どもの目の前での配偶者に対する暴力（面前DV）」についての警察からの通告が増加したことがあげられる。2022年度の相談内容の内訳は、心理的虐待が129,484件、身体的虐待が51,679件、ネグレクトが35,556件、性的虐待が2,451件である。

様々なケースがあるが、虐待で目立つのは実の母親による子どもへの虐待で、時には死に至らしめてしまうケースが数多く発生している。いったいなぜ実の親が自分の子どもに虐待を行

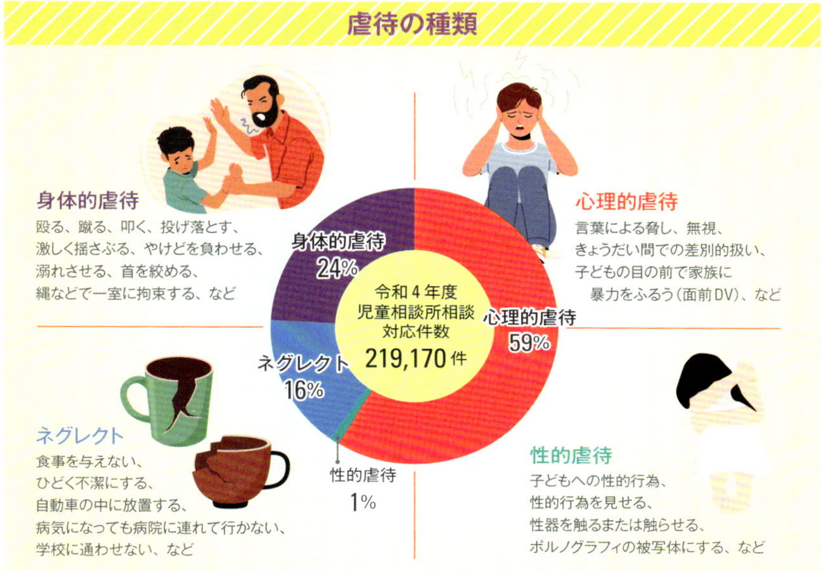


うのだろうか。

## なぜ暴力をふるうのか

すでに述べたとおり、子どもに対して身体的虐待を行うのは実母が最も多いことが調査結果から示されている。また、2003～2017年の虐待死亡事例の加害者も実母が55.1％と最も高くなっている。死亡事例の加害動機では「保護を怠ったことによる死亡」に次いで「泣きやまないことにいらだったため」が比較的高い割合を占めている。

献身的に子育てをしようと思っていても、たとえば、「なかなか泣き止んでくれない、泣き止んでも寝かせるとまた泣き出す、ミルクをあげても、おむつを変えても泣き止まず、しゃべれないからなぜ泣いているのかわからない……」など、泣き止まないこともストレスであるし、このような状況に陥ると母親も睡眠不足にもなるだろう。こういう場合には当然ストレスは多大にかかり、衝動的に手をあげてしまう事例や泣く子を放置してしまう事例が出てくる。また、叩いたりするだけでなく、泣き続ける子どもに対して感情的に激しく揺さぶるなどの行為が行われるケースもあり、脳が傷つき、重い障害が残ったり、死亡したりする場合もある(揺さぶられっ子症候群)。

これらのことからわかるように、子どもが可愛くないから、子育てをしたくないから虐待を行っている事例ばかりでなく、子育てを行う者なら育児ストレスによって誰もが虐待を行ってしまう可能性があるといえる。なお、身体的暴力を加えた母親の多くは、その後、自らの行いを反省し、自己嫌悪的感情に襲われるにもかかわらず、またそのような行いを繰り返すことが多い。

また、母親の育児ストレスと抑うつの関連において、育児ストレスに対しておかれた状況を自分でコントロールできること(状況への対処方法や感情の制御などの能力)を知覚する程度が低い場合でも、夫からのサポートが多い母親は、少ない母親に比べて抑うつ傾向が低いことがわかっている。したがって、母親の抑うつを予防するためには、母親自身がストレスに対処できると認知することが必要であり、またコントロール困難な場合には、夫からのサポートが重要であることが指摘されている。したがって、夫の育児不参加はストレスを余計に高めることになるだろう。

父親についても、育児や仕事にストレスを強く感じると、虐待的子育てを行いやすいことが指摘されている。また、父親自身が親として役割を十分果たしているという認識が低い場合や、経済的不安が高い場合も虐待的子育てにつながることが明らかになっている。なお、父親の育児ストレスは、泣く、騒ぐなど、本来子どもに備わった特性に対する怒りや不満、疲れなどが要因であり、母親とともに子育てに対する知識の獲得と心の準備が必要である。

## “子ども思いのお母さん”が実は……

児童虐待の特殊事例として、保護者が子どもを病気や障害に仕立てて(捏造)、診察や治療を受けさせることを特徴とする「代理ミュンヒハウゼン症候群」がある。たとえば保護者が子どもに下剤やインスリンなどの薬物を実際に投与するなどして病気を捏造することもあれば、わざと怪我をさせたり、実際は起きていないのに痙攣などが起きたなど虚偽の報告をしたりして、故意に子どもに病気・怪我を作り出すこともある。保護者が自分の子どもに意図的に病気・怪我を負わせた上で、献身的に看護するという図式が特徴の虐待行為である。なお、この代理ミュンヒハウゼン症候群の加害者は、ほとんどが実母である。

**代理ミュンヒハウゼン症候群のイメージ**

一見すると献身的だが、その目的はあくまで自分の利益である。

言うまでもなく、薬の投与などによる捏造の場合は、それ自体が子どもにとって危険であることは明らかであり、実際には不必要な診察・検査・治療を受けることによる苦痛も与えることになる。ではなぜ、あえて実の子に怪我を負わせたり、病気にする必要があるのか。代理ミュンヒハウゼン症候群の加害者は、精神医学的には虚偽性障害の一種に分類され、病気で苦しむ家族を献身的に看護している親を演じることで、周囲から注目・関心や同情を得られること、家族が病気や怪我を負い、注目が集まることによる疾病利得を目的としている。また、子どもの入院中は育児の負担から解放されるといった利益を得ようとする場合もある。

代理ミュンヒハウゼン症候群の最大の問題点は、他者であるわが子が病気・怪我になるように行動してしまうことである。身体的な症状を作り出すために、様々な手段で子どもの身体を傷つける。当然、他者の健康を意図的に阻害する行為は傷害罪であるし、わざと命の危険にさらす行為は殺人未遂罪に該当する可能性もある。しかし、子どもが憎いために傷つけるのではなく、あくまでも自分の精神的な利益を得ることが目的であるため、子どもに対して献身的な働きをする。本当に治療が必要なのは、子どもではなく親であり、精神医学的な治療が求められる。　（板山　昴）

# 児童虐待が子どもに及ぼす悪影響と虐待が深刻化するパートナー関係

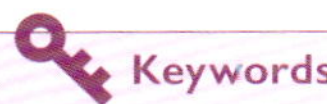

児童虐待
児童福祉法28条事件
虐待親の4つのパートナー関係
脳が受けるダメージ

児童虐待は、法律上、①身体的虐待、②心理的虐待、③性的虐待、④ネグレクトの4種類に分けられるが、そのいずれもが子どもの心身に様々な悪影響を及ぼす（➡32、35、➡41）。最悪の結末は、身体的虐待の結果、子どもに重い後遺症が残ったり、死亡したりする場合であるが、そこまでいかなくても、無条件の愛情を注いでくれるはずの親から虐待を受けることは、生涯にわたる苦しみを受けるのに等しい。例えば、虐待を受けた子どもは、親に安心して甘えることができず、親から大切に扱われているという実感も持てないため、常に不安を抱きながらの生活を強いられる。また、親から虐待を受けないように、常に親の顔色をうかがい、緊張を続け、ささいな刺激にも過敏に反応する。幼い子どもの場合、自分の不安や不満を言葉で表現できず、壁に頭を打ちつけたり、自分で顔をひっかいたりする自傷行為をすることがある。思春期になると、他者に対する基本的な信頼感のなさも手伝って、他者に援助を求めることができず、手首をカッターナイフで切ったり、睡眠薬を多量に服薬したりする子どもも出てくる。

## 児童虐待は脳にもダメージを与える

虐待を受けた子どもは、ほかにも様々な症状を呈することがわかっているが、近年は、脳科学の発展に伴い、虐待を受けることによって脳に具体的な異変が生じることが明らかにされている。

マサチューセッツ州マリーン病院発達生物学的精神科学教室

に留学中に、子ども時代の虐待がどのような影響を及ぼすのかを調べた友田明美（現在福井大学）は、次のような驚くべき研究結果を報告している。①過度の体罰（頬への平手打ちに加え、ベルトや杖などで尻をたたくなどの行為）を長期間にわたって受けた子どもは、対照群に比べて脳の前頭前野（感情や理性を司る領域）が萎縮していた。②心理的虐待の一種である暴言虐待を受けた子どもは、対照群に比べて会話やスピーチなど言語機能に関して重要な役割を担っている脳領域が変形していた。③両親間のドメスティック・バイオレンス（DV）を目撃していた子どもは、対照群に比べて脳の視覚野が過剰に活動していた。

このように、児童虐待は、子どもの脳にダメージを与えることによって、その子どもの生涯を台無しにしてしまう恐ろしい行為なのである。このとき親元から子どもを引き離して児童福祉施設に入所させるなどして子どもを保護するのが児童相談所であるが、親権者の同意が得られない場合には、児童相談所が親権者の意に反して子どもを施設に入所させることの許可を家庭裁判所から得る必要がある（児童福祉法28条事件）。

## 虐待が深刻化するパートナー関係

虐待をエスカレートさせるメカニズムとしては、虐待を加えている親が実は子どものころに虐待を受けていたとか、現在虐待を受けている子どもが親になった後に虐待をしやすいという「世代間伝達」などが知られている（もちろん、すべての人に当てはまるわけではなく、自分の親を反面教師として虐待をしない人もいる）。これは、「親の親→親→子ども」という縦の関係から虐待を見る視点であるが、そこにさらに、虐待を加える親の夫婦関係やパートナー関係という横の関係から虐待を捉える視点を加味することによって、虐待が深刻化するメカニズムを理解しやすくなることが指摘されている。国際医療福祉大学の橋本和明によれば、虐待が深刻化するパートナー関係には、①葛藤不満型、②孤軍奮闘型、③同調共謀型、④支配服従型という4つの類型が認められる。

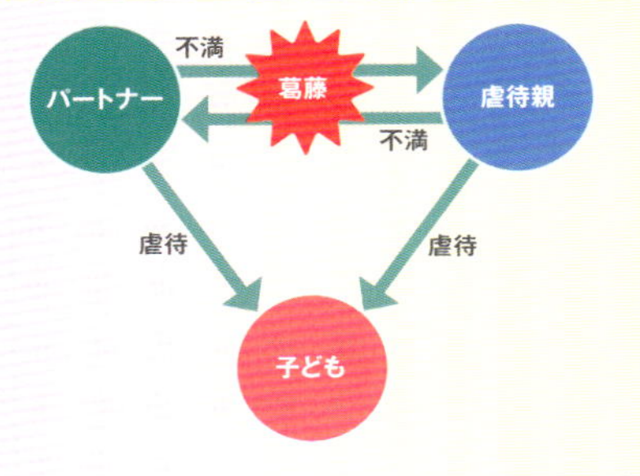

橋本（2007）p.403図4より

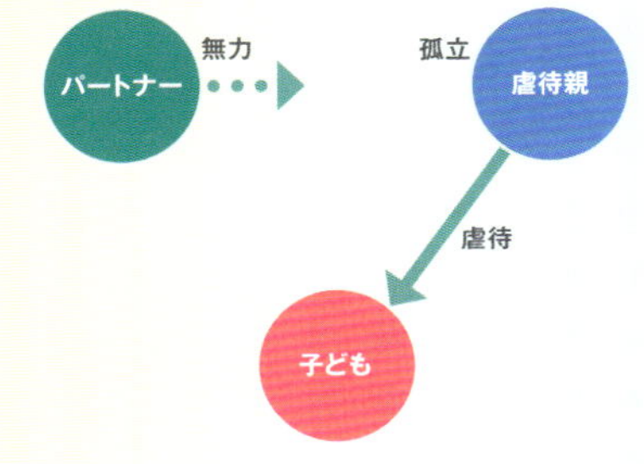

橋本（2007）p.403図5より

①葛藤不満型：ケンカや別居、離婚、子の奪い合いなどの紛争がパートナー間にあり、パートナー関係は常に対立した構造になっている。そのため、親やパートナーは、心理的な葛藤やストレスを溜めやすく、互いに相手に不満や攻撃を向け合う。それだけではなく、それらの不満や攻撃を子どもに向けることで、虐待が発生し、深刻化していく。

②孤軍奮闘型：パートナーがいても頼りにならないなど、パートナーの存在感が希薄で、役割を果たせない場合がある。また、パートナーが家を出て行ったり、離婚したりして不在になり、パートナーと没交渉となって関係が途絶えてしまうケースもある。このような場合、パートナーは無力で、虐待を未然に防いだり、虐待行為を止められなかったりする。

③同調共謀型：パートナーは、虐待親と一緒に、あるいは交互に、子どもを虐待する。その背景には、パートナー間に見られる養育観の一致や同調しやすいパートナー関係がある。そして、それが相乗効果を発揮し、虐待がエスカレートする。このタイプでは、パートナー関係が強力なので、虐待の事実が明るみに出たときには、パートナー間での強い意見の一致を示しながら、関係機関と激しい衝突が起きやすいと言われている。

④支配服従型：ドメスティック・バイオレンスに見られるように、虐待をする親は、暴力によってパートナーを支配下に置きながら、相手を自在に動かそうとする。暴力以外にも、自殺未遂などによってパートナーを支配することもある。これに対してパートナーは、虐待親に文句も言

**同調共謀型のパートナー関係**

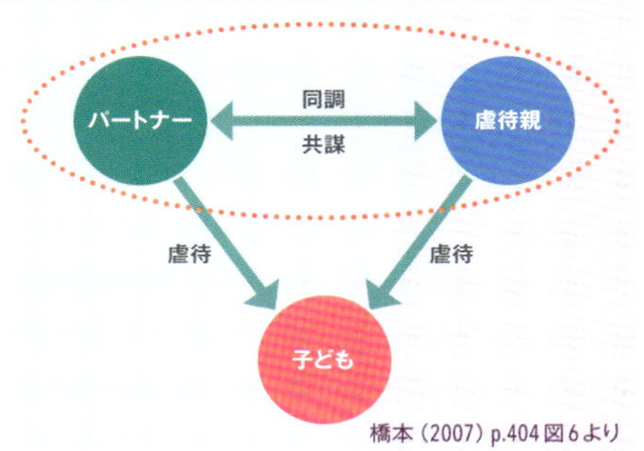

橋本（2007）p.404 図6より

**支配服従型のパートナー関係**

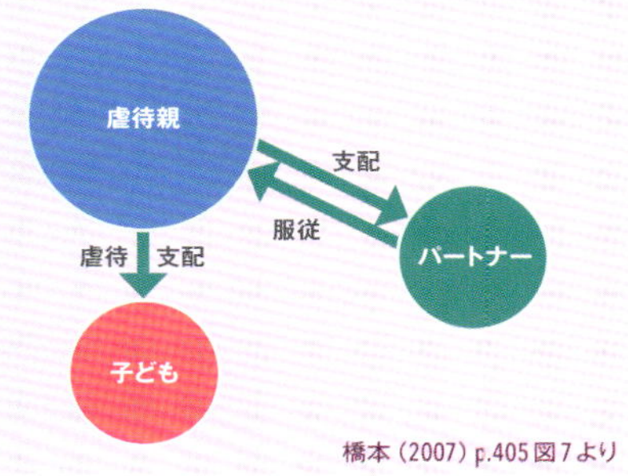

橋本（2007）p.405 図7より

わずに服従し、忠誠を誓おうとする。そのため、子どもに対する虐待が起きても、自らに向けられる暴力を恐れて虐待を黙認したり、子どもを置いて自分だけが逃げ出したりする。また、いったんは子どもを連れて家を出ても、そのことが虐待親のよりいっそう過激な暴力を招くことになり、パートナーは、被害の拡大やさらなる危険を避けるために再び支配服従関係に戻ることがある。さらに、極端な場合には、パートナーは逃げる気力さえ失い、支配者である虐待親のもとにい続けることすらある。

## 縦の関係・横の関係

このように、縦の関係に加えて横の関係からも虐待を見ることによって、虐待の深刻度や介入すべき部分を把握しやすくなる。例えば、2018年3月、東京都目黒区で当時5歳の船戸結愛ちゃんが両親から虐待を受けた末に死亡した事件では、保護責任者遺棄致死罪などに問われた継父は、彼自身がかつて父親から虐待を受けた経験があると報道されている（縦の関係）一方で、結愛ちゃんの母親に対してドメスティック・バイオレンスに及んでいた（横の関係）という報道もある。しかも、父親が実父ではなく、継父であったという点も、横の関係から見た場合には重要な視点になる。子どもがいる親が再婚して新たに築かれる家庭は「ステップファミリー」と呼ばれ、新しい親に子どもがなつかないなど親子関係がうまくいかないことを理由に、虐待が起きることがある。　（嶋田美和）

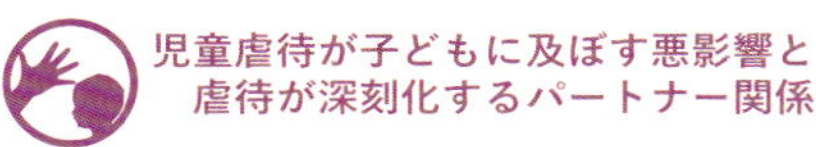

43

# 「ヒトノイタミをわからせないと……」という虐待者の屁理屈

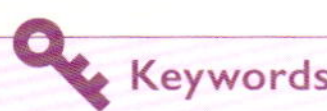

児童虐待
少年非行
少年院
クロス表

「いやいや……そうやって体罰はアカンとか、ちょっとコヅいただけで虐待やとか言うてるから、ヒトノイタミのわからん奴が多なって、誰かれかまわず刺すみたいなおかしな事件起こしよるんちゃいますの？」

子どもをボコボコに殴り倒した加害親と面接していると、かなりの確率で耳にする話である。なかには、親から殴られたおかげで自分は「他人の痛みを知ることができた」とかぶせて主張してくる場合もある。親から殴られず、教師から体罰を受けることなく育った子どもは、本当に他人の痛みがわからないのだろうか？　裏を返せば、誰かに殴られないと他人の痛みを想像する力は育たないのだろうか？

## 虐待による被害体験の統計

わが国でどの程度の子どもが児童虐待の被害に遭っているのかを知るために利用可能な統計のなかでは、厚生労働省による「福祉行政報告例」が最も有名である。児童相談所が対応した虐待件数が計上されており、日本で行政機関に通告された児童虐待の概数を推定できる（➡32）。ただしこの統計は「虐待されているのではないか」と疑われ、児童相談所に通告が入り、そして何らかの対応がなされた件数である。そのため一般人口中に占める虐待被害を受けた子どもの推定値とはならない。

法務省の研究機関である法務総合研究所は「児童虐待に関する研究」を過去に3回報告している。第3回では、18～39歳の一般市民男女15,000名がランダムに抽出され、郵送調査が行われた。センシティヴな調査内容だったこともあり、回答率は20%を下回り有効回答は3,000名弱で、身体的虐待の被害発生率は5.3%と報告された。つまり、一般家庭で暮らす人のなかにも20人に1人くらいは子ども時代に親から殴られて育った経験があったのである。

この研究の端緒は「少年院在院者に対する被害経験のアンケート」であった。すなわち第1回の調査では、全国の少年院にいる非行少年2,500名強が対象であった。この調査では、家族からの暴力が継続的に行われていた場合を「身体的虐待」と定義している。その結果、軽度と重度を合わせた身体的虐待の被害者は男女合計で22.8%にも上っていた。統計調査の結果を正しく理解するには、研究で使用された様々な概念の定義を厳密に解釈しなければならないが、多くの細かな点をいったん括弧に入れるならば、虐待を受けずに成長した子どもと比較して、日常的に殴られて育った子どもは何倍も少年院に入る確率が高まるようである。「殴られて育てば他人の痛みがわかるようになる」と弁明した加害親の言い分が、いかに屁理屈であったかは火を見るよりも明らかである。

## 加害親への逆説的反証指導

この屁理屈が一見してわかりにくいのは、「殴ること」と「非行化すること」との因果連鎖があまりにも間接的であり、結果が出るまでの時間経過も長く、直感的な把握が妨げられているためである。しかしこの統計は虐待臨床において極めて重要であるため、次にわかりやすい例を挙げて説明したい。たとえば、国立がん研究センターによる日本人の生活習慣病調査では、男女合わせて約90,000人を6～9年間追跡して、喫煙と肺がんの関係を分析している。タバコを吸わない人と比較して、年齢などを調整すると、タバコを吸う人は男性で4.5倍、女性で4.2倍も肺がんになりやすかった。このリスクは虐待と非行の関係と類似している。ではどのように指導すれば虐待の加害親にも自らの屁理屈が通らないことを理解させられるのだろうか？

わざと矛盾を突きつけることで理に適っていないことをわからせたい。統計によるリスクは絶対的な基準ではないため、もちろん例外は生じうる。すなわち、タバコを吸わない人が肺がんになったり、タバコを吸っていても肺がんにならなかったりする。同様に、殴られても非行化しない子もいれば、殴らずに育てたのに少年院に送致される子どももいる。しかし次のような言明が矛盾に満ちあふれていることは容易に理解される。「わたしは、肺がんになりたくないので、タバコを吸うことにします」。この言葉を耳にした者は、この言葉を発した者の無知に呆れ返るだろう。「わたしは、子どもを犯罪者にしたくないので、殴ってわからせるようにしているのです」、これも先の言明と同じようなことを主張しているのだが、気付いただろうか？　これは冒頭の加害親による主張であるが、2つの言明は同じ方向のリスクに基づいた同じ矛盾を抱えているのである。このように説明することで、子どもを殴ると犯罪者が育つ「確率が高くなる」ことを虐待の加害親に理解させることが重要である。

**喫煙と肺がんならびに身体的虐待と少年院入院のクロス表**

| 男性 | 肺がん | 非肺がん |
|---|---|---|
| 非喫煙者 | 26 | 10813 |
| 前喫煙者 | (67) | (10360) |
| 現喫煙者 | 231 | 23036 |

| 女性 | 肺がん | 非肺がん |
|---|---|---|
| 非喫煙者 | 78 | 44702 |
| 前喫煙者 | (4) | (654) |
| 現喫煙者 | 16 | 2827 |

5.1倍

| 男子 | 少年院在院 | 非少年院 |
|---|---|---|
| なし | 583 | 1064 |
| 家族被害 | (463) | |
| 身体的虐待（軽度） | (404) | |
| 身体的虐待（重度） | 118 | 60 |
| 身体的虐待（軽＋重度） | 442 | |

| 女子 | 少年院在院 | 非少年院 |
|---|---|---|
| なし | 47 | 1576 |
| 家族被害 | (51) | |
| 身体的虐待（軽度） | (40) | |
| 身体的虐待（重度） | 12 | 88 |
| 身体的虐待（軽＋重度） | 64 | |

オッズ比

18.0倍

比較したときにどの程度のリスクとなるのかを示すオッズ比を男女込みで計算すると、非喫煙者に比較して現喫煙者は肺がんに5.1倍なりやすく、被害経験のない者に比較して身体的虐待（重度）以上を経験した者は少年院に18.0倍入院しやすい。すなわち、オッズ比に限って言えば、タバコを吸って肺がんになるリスクよりも、子どもを殴って少年院に入れるリスクのほうが断然高いのである。

## 児童心理司の専門性としての統計利活用

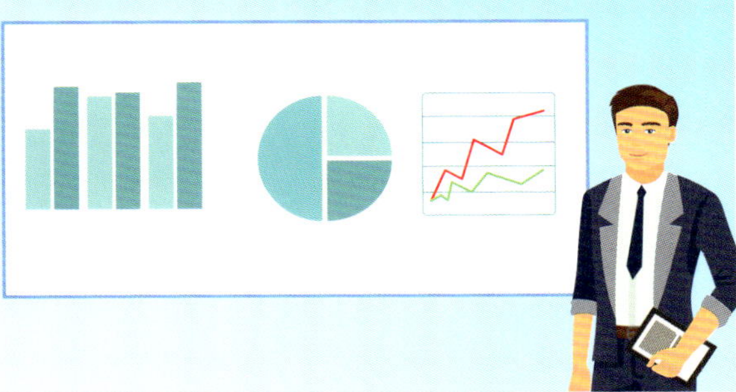

虐待者の屁理屈を通さないために、様々なエビデンスを示しながらも巧みな話術で虐待被害の重篤性を説明し、再発防止を説得する技術が専門性として求められる。

## 統計利活用における留意事項

ところで、この統計の話には注意しなければならない点がいくつかある。1つ目は、表に示されたように、統計上のリスクは同様であるが、喫煙と肺がんの関係のように直接的な因果関係を、虐待と非行に求めるのは難しい点である。殴ったから非行化するわけではなく、殴られた子どもは非行に走りやすいという相関関係なのである。2つ目は、法務省の調査が少年院在院者を対象としている点である。少年院に入っている子どもは非行ピラミッドの頂点に位置している（➡45）。少年院送致まで至らなかった者の中には、虐待されている子どもがもっと高確率で含まれているかもしれない。逆に、少年院に入らなければならないほど重篤な非行少年にだけ虐待被害が多くみられたという可能性も捨て去ることはできない。したがって、この調査結果だけから臨床的な結論を導き出すことは難しいかもしれないが、数々の研究知見によって、犯罪者や非行少年の生育歴に虐待被害があったことは確かめられている。そもそも虐待が子どものためになるというエビデンスは現在に至るまで得られておらず、「ヒトノイタミ」をわからせるために殴るといった屁理屈がまかり通ることのないよう、虐待臨床の現場にいる専門家にはこうした統計の利活用を含めた専門性を磨いていってもらいたい。（緒方康介）

# タバコを吸ったら非行少年？

Keywords
犯罪少年
触法少年
虞犯少年
不良行為少年

「コラ〜、何しとんねん！　中学生がタバコ吸っていいと思ってんのか！　なんやおまえ!?　酒も飲んどるやないか〜！」生徒指導の先生はかつて「ヤンキー」と呼ばれた少年たちにしつこく立ち向かい、口を酸っぱくして道を踏み外し始めた子どもたちの軌道修正を行っている。タバコや酒は20歳未満の者には法律で禁じられており、許されていない享楽である。しかしタバコを吸ったり酒を飲んだりすることは「非行」なのだろうか？　一般市民の感覚と法律上の定義がズレる例は多いが、実は非行少年の定義もその代表的な1つである。

## 非行少年とは？

「非行少年」の定義とされるものは少年法にある。まず「少年」とは20歳に満たない者であり、児童福祉法の「児童」が18歳未満なのとは異なっている。少年法には第3条に「（家庭裁判所の）審判に付すべき少年」の規定があり、わが国の犯罪心理学ではこれを非行少年の定義とすることが多い。非行少年は3つに分類される。①罪を犯した少年（犯罪少年）、②14歳に満たないで刑罰法令に触れる行為をした少年（触法少年）、③虞犯（ぐはん）少年である。虞犯少年はさらに細かく、(1) 保護者の正当な監督に服しない性癖のあること、(2) 正当の理由がなく家庭に寄り附かないこと、(3) 犯罪性のある人もしくは不道徳な人と交際し、またはいかがわしい場所に出入りすること、(4) 自己または他人の徳性を害する行為をする性癖のあること、以上4つの虞犯事由のうち1つ以上に該当し、その性格または環境に照らして、将来、犯罪少年か触法少年になるおそれのある者と定義されている。

犯罪少年が最もわかりやすい。14歳以上20歳未満で罪を犯せば「犯罪少年」である。触法少年は少しわかりにくい。14歳未満で「刑罰法令に触れる行為」をした場合に「触法少年」となるのである。触法少年が法的に「犯罪者」とはならない根拠は「14歳に満たない者の行為は、罰しない」という刑法第41条である。「刑罰法令に触れる行為」とは刑罰規程が適用される法律で禁止されている行為である。刑罰は刑法第9条に、①死刑、②懲役（作業があり、1ヶ月〜20年以下、あるいは無期）、③禁錮（作業がなく、1ヶ月〜20年以下、あるいは無期）、④罰金（1万円以上）、⑤拘留（作業がなく、1〜30日未満）、⑥科料（千円〜1万円未満）とある。虞犯少年が最もわかりにくい。虞犯事由には解釈の幅がある。家出少年が家庭内での虐待から逃げ出して夜間に繁華街をうろついていた場合、「正当な理由」があって家庭に寄りつかないのであり、虞犯事由にはならない。保護者のしつけが一般常識や社会通念から逸脱している場合、親の言うことをきかなくても「正当な監督に服しない」とは判断されない。このようにひと口に非行少年と言っても、法律上の定義を厳密にあてはめればグレーゾーンは存外広いのである。

ところで冒頭の喫煙・飲酒をした中学生はこの定義に照らして非行少年といえるだろうか？　「未成年者喫煙禁止法」には、確かに20歳未満の者がタバコを吸うことはできないと記されている。しかしながら、タバコを吸った未成年者は行政処分としてタバコを没収されるだけである。むしろタバコを吸うことを知っていて止めなかった親権者は科料、自分で吸うために買いに来たと知っていてタバコを売った販売者には50万円以下の罰金が科される。

**タバコを吸う未成年**

中学生はタバコを吸ってはいけないが、刑罰を受けることはなく、タバコを没収される行政処分のみである。一方、喫煙を知っていて止めなかった保護者には刑罰があり、未成年と知っていて販売した業者にも刑罰が課される。

すなわち未成年者喫煙禁止法の違反は、少年自身を犯罪少年や触法少年とはしないのである。これは「未成年者飲酒禁止法」でもまったく同じである。そのため、タバコを吸っている中学生を非行少年にしたければ虞犯少年の可能性しか残っていない。確かに自己の徳性（品格）を害する性癖として常態的に喫煙や飲酒に明け暮れる中学生であれば虞犯少年とできなくもないが、タバコを吸っているだけ、酒を飲んでいるだけで家庭裁判所の審判を受ける可能性は極めて低い。

## 不良行為少年

少年法に定められた非行少年とは別に、警察のなかでも少年非行を取り扱う少年警察部門には「少年警察活動規則」があり、「非行少年には該当しないが」との前置きのあと、「飲酒、喫煙、深夜徘徊その他自己または他人の徳性を害する行為（不良行為）をしている少年」は「不良行為少年」として定義されている。つまり、冒頭の中学生は不良行為少年の定義が最も当てはまることとなる。

不良行為少年のイメージは一般市民が抱く「非行少年」のそれと大きくズレていない。それでは不良行為少年と非行少年との間にはどのような違いがあるのだろうか？　不良行為少年は警察における少年補導の対象ではあるが、それだけでは家庭裁判所の審判を受けることができない。家庭裁判所の審判を受けられなければ、①少年鑑別所での資質鑑別、②少年院での矯正教育、③保護観察所での保護観察も原則的に受けられない。すなわち、少年非行の専門機関による対応が難しくなるのである。したがって不良行為少年は、(1) 学校の生徒指導、(2) 警察の少年補導、(3) 児童相談所の非行相談といった窓口が主な対応機関となる。ただし、少年法に基づいて受理する触法少年あるいは虞犯少年ではないため、児童相談所はあくまで親権者・保護者の意欲に基づく相談であり、少年保護事件の手続き（➡45）に則った法的対応のように強制力を発揮できない。こうしたことは一般市民にあまり知られておらず、たとえば、タバ

**非行少年と不良行為少年**



小学生をカッターで刺したとき、高校生なら犯罪少年（左図）、小学生同士なら触法少年（中図）、小学生が実行はしておらず想像上で具体的な計画を立てていれば虞犯少年（右図）、左図と中図では傷害罪の構成要件に該当するが、左図が有責性を有するのに対して中図に有責性はない。傷害行為の計画を立てる右図は、自らの徳性を害する行為であり、将来傷害罪につながるおそれが高いため、虞犯少年に該当する。以上3つが非行少年である。不良行為少年は、喫煙や飲酒、校則違反や軽微な家出などが含まれる。

コを吸っているだけの中学生であっても少年院や他の施設に入れることができるかもしれないとの誤解から、対応に困った中学校が警察や児童相談所に連携を求めてくるが、「専門機関は期待通りに動いてくれない」という形の不協和音に終始しがちとなる。

ただし少年非行の専門機関が不良行為少年に対して何もできないわけではない。警察は少年サポートセンターで少年補導や少年相談に応じられるし、児童相談所も親権者・保護者からの相談であれば受けられる。少年鑑別所も新たに公布・施行された「少年鑑別所法」第131条により「法務少年支援センター」として地域の非行防止に努めることができるようになった。非行の早期発見は健全育成の観点からも重要であり、少年を取り巻く専門機関が互いに連携しつつ、不良行為少年の段階から地域で見守ることが望まれる。それでも少年法に定義される非行少年となってしまった場合には、毅然とした司法システムの流れに沿って改善更生を目指すことが社会の責務であろう。（緒方康介）

# 少年院に入れない子どもたち

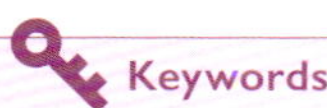

Keywords
少年保護事件
非行少年
矯正教育
福祉的措置

「嘘ばっかついとったらおまわりさんに牢屋に入れられんで！」など、子どもを叱りつける際には端的でわかりやすい言葉が使われる。現代における牢屋の正式名称は「刑事施設」であり、刑務所、少年刑務所、拘置所が含まれる。刑罰の執行を主な目的として受刑者を収容する刑務所などとは違い、少年院は少年の健全な育成を期して、性格の矯正および環境の調整を図ろうとする少年法の理念に基づき、改善更生を目指した矯正教育の現場なのである。したがって「少年院に入るような悪い子たち」という表現は的を外れていないかもしれないが、「確かに悪いことはしてるけど、少年院に入れるのはかわいそう」という表現は当を得ていない。少年院の矯正教育は非行少年たちの健全育成を目指し、日本国がその責任の下に実施している専門的な支援なのである。したがって少年院に入れないということは、もしかすると、その非行少年が改善更生する最後のチャンスを奪っていることになるのかもしれない。

## 少年保護事件の流れと統計

一般市民が抱くイメージの「非行少年」が地域にどの程度存在し、非行少年は司法システムのなかでどのように処遇されていくのだろうか？　「警察白書」によると2021年における不良行為少年（➡44）の補導人員は全国で310,000人弱であった。不良行為少年は警察による少年補導や少年相談で終結することが多い。この場合、司法システムには組み込まれない。ただし警察は14歳以上の少年が禁錮刑以上の罪を犯した場合は検察、

### 少年保護事件の流れと件数割合

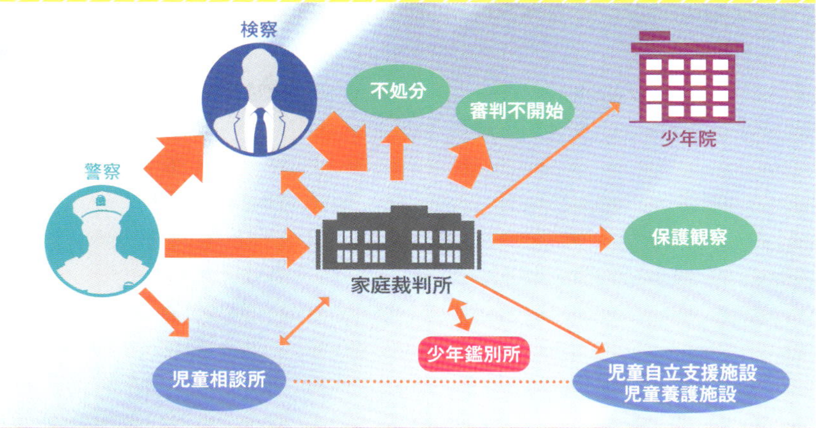

警察による事件認知から非行少年がどのように司法機関で処理されるのかを概念的に表した図。矢印の太さは取扱件数の相対的な割合をおおむね反映している。たとえば、警察が取り扱った非行少年の多くは検察へ送られ、直接家庭裁判所に送られるよりも多く、児童相談所への通告・送致はもっと少ないことを表している。少年鑑別所は終局処分ではないため、新規収容者数の割合を反映している。

罰金刑以下の場合は家庭裁判所に事件を送致する。同年警察が検挙した刑法犯少年は15,000人弱であり、検察庁が受理した少年被疑事件40,000人強のうち刑法犯は約27,000人であった。家庭裁判所が2021年度で新規に受付した（道路交通保護事件を除いた）一般保護事件34,000人強のうち、検察官からの送致は28,000人強であるが、過失運転致死などの事件約8,000人を除くと、およそ20,000人となる。なお司法警察員（警察等）からの送致は2,000人程度であった。ただしここまでの統計からわかるように、実際に家庭裁判所が取り扱う非行少年は、検察官から送致されてくる禁錮刑以上の犯罪少年が大多数なのである（さらに言えば道路交通違反関係の事件もかなり多い）。裏を返すと、司法システムが取り扱う少年非行の多くは犯罪者の未成年版といえるような内容が大半であり、いわゆる軽微な触法行為で家庭裁判所に係属されることは稀なのである。

家庭裁判所に送致された非行少年はどうなるのだろうか？　家庭裁判所が少年法を適用するよりも刑罰が適当と判断すれば、検察官へ送致される。16歳以上の少年が故意に被害者を死に至らしめた場合は原則逆送されることになっている。しかし同年度の検察官への送致は900人程度である。家庭裁判所が新規に受付した一般保護事件の少年たちへの処理は、審判不開始が13,000人強、不処分が7,000人弱と多く、少年法の理念を最も体現している保護処分は8,000人程度であった。保護処分には、少年院送致、児童自立支援施設等送致、保護観察がある。ただし6,500人弱と大半は保護観察処分であるため、非行少年はその地域での生活を継続できることになる。少年院送致の審判が決定されるのは1,300人程度なのである。この数は家庭裁判所が新規に受付した少年を分母にとれば3.8%、警察が検挙した刑法犯少年を分母にすると8.7%、少年警察が補導した人数を分母にすると実に0.4%程度である。改善更生のために少年院で矯正教育を受けることがいかに難しいかは一目瞭然である。

少年院は非行少年の改善更生を目指した矯正教育の現場であり、決して懲罰を与える目的の刑事施設ではない。したがって、地域での生活では再犯を防止できない少年たちにとって、最後の更生チャンスともいえる。しかし、多くの非行少年は地域での支援を受ける形となりがちであり、悪友の誘いを自らの力だけで断ったり、再犯の誘因となる様々な刺激を最終的には自分の意志によって断ち切らなければならない。実態としては、地域での専門機関による支援が継続しない、すなわち少年あるいは保護者側にその意欲がなく中断してしまうようなケースは多々ある。もちろん、少年院に入れば必ず改善更生が図れるわけではなく、実際は少年院退院から数年で刑務所に入るケースがないわけではない。

## 福祉的措置

ところで14歳未満の触法少年はどのように少年保護事件の処理を受けるのだろうか？　2021年に警察が補導した触法少年は5,500人強である。触法少年に対しては児童相談所での対応が優先されるため、警察は児童相談所に少年を通告・送致する。全国の児童相談所が受付した触法相談は2021年度に約4,500件あった。なかには児童相談所から家庭裁判所へ送致される少年もいる。逆に、家庭裁判所から児童相談所に送致される少年も、2021年度は120人程度いた。保護処分のうち、児童自立支援施設送致は実質的に福祉機関への送致であり、児童相談所が引き継ぐことになるが、これも120人程度である。家庭裁判所の取り扱う少年非行において、福祉的な措置が優先されるケースは絶対的に少数であり、よほどの刑罰に触れる行為をしない限り少年院には入れないのである。

虞犯少年はそもそもまだ罪を犯していない少年である。警察の不良行為少年のなかには虞犯少年と捉えることが可能なケースも存在しているだろう。警察は14歳以上であれば、虞犯少年を家庭裁判所に送致あるいは児童相談所に通告・送致することができる。14歳未満であれば児童相談所の対応が優先である。ただし2021年度に児童相談所が受付した虞犯相談は6,500件程度であった。犯罪性の深度・進度でいえば、①犯罪少年＞②触法少年＞③虞犯少年＞④不良行為少年であるため、虞犯少年が少年院に入れる確率は犯罪少年や触法少年よりもさらに低く、地域での専門機関による見守りならびに支援が実施されているのが現状である。したがって、明確に刑罰法令に触れる行為こそしないが、社会から逸脱しがちな少年たちに対して強制的な支援の実施は困難なのである。

このように、少年法に謳われた改善更生のための矯正教育を受けられる非行少年はほんの一握りなのである。①中学校の生徒指導、②警察の少年補導、③児童相談所の非行相談といった地域の専門機関による支援では効を奏しない少年たちに、国家による矯正教育で改善更生のチャンスを与えたくとも、現実的には少年院に入れない子どもたちがたくさんいるのである。(緒方康介)

46

# 離婚は子どもを不幸にするか

Keywords

離婚

夫婦不和

子どもの福祉

高葛藤

家族の形態と質

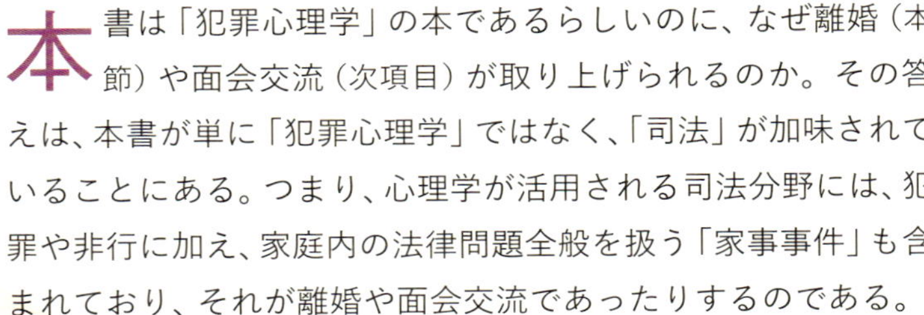

本書は「犯罪心理学」の本であるらしいのに、なぜ離婚（本節）や面会交流（次項目）が取り上げられるのか。その答えは、本書が単に「犯罪心理学」ではなく、「司法」が加味されていることにある。つまり、心理学が活用される司法分野には、犯罪や非行に加え、家庭内の法律問題全般を扱う「家事事件」も含まれており、それが離婚や面会交流であったりするのである。

日本の法律では、夫婦が離婚するには、①協議離婚、②調停離婚、③審判離婚、④和解離婚、⑤裁判離婚の５種類の方法がある。日本では１年間に約25万組の夫婦が離婚しているが、そのうち約13万組が未成年の子どもを抱えている。未成年の子どもがいる夫婦が離婚する場合、法律上、絶対に取り決めなければならないのは親権で、ほかの条件はそれぞれの夫婦に任されている。おそらく多くの場合、離婚を選択するにしても、子どもに与える影響を最小限にするための努力や工夫をしているはずで、中には最後まで離婚を回避できないかと思い悩む方もいる。

両親の離婚は、子どもにとって人生を揺るがすほどの衝撃的な出来事である。子どもは不安を覚え、将来を心配し、夜も眠れないこともある。病気でもないのに腹痛や頭痛を経験し、学校に行く気もなくなる。いつもイライラして気持ちが落ち着かなくなることもある。あるいは、自分のせいで両親が離婚したのではないかと罪悪感を覚えている子どももいるかもしれない。

## 両親の離婚と子どもの福祉との関係

「子どもの福祉」とは、子どもの健やかな成長を促進するか、

**日本における離婚の種類と割合**

| 種類 | 説明 | 割合 |
|---|---|---|
| 協議離婚 | 夫婦間の話し合いによって合意が成立した場合に離婚届を市区町村に提出することで成立するもの | 88.3% |
| 調停離婚 | 夫婦間での話し合いによって離婚の合意ができない場合や、相手が話し合い自体に応じない場合などに、家庭裁判所の調停を利用して離婚の合意が成立するもの | 8.3% |
| 審判離婚 | 調停では離婚が成立しなかった場合に、家庭裁判所が「調停に代わる審判」を下すことによって成立するもの | 1.2% |
| 和解離婚 | 離婚訴訟の途中に夫婦の話し合いによって成立するもの | 1.3% |
| 裁判離婚 | 調停離婚が成立しなかった場合に、裁判（離婚訴訟）で離婚が認められるもの（民法に定められた離婚理由が必要） | 0.9% |

厚生労働省「令和4年度　離婚に関する統計の概況」より

少なくとも阻害しないことをいう。それでは、両親の離婚は、子どもを不幸にするのだろうか。この問いを考える場合、「子どもの不幸」あるいは「子どもの幸せ」を定量化（数字や数値で表現）する方法を考えておく必要がある。何をもって「幸せ」とするかは、人によって様々である。どんなに貧しくても家族全員がそろっていることが幸せだと感じる人がいる一方で、経済的に裕福な生活を送れることが幸福だと感じる人もいる。ほかにも、友達がたくさんいるのが幸せなのか、たった一人でも親友と呼べる人がいれば幸せなのか、答えは人それぞれで、正解があるわけではない。

心理学では、不幸（あるいは幸せではない状態）として、子どもの「不適応」を定量化した上で、両親の離婚との関連を検討するという方法で、この問題を解決してきた。子どもの不適応とは、例えば、学校の成績や出席状況、非行や攻撃行動などの問題行動、うつ症状や不眠などの心理的な不健康などを指し、両親や学校の先生との面接、質問紙調査、心理テストなどを用いて測定する。それらの数値を、両親の離婚を経験した子どもと経験していない子どもという２群に分けて比較することで、両親の離婚が子どもの不適応と関連しているかどうかを確認するのである。

## 離婚が子どもに与える影響

結論から言えば、子どもの幸福を決めるのは、両親が離婚したかどうかではなく、家庭の果たすべき役割が十分に果たされているかどうかである。一人親であっても父母双方の役割を果たしている人はいるし、逆に両親がそろっていても期待される水準を下回る役割しか果たせない場合もある。それでも、全体としてみれば、離婚して一人親になった家庭よりも、婚姻生活を維持して両親がそろっている家庭で育った子どものほうが適応水準が高いことがこれまでの研究によって示されている。

その理由は大きく分けて、①片親が不在になったこと（片親不在論）、②経済的に困窮すること（経済的不利益論）、③夫婦間に不和があること（夫婦間葛藤論）の３つにあると考えられている。

片親が不在になったことが子どもの福祉が後退する原因だとすれば、両親の離婚によって片親を失った子ども（離婚群）は、両親がそろった家庭に育っている子ども（両親健在群）ではなく、死別によって片親を失った子ども（死別群）と同様の問題を呈するはずである。様々な研究の結果を総合すると、死別群は両親健在群よりも適応水準が低いことが確認されており、片親不在論が支持される。ところが、離婚群のほうが死別群よりもさらに適応水準が低いことを併せて考えると、離婚家庭では、子どもの福祉を低下させる、死別家庭とは別のメカニズムが働いていることが示唆される。

この「別のメカニズム」を規定する要因の１つが夫婦間の葛藤の高さである。両親健在群をさらに高葛藤と低葛藤に分けた上で、離婚群と比較した場合、両親がそろっているが、夫婦間の葛藤が高い家

**離別理由と子どもの適応水準**

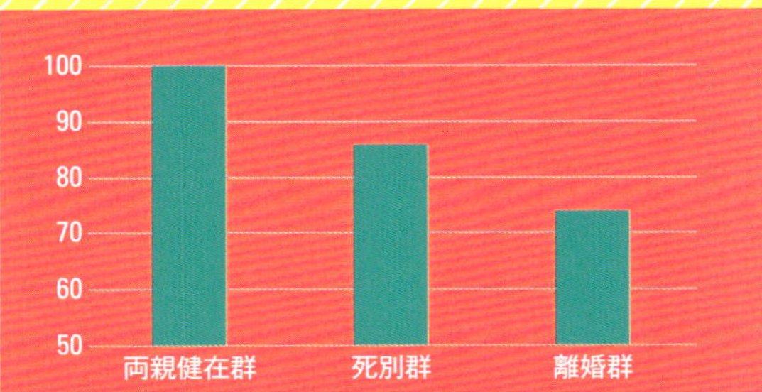


両親がそろった家庭に育っている子ども（両親健在群）に比べて、死別によって片親を失った子ども（死別群）は、適応水準が低い。しかしながら、片親を失ったという点では同じであっても、その原因が離婚による場合（離婚群）は、その適応水準は、死別群よりもさらに低い。これらの結果から、離婚によって片親を失うことは、死別によって片親を失うよりも、子どもの福祉を低下させる別のメカニズムが働いていることが示唆される。（グラフは、両親健在群の適応水準を100とした場合の死別群及び離婚群の適応水準を示しているが、数値はイメージである）

庭で育った子どもは、離婚家庭に育った子どもよりも、適応水準が低かったのである。このことは、子どもの福祉に影響を与えるのは、夫婦が単に離婚したかどうかではなく、夫婦間の葛藤水準が高いか低いかによることを示唆している。実際、離婚後の父母間の葛藤レベルが低いと、子どもの適応が良く、問題行動が少ないことが明らかにされている。

**夫婦間葛藤と子どもの適応水準**

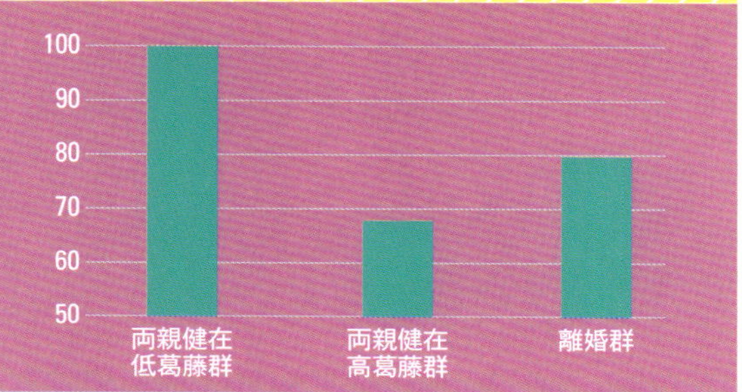


両親が離婚した家庭に育った子ども（離婚群）は、両親がそろっていて夫婦間の葛藤も低い家庭で育った子ども（両親健在低葛藤群）よりも適応水準が低い。ところが、両親がそろっていても、夫婦間の葛藤が高い家庭で育った子ども（両親健在高葛藤群）は、離婚群よりもさらに適応水準が低い。これらの結果は、夫婦間葛藤論（離婚が子どもに悪影響を与えるのは、主に別居前や別居中の夫婦間葛藤によるという仮説）を支持する。（グラフは、両親健在低葛藤群の適応水準を100とした場合の両親健在高葛藤群及び離婚群の適応水準を示しているが、数値はイメージである）

## 離婚による影響の強さ

離婚は、子どもにマイナスの影響を与えるが、その影響力は全体としてみれば弱いことも指摘されている。それは、一口に「家族」と言っても実に様々であり、その影響が及ぶメカニズムにも複数の要因が複雑に絡み合っているからである。例えば、離婚前に仲の良かった親と離別する場合、子どもにとって離婚は大きなショック体験であり、その影響は長期間にわたって持続することがある。それに対して同居中に両親が激しいケンカを繰り返し、家庭内の雰囲気が険悪で緊張に満ちたものであった場合、両親の離婚は子どもにとって高い緊張状態からの解放を意味し、子どもの適応水準も向上する可能性がある。いずれの場合も、離婚後に離れて暮らす親とどのような形で交流しているかも子どもの福祉を規定する重要な要素になるが、この点は次項目で見ていく。　（嶋田美和）

# 別居中や離婚後に離れて暮らす親子の交流

Keywords
子の福祉
面会交流
親の養育スタイル
子の意思の把握・考慮
片親疎外行動

両親の別居や離婚によって、子どもが一方の親（父または母）と暮らす場合、離れて暮らすもう一方の親と交流することを面会交流と言う。2012年4月施行の改正民法766条において、父母が離婚する際に定める子の監護に関する例として「父又は母と子との面会及びその他の交流、子の監護に要する費用の分担」が加えられ、その定めにあたっては、子の利益（子の福祉）を最も考慮しなければならないと規定された。その影響もあってか、家庭裁判所に持ち込まれる面会交流の事件は増加の一途をたどっている上、家庭裁判所の実務において解決困難な事件類型の1つとなっている。

## 面会交流の「頻度」と「質」と子どもの適応

解決を困難にしている理由の1つは、面会交流に関する研究の結果が混在していることにある。例えば、面会交流の「頻度」と子どもの適応との関連を調べた24の先行研究の文献レビューの結果、離れて暮らす親と頻繁に面会交流をしている子の方が適応が良いことを示した研究は10だけで、残りの14の研究では関連性が見出されなかったことが指摘されている。

一方、1978年から2009年に公表された52の研究について行われたメタ分析によって、別居している父親が様々な活動（オムツ交換、子どもの寝かしつけ、宿題の手伝いなど）に関与するほど、あるいは父子関係の質（親密さ、信頼感、父によるサポートなど）が良いほど、子どもの全般的な適応が良いと報告されている。これらの結果からいえるのは、面会交流の頻度にこだわる

のではなく、面会交流の頻度と質のバランスをいかに取るかが重要だということである。

## 親の養育スタイルと子どもの適応

両親が毅然とした養育をしていると、子どもの問題行動が少ないことが明らかになっている。「毅然とした養育」とは、子どもを情緒的に支えたり、子どもの成長を喜んだり、成績を褒めたりする親和的・情愛的な接し方（親和的機能）に加えて、子どもに社会のルールを教えたり、子どもが間違った行動をした場合に注意したりする教育的な関わり方（教育的機能）もすることを意味する。このように、親の養育スタイルは、親和的機能と教育的機能の2つの軸を基準に、①毅然とした養育、②迎合的で甘い養育、③威圧的で統制的な養育、④いずれも機能していないネグレクト的な養育の4種類に大別される。

両親がそろっていれば、父母が互いの長所を発揮し、短所を補いながら毅然とした養育を達成しやすいが、離婚や別居によって父母が別々に暮らすようになると、それが難しくなる。実際、子どもと離れて暮らす親は、同居している親に比べて子どもと接する時間が限られているため、毅

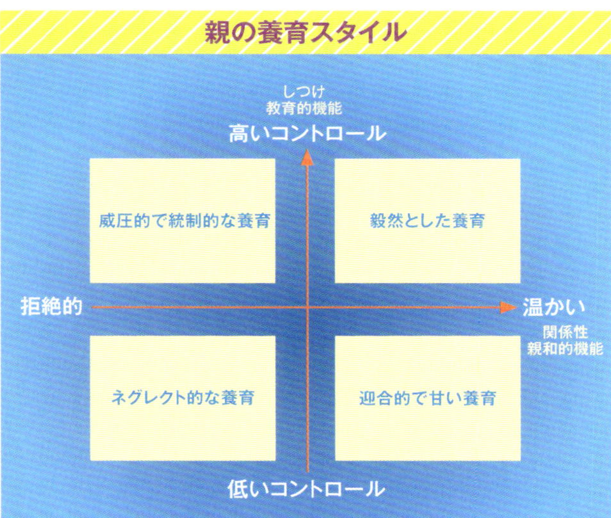


家族の果たすべき役割（機能）には、しつけ（高いコントロール－低いコントロール）と関係性（温かい－拒絶的）の2次元がある。関係性の次元は、親和的機能、しつけの次元は、教育的機能とも呼ばれる。親の養育スタイルは、これらの2次元をもとに、毅然とした養育、迎合的で甘い養育、威圧的で統制的な養育、ネグレクト的な養育の4つに分類される。

然とした養育よりも娯楽的な関係を優先しがちになる。多くの親は、このような接し方で子どもとの関係が表面的なものになっている現状に不満を持っているが、一方で、元々、親としての役割を果たす意欲が乏しかったり、効果的な養育スキルを持っていなければ（例えば、しつけのつもりでも、頭ごなしの叱責や体罰は効果的とは言えない）、頻繁に面会交流をしても、子どもの利益にはならないことも指摘されている。

## 父母の関係性と子どもの適応

離れて暮らす親が面会交流中の関わり方に注意し、質の高い面会交流を実現しても必ずしも解決しないところにこの問題の難しさがある。それは、実際に面会交流をする親と子の関係だけでなく、すでに別居や離婚によって離れて暮らしている両親の争いや葛藤が親子の面会交流に影響を及ぼすからである。

この問題は、特に別居や離婚後の父母葛藤が子どもに与える影響というテーマで研究され、議論されてきた。父母葛藤には大きく分けて、①父母間の対立や葛藤、②板挟み、③片親疎外行動の３種類があるとされている。①は、父母の口論や意見の対立、ケンカや暴力など父母間で直接生じる対立や葛藤であるのに対して、②は、子どもが父母の伝言を互いに受け渡したり、双方の顔色をうかがって言いたいことが言えなかったりして父母の間に挟まれることによって生じる葛藤で、忠誠葛藤や三角関係化とも言われる。③は、一方の親が他方の親の性格や行動を悪く言い、他方の親に対して悪いイメージを植え付けたり、正当な理由がないにもかかわらず、同居親が別居親との交流を妨げたりすることなどを指す。

父母が長期間にわたって対立し、いがみ合いを続けることは、子どもにとって何よりもつらいことである。特に、離婚の90%近くを協議離婚が占める日本では、司法が関与する離婚（調停離婚、和解離婚、裁判離婚）で父母の対立や葛藤が激しくなるのは必然とも言える。もちろん、裁判官や調停委員や弁護士などの第三者が関わることによって、話し合いを

## 対立･葛藤と板挟み

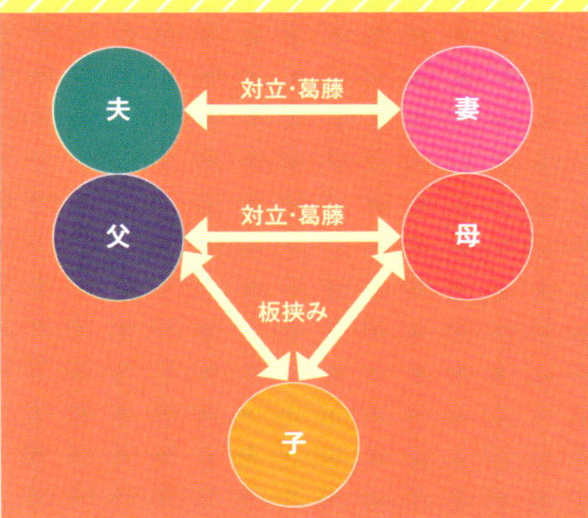


親には家庭内では夫婦と父母という2つの役割が課せられている。離婚すれば、夫婦としての役割はなくなるが、子どもとの関係において父母という役割が続いていく。夫婦や父母の関係が良好であれば、子どもも健康に育つことができるものの、何らかの理由でこの関係が対立し、葛藤が長期間に及ぶと、子どもの適応に支障を来たすことがある。夫婦や父母の対立が長引くだけでも子どもに悪影響が出るが、子どもが父母の板挟みになると、さらにつらい思いをする。

## 片親疎外行動

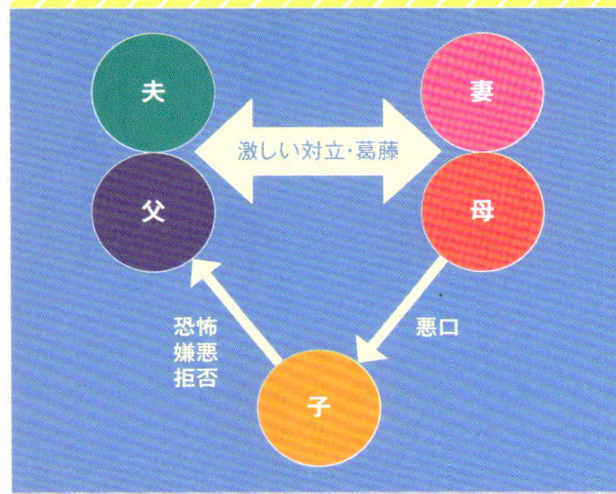


夫婦や父母の間に激しい対立や葛藤があると、一方の親（この図では母親）が他方の親（この図では父親）の悪口を一方的に子どもに吹き込むことがある。それは、言葉によって意図的に行われることもあれば、無自覚的に態度で示されることもある。子どもは、元々持っていた他方の親に対するイメージを著しく悪化させ、これまでの親子関係からかけ離れた嫌悪感や恐怖心を示すようになることがある。なお、家庭内にDVや虐待などがあって、元々、子どもが父親（あるいは母親）を嫌っていた場合は、これに該当しない。

冷静に進められる場合もあるが、白黒をはっきりつける場というイメージのある裁判所では、どうしても父母間の対立や葛藤が先鋭化しやすい。また、子どもが別居親との面会交流を拒んで調整が難航する場合もみられる。この場合、子どもの年齢や性格、以前の親子関係などが複雑に絡み合って解決を困難にしていることが多い。

それでも、子どもが受けるマイナスの影響を最小限にするために各国で様々な取り組みが行われている。例えば、欧米諸国では、離婚が子どもに及ぼす影響や父母間の紛争を解決する方法などを学習するためのプログラム（教育的なガイダンスから治療的なカウンセリングまで様々なものが提供されている）の受講を義務付けているところがある。日本では法律上の規定まではないが、同様の効果を狙った取り組みが各地の家庭裁判所で進められている。

（嶋田美和）

# なぜ犯罪被害者は非難されるのか

Keywords
犯罪被害者非難
犯罪被害者支援
防衛的帰属理論
公正世界信念
犯罪被害者理解

ある事件が発生した際に、時として犯罪被害者やその遺族が非難や誹謗中傷の対象とされることがある。みなさんも、インターネット上で犯罪被害者やその遺族の方々を侮辱するような心ない発言を見たことがあるかもしれない。犯罪被害者は事件そのもので苦しむだけでなく、周囲やインターネットなどを通じて非難され、「二度」苦しむことになるのである。

## 犯罪被害者は“忘れられた存在”であった

刑事司法手続きの中で、犯罪被害者の保護と支援のための具体的な対策が講じられるようになったのは、ごく最近のことである。その理由としては、日本の法体系の考え方の影響がある。日本の法体系では、犯罪は「規約違反」であり、真実を明らかにして犯人に刑罰を科すことで、社会の中で法律が機能している状態を作り出すことを目的としている。そのため、国家と犯人の関係に焦点があてられ、犯罪被害者は刑事司法手続きの外の存在であった。これは、犯罪被害者が事件の当事者であり、刑事裁判の経過や結果に最も深い利害関係を持っているにもかかわらず、法律上は単なる証拠の1つにすぎなかったことを意味している。

## 犯罪被害者支援の道程

そのような事情に変化が見られ始めたのは、20世紀末のことであった。1995年3月にオウム真理教による地下鉄サリン事件が起こり、大都市圏で多数の死傷者を出した。この事件後、犯罪被害者自身が声を上げ、さらにマスコミが犯罪被害者の置かれた状況を盛んに取り上げたことで、犯罪被害者に対する社会的関心が急速に高まっていった。

その後はかなりの速さで犯罪被害者支援制度が進展していった。1999年には、検察庁により、被害者が希望する場合に、事件の起訴・不起訴の理由や刑事裁判の結果などが通知されるという被害者通知制度が開始された。現在では、捜査の進捗状況を警察が、加害者の出所状況を裁判所が被害者に通知する制度も存在する。犯罪被害者が事件について知ることができるという、一見当たり前に聞こえるかもしれない犯罪被害者の権利が実現したのは、ほんの20年前くらいのことだったのである。

2000年には、犯罪被害者保護のための2法が成立した。「刑事訴訟法及び検察審査会法の一部を改正する法律」および「犯罪被害者等の保護を図るための刑事手続に付随する措置に関する法律」である。これらの法律により、ついに犯罪被害者の刑事司法手続きへの参加をはじめとする様々な犯罪被害者の権利が認められた。犯罪被害者が司法手続きの中に「存在」できるようになった瞬間であった。

2004年には「犯罪被害者等基本法」が制定された。これは犯罪被害者やその遺族の個人の尊厳が重んじられ、その尊厳にふさわしい処遇を保証される権利を持つことを基本理念としている。このようにして、かつては「忘れられた存在」であった犯罪被害者が、自らが被害にあった事件についての情報を得ることができ、司法手続きに参加することができるようになった。同時に、国が犯罪被害者にきちんと向き合う姿勢を示すように

**犯罪被害者に寄り添うことが大切**

犯罪被害者にはカウンセラーなどによる専門的な支援だけでなく、国民ひとりひとりが寄り添うことが大切である。

なっていったのである。

## 犯罪被害者非難が生じる理由

犯罪被害者等基本法6条では、国民の被害者理解の必要性が明言されている。しかし、実際には、犯罪被害者やその遺族に対する非難や誹謗中傷、責任転嫁などの意見がみられることがある。このような被害者非難が生じる背後には認知バイアスが存在することがわかっている。

犯罪被害者を非難する心理を説明する理論として、防衛的帰属理論が挙げられる。防衛的帰属理論では、人は自己の心理的な安定を維持しようとするという動機を持っていることを仮定している。そして、そのような動機のために被害者非難が生じると説明している。アメリカの社会心理学者ケリー・シェーバーは、被害者非難が生じるかどうかは犯罪被害者との類似性、すなわち、状況的類似性と個人的類似性によって決まると説明している。状況的類似性は、被害者に起きた状況が自分にも起こり得るかどうか、個人的類似性は、被害者と自分の個人的特徴（年齢、性別、性格、趣味など）がどのくらい似ているかである。被害者に起きた事件が自分には起こりそうにない場合、たとえば、有名政治家が暗殺されたような場合には、人は合理的な判断ができる。しかし、一般市民が夜道で襲われたといった、自分も被害者になりうるような事件では、責任帰属のバイアスが生じる。もし、自分も被害者になる可能性があり、被害者と自分が似ていると考えた場合には、「自分も事件に遭う可能性を排除できない」と考え、被害者への責任帰属は小さくなる。しかし、自分と被害者が似ていないと考えた場合には、「自分は被害者とは違う行動をするから事件に遭わない」と考えて、被害者への責任帰属は大きくなり、結果として被害者非難につながると考えられる。

被害者非難についての他の説明としては、公正世界信念仮説による説明がある（➡39）。公正世界信念仮説では、人々が「この世の中は、報酬を得るに値する人が報酬を得て、罰を受けるに値する人が罰を受けるよ

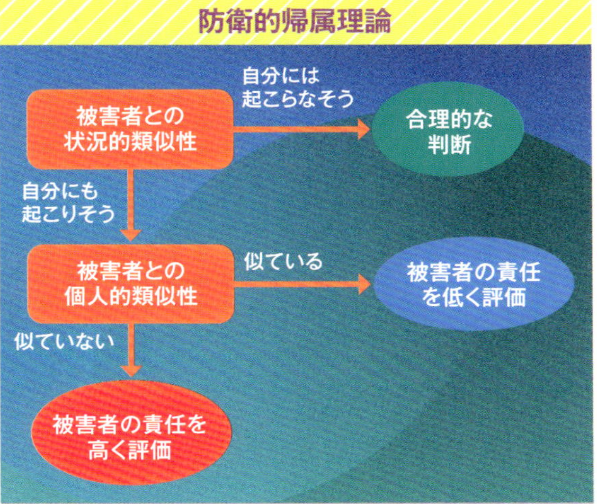


被害者に起きた事件が、状況的に自分にも起こりそうで、かつ被害者と自分が似ていないと考えた場合に、「自分は被害者のような行動をしないから大丈夫だ」と思いたいため、被害者非難が生じる。

うな公正な場所である」という信念を持ちたいという欲求があることを前提としている。このような信念を持つ理由としては、「正しいことをしたら報われる」と考えることで心の安定を得ることができるためである。被害者がひどい目に遭ったとき、もしもその被害者に何の落ち度もなければ、そのような公正世界信念が脅かされることになる。しかし、その被害者について「報いを受けてしかるべき人である」と考えた場合には、公正世界信念が脅かされることはない。防衛的帰属理論および公正世界信念仮説による説明では、まさに「自分は大丈夫だと思いたい」という動機が被害者非難の根源にあるといえる。

## 犯罪被害者理解に向けて

上述のように、犯罪被害者の実情を反映した施策により、犯罪被害者の法的地位は向上してきている。それは非常に喜ばしいものである。ただし、国や地方公共団体が動き出すだけでは不十分で、国民の被害者理解が不可欠である。心理学の分野で、被害者非難の心理の仕組みが明らかにできたなら、あるいは逆に被害者に寄り添おうとする心理の仕組みを明らかにできたなら、被害者が「二度」苦しむことのない社会が実現できるかもしれない。すなわち、国民の心理に即した犯罪被害者理解のための具体的かつ現実的な施策が提言されるかもしれない。　（新岡陽光）

# 被害者遺族に心理ケアを

Keywords
被害者遺族
トラウマ
PTSD
グリーフケア
死別反応

愛する誰かを喪う哀しみは言葉にならないくらいつらいものである。寿命を全うし、病院のベッドの上で最期を家族が看取る死別でさえ、遺された者の悲しみは計り知れない。ましてや犯罪により親愛なる者を殺された遺族の場合、その別れに際して独特の苦悩が伴い、通常の死別反応とは異なる様々な症状がひき起こされる。

被害者への視線はもともと犯罪学のなかで生まれた。犯罪発生における被害者側の責任性を追求することが初期の目的であった。しかし、「被害者にも非があった」と責めるような潮流は次第に消退し、被害者をどのように支援するかを前向きに議論する学問として被害者学は成熟する(➡48)。トラウマの概念やPTSDという診断名を得たことで、被害者学はその領域を拡大し、被害者の心理を明らかにしつつ、臨床的にその支援を考えるという研究テーマも勃興し始めた。ただし被害者遺族へのスポットはなかなか当たらず、研究知見も被害者本人に比較すると極めて少ないのが現状である。

## 複雑性悲嘆とPTSD

悲嘆とは大切な人が亡くなったことに伴い、遺された者に生じる哀しみの感情である。誰しもが経験することであり、悲嘆反応はそれ自体が異常ではない。死別後に感覚が麻痺したようになり、喜びも悲しみも感じられず、ただ目の前に降ってきた死別が信じられないことはよくある。気持ちが動揺して感情を抑えられずに涙があふれてしまったり、逆に死の原因に対して怒りを抑えられなかったりすることも珍しくはない。なかには、生き残っている自分自身を責めて、愛する者の死に対して本来ないはずの責任さえ感じてしまう遺族も少なくない。それが長く続き、悲しみの強度が通常範囲を超える場合、「複雑性悲嘆」と呼ばれることがある。悲嘆反応を長期化させる要因はいくつか提案されているが、突然の死別や犯罪被害による死別も当然含まれている。

被害者遺族に生じる精神的反応を悲嘆という観点からではなく、PTSDという「心的外傷」を原因としたストレス関連の精神疾患として捉える向きもある。PTSDの診断基準には、家族や親しい者が災害、暴力、事故などに巻き込まれたと知ることを発端として、①できごとを繰り返し思い出して苦しむ侵入症状、②できごとを意図的・無意図的に避けてしまう回避症状、③なにごとに対しても否定的になり、興味関心を失くし、幸せや喜びを感じられなくなる認知と気分の陰性変化、④睡眠障害や感覚過敏をひき起こす過覚醒状態という4つの中核症状が規定さ

## 被害者遺族に生じる心理反応と精神症状

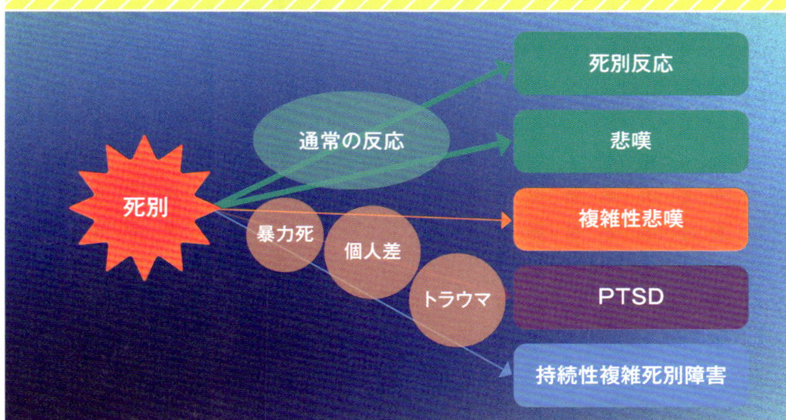


最愛の誰かと死別した場合、悲しいとか寂しいといった一般的な死別反応が生じるし、その感情を悲嘆と表現しても特に違和感はない。言うなれば、通常の心理反応である。しかし、死別が他殺、自死、事故などの「暴力死」であったり、遺族側に何らかの性格特性があったり、そしてその死別がトラウマ体験となったりした場合、複雑性悲嘆、PTSD、持続性複雑死別障害といった精神症状が生じることもある。複雑性悲嘆と臨床現場で呼ばれていた症状は正式な診断名とはならなかったが、持続性複雑死別障害という診断が最新のマニュアルに登載されたことで、被害者遺族の苦しみを語る「言葉」がまた1つ生まれている。

れている。かつての診断基準では、危うく死にそうになるなど、犯罪被害者本人は心的外傷を受けたと考えられるものの、その事実を知っただけの遺族にPTSDという診断をつけることに対して論争があった。しかし最新の診断基準では、遺族もトラウマを体験していることが定義上に含まれており、被害者遺族の抱える苦悩を表現する言葉の幅が拡がった。

いずれにせよ、病死を中心とした自然死ではなく、他殺、自死、事故死といった「暴力死」によって突然の予期せぬ死別を経験した被害者遺族たちは、心理に関する支援を要する者であることを重々肝に銘じておき、公認心理師などの専門家はそのこころのケアにあたるための専門性を磨いておく必要がある。

## グリーフケアと喪の作業

最愛の人との死別は遺族に様々な反応をひき起こす。ただし死別から回復していくプロセスには、個人差こそあるものの一定の流れがある。愛する人の死を受け容れられず、悲しみに明け暮れるショック期には、生前の思い出に耽ったり、まるでその人が生きているかのように感じたりする。しかし現実には二度と逢えないこともわかっており、何をしていても意味が感じられない空虚な想いに駆られる。こうした思考を繰り返していると、社会生活から隔離され孤立しているように思い始め、周囲との間に心理的な壁を感じるようになる。すると、実際の生活でも他者とコミュニケーションを取ることが億劫になり、次第にひきこもりがちとなってくる。この生活をどの程度過ごすかは、本人の性格や周囲の環境によって異なる。一般的な回復プロセスでは、故人が還ってこないことを「頭とこころ」で引き受けられるようになり、社会生活への復帰が図られ始める。このプロセスを自分一人では進められない被害者遺族に対して、専門家が寄り添って気持ちや思考の整理を手伝い、回復へと伴走していく支援をグリーフケアあるいはグリーフカウンセリングと呼ぶ。

かつて精神分析学のフロイトは「喪の作業」という言葉で死別後の遺族

にとって必要なプロセスを示唆した。そこでは、悲しみを十分に悲しめないでいると後に精神的な適応が破綻する危険性が指摘された。その意味でグリーフケアは、遺族における一般的な喪の作業プロセスが大きく道を外れないように見守る支援ということもできる。ただし、複雑性悲嘆やPTSDという精神症状が輻輳的に遺族の苦悩を高め、回復プロセスを停滞させていることがある。そういった場合、遺族自身のレジリアンスに任せるだけではなく、なんらかの専門的なサポートが効果的なこともある。たとえば、故人が無残な姿で殺された死別において、遺された者にご遺体をみせることは極度のショックをもたらし、遺族の適応を崩しかねないと考えるのは一般的であろう。しかしながら、暴力死によって愛する身内を喪った被害者遺族に調査を行った研究では、司法解剖後の遺体と再会した遺族ほど、PTSD症状が軽減していたという結果が報告されている（遺体との再会に際し、法医学者は当然エンバーミングによって解剖後の遺体を可能な限り修復していることは言うまでもない）。暴力死による突然の予期しない死別では十分に別れの儀式をすることが難しく、その意味で、「最期の瞬間」をしっかりとまぶたに刻んでおくことがかえって喪の作業を進める上で貢献するのかもしれない。

**司法解剖後の再会**

解剖後の遺体と接見させることは遺族のショックを考えるとなかなか難しい問題である。しかし、なかにはエンバーミングを施した後、遺体と最期の別れをすることが遺族の適応を高めるという調査結果もある。もしかすると、前向きな気持ちになったとき、最期の瞬間をこころに焼き付けていると、別れがきちんと思い出されて、次のステップへと踏み出せるのかもしれない。逆に、最期の別れを体験していないと、過去の記憶に縛られたり、次第に記憶がボヤけてきたりして、前に向かって生活を立て直せないのかもしれない。

犯罪被害者本人と違い、被害者遺族はこれまで犯罪心理学において大きく取り沙汰されることがなかった。被害者学でさえそうなのである。しかし、犯罪被害に遭った者だけでなく、犯罪被害により愛する者を奪われた遺族に対しても心理学が貢献できることはある。犯罪被害を研究の射程に置く広い意味での犯罪心理学にも強く期待したい。（緒方康介）

50

# 司法・犯罪心理学のこれから

Keywords
矯正処遇
多様化
セントラルエイト
犯罪予測
AI

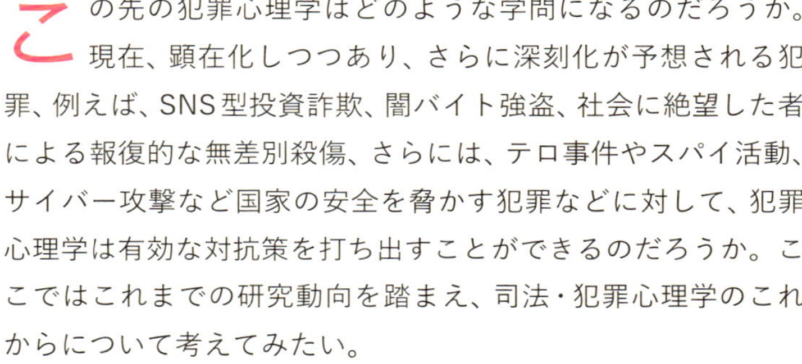

この先の犯罪心理学はどのような学問になるのだろうか。現在、顕在化しつつあり、さらに深刻化が予想される犯罪、例えば、SNS型投資詐欺、闇バイト強盗、社会に絶望した者による報復的な無差別殺傷、さらには、テロ事件やスパイ活動、サイバー攻撃など国家の安全を脅かす犯罪などに対して、犯罪心理学は有効な対抗策を打ち出すことができるのだろうか。ここではこれまでの研究動向を踏まえ、司法・犯罪心理学のこれからについて考えてみたい。

## 犯罪心理学の研究テーマは多様化

日本における犯罪心理学の伝統的な研究課題として、犯罪者の資質解明と矯正処遇（再犯防止）の2つがある。日本犯罪心理学会の母体が、法務省職員を中心にした矯正心理研究会であることを考えると、矯正処遇に関する研究が中核をなしてきたのは当然のことといえる。そのことは、大阪公立大学の緒方康介によっても裏付けられている。緒方は、日本犯罪心理学会の『犯罪心理学研究』誌に掲載された50年間の論文タイトル（1963年の創刊号から2013年の第50巻までの計403本）をテキストマイニングで定量的に分析した。その結果、創刊からの30年間は、「矯正処遇技術」「集団心理療法」「受刑者」など矯正処遇に関連するキーワードが頻出しており、矯正処遇が中核的テーマであったことを裏付けている。

しかし、1992年以降、矯正処遇に関連するキーワードは減少し、「中学生」や「問題行動」など、一般人の逸脱行動に関連する

**日本犯罪心理学会『犯罪心理学研究』の論文タイトル50年間の頻出キーワードの変遷**

| | 1963～1974年<br>1～10巻 | | 1975～1983年<br>11～20巻 | | 1984～1992年<br>21～30巻 | | 1993～2002年<br>31～40巻 | | 2003～2013年<br>41～50巻 | |
|---|---|---|---|---|---|---|---|---|---|---|
| 1位 | 非行 | 32% | 非行 | 35% | 少年 | 21% | 非行 | 38% | 影響 | 24% |
| 2位 | 研究 | 23% | 研究 | 21% | 研究 | 17% | 犯罪 | 14% | 少年 | 18% |
| 3位 | 中心 | 11% | 施設 | 10% | 性 | 14% | 検討 | 14% | 検討 | 14% |
| 4位 | 少年 | 7% | 犯罪 | 10% | 分析 | 11% | 研究 | 9% | 関連 | 12% |
| 5位 | 犯罪 | 7% | 集団心理療法 | 8% | 非 | 10% | 要因 | 9% | 研究 | 11% |
| 6位 | 性 | 7% | 受刑者 | 8% | 犯 | 8% | 性 | 8% | 中学生 | 9% |
| 7位 | 問題 | 6% | 分析 | 8% | 役割 | 6% | 理解 | 6% | 効果 | 5% |
| 8位 | 矯正処遇技術 | 4% | 女性 | 6% | 危機理論研究ノート | 5% | 反応 | 6% | 犯罪 | 5% |
| 9位 | 体系化 | 4% | 負 | 6% | 意識 | 5% | 特徴 | 6% | 非行 | 5% |
| 10位 | 処遇 | 4% | 情緒 | 6% | 受刑者 | 5% | 関係 | 6% | 比較 | 5% |

緒方（2015）を基に作成

キーワードなどが増えている。こうしたキーワードの変遷から、緒方は犯罪心理学の研究テーマが次第に多様化してきていると論じている。

そもそも、犯罪には、様々な罪種が存在する。さらには、社会や経済、テクノロジーの発展、それに伴う生活環境の変化により、特殊詐欺やサイバー犯罪といった新たな犯罪も生まれている。これらの新たな犯罪に対抗するためには、犯罪心理学の研究も必然的に多様化せざるを得ない。実際に、法政大学の越智啓太によるサイバー犯罪や情報セキュリティの研究や、福岡大学の大上渉によるテロ事件やスパイ活動の研究、東洋大学の桐生正幸による高齢者によるストーカー犯罪の研究などのように、これまでにない罪種を取り上げた研究も登場している。

## 多様化の先には「統合」が必要

学問の発展に伴い、研究対象が多様化していくことは、犯罪心理学に限った特殊な傾向ではない。あらゆる学問は発展し高度化するにつれて、細分化・専門化の道をたどる運命にあると、著名な経営学者のピーター・ドラッカーも述べている。

しかし、研究対象の多様化が必ずしも明るい未来をもたらすとは限らない。犯罪心理学と研究事情がよく似た学問に看護学がある。医療人類学者の磯野真穂によると、看護学では研究対象が、看護領域内の特定の疾患に限定される傾向がある。その結果、統合という視点を欠いたまま、疾患ごとに新たな知見が生み出されており、このままでは学問の発展性が失われかねないと鋭く指摘している。つまり、研究の細分化や専門化は、様々な対象への理解を深化させる一方で、分野を越えた包括的な説明を困難にし、結果として学問の発展を妨げる可能性がある。

したがって、今後の犯罪心理学には、新たな犯罪に関する研究と並行して、各分野の専門的知見を統合する取り組みが求められるだろう。例えば、犯罪リスク分析では、犯罪心理学のみならず、犯罪社会学の知見も統合した「セントラルエイト」の概念がよく知られている(➡36)。セントラルエイトとは犯罪や再犯の原因となる8つのリスク要因であり、過去の犯罪歴や反社会的認知、不良交友関係、学校・職場上での問題などが含まれている。今後、犯罪心理学の研究知見の統合を進める上で、方法論のモデルとなるだろう。

また、越智は、連続殺人や放火、強姦など様々な罪種を対象にした犯罪者プロファイリングの研究から、罪種を問わず、「道具的—表出的」次元と「衝動的—計画的」次元の2つの次元が共通して抽出される傾向があることを指摘している。これらの次元は犯罪行動の背景にある普遍的要因という見方もできる。したがって、これまでにない新たな犯罪が生まれても、その背景的構造を理解する際の出発点や枠組みとして機能する可能性がある。

## AI時代における犯罪心理学の存在意義

最後に、AIの活用がますます進む時代における犯罪心理学の在り方についても述べておきたい。世界各国で、ビッグデータとAIが犯罪予測や不審者検出などの治安対策に活用されている。これにより、犯罪事象に関する隠れた規則性や関連性などが見出され、人間の能力を越えた高い

## ビッグデータとAIを活用した犯罪予測のイメージ

AIによる犯罪予測は、すでに本格的な運用が始まっている。このイメージ図では、高い確度で犯罪発生が予想される地域が赤く表示されている。

精度の予測や検出が可能になるといわれている。すでに欧米や中国などでは本格的に運用されており、犯罪予測では、PredPol社の「PredPol」やIBM社の「Blue CRUSH」、Singular Perturbations社の「CRIME NABI」などが知られている。不審者検出では、エルシス社による「DEFENDER-X」や、中国政府の「天網工程」などがある。このように治安対策にAIが普及していくと、犯罪心理学の存在意義が問われるかもしれない。

しかし、AIが普及する時代においても犯罪心理学は重要な役割を果たし続けるだろう。実際、犯罪予測AIの中には、犯罪心理学や環境犯罪学の理論に基づいたものが多い。その中でもよく利用される理論が「近接反復被害の法則」である。近接反復被害の法則とは、ある場所で犯罪が発生すると、その近隣で再び犯罪が起こる現象を指し、犯罪予測における基本的な考え方とされている。犯罪予測AIの中には、こうした理論を数理モデル化し（例：「PredPol」や「CRIME NABI」）、さらに過去の犯罪情報（罪種や発生した場所、時間帯）や、天候、飲食店、酒類販売店の場所などの地域情報を組み合わせて、犯罪が起こる場所や日時を予測している。このような犯罪予測に基づき、予防的かつ先制的に行われる警察活動を犯罪予測警察活動という。今後の犯罪心理学は、AIによる治安対策の基礎となる理論を提供する重要な役割も担っていくだろう。　（大上　渉）

# 参考文献・図表出典


01 Bonta, J., & Andrews, D. A. (2017). *The psychology of criminal conduct* (6th ed.) New York: Routledge. (ボンタ, J. アンドリュース, D. A.　原田隆之 (訳) (2018). 犯罪行動の心理学〔原著第6版〕 北大路書房)

Engel, G. L. (1977). The need for a new medical model: A challenge for biomedicine. *Science*, 196, 129-136.

福島章 (1982). 犯罪心理学入門　中央公論社

福島章 (2008). 犯罪心理学——いったい何が, 人を犯罪に走らせるのか？　PHP研究所

一般財団法人日本心理研修センター (監修) (2018). 公認心理師現任者講習会テキスト (2018年版)　金剛出版

菊池武剋 (2011). 日本における犯罪心理学研究の歴史的動向——『犯罪心理学研究』誌を中心として. 犯罪心理学研究, 50周年記念特集号, 105-117.

小宮信夫 (2013). 犯罪は予測できる　新潮社

松本良枝 (2004). 矯正心理学と矯正処遇. 犬塚石夫・松本良枝・進藤眸 (編) 矯正心理学——犯罪・非行からの回復を目指す心理学　上巻理論編 (pp.55-89)　東京法令出版

森丈弓 (2017). 犯罪心理学——再犯防止とリスクアセスメントの科学　ナカニシヤ出版

中西信男 (2002). 犯罪心理学. 古畑和孝・岡隆 (編) 社会心理学小辞典 (増補版) (pp.198-199)　有斐閣

越智啓太 (2005). 犯罪心理学の対象とその展望. 越智啓太 (編) 犯罪心理学 (pp.1-8)　朝倉書店

越智啓太 (2010). 犯罪捜査の心理学の現在と今後 (日本の心理学　これまでとこれから). 心理学ワールド, 51, 21-24.

緒方康介 (2019). 犯罪心理学者の研究は実務から離脱しても可能か?——科学者実践家を対象にした計量書誌学的分析. 犯罪心理学研究, 56 (2), 15-25.

緒方康介 (2015). テキストマイニングを用いた『犯罪心理学研究』の論題分析——半世紀にわたる変遷と領域の多様化. 犯罪心理学研究, 53 (1), 37-48.

大渕憲一 (2006). 種々の犯罪心理学. 大渕憲一　心理学の世界　専門編4 犯罪心理学——犯罪の原因をどこに求めるのか (pp.37-40)　培風館

Sammons, A., & Putwain, D. (2018). *Psychology and crime*. New York: Routledge.

生島浩 (2019). 司法・犯罪分野の概要. 野島一彦 (監修) 生島浩 (編著) 司法・犯罪分野　理論と支援の展開 (pp.18-43)　創元社

寺村堅志 (2019). 犯罪・非行の心理アセスメント. 岡本吉生 (編) 司法・犯罪心理学 (公認心理師の基礎と実践19) (pp.39-50)　遠見書房

渡辺昭一 (2004). 心理学と犯罪捜査のかかわり. 渡辺昭一 (編) 捜査心理学 (pp.1-6)　北大路書房

Wilson, P. (2013). Introduction. In J. Clarke & P. Wilson (Eds.). *Forensic Psychology in Practice: A Practitioner's Handbook* (pp.1-11). Hampshire: Palgrave Macmillan.

02 Durkheim, E. (1897). *Le Suicide: Etude de Sociologie*. Paris: Félix Alcan (デュルケーム, E.　宮島喬 (訳) (2018). 自殺論〔改版〕 中央公論社)

原田豊 (2014). 犯罪・非行. 一般財団法人社会調査協会 (編) 社会調査事典 (pp.392-395)　丸善出版

Hirschi, T. (1969). *Causes of delinquency*. Berkeley: University of California Press. (森田洋司・清水新二 (監訳) (1995). 非行の原因——家庭・学校・社会へのつながりを求めて　文化書房博文社)

飯柴政次 (1990). 組織犯罪対策マニュアル——変貌する暴力団にいかに対処するか　有斐閣

実話時代 (2013). 5代目工藤会平成二十五年度「事始式」『疾風不退』で臨む　実話時代2013年2月号, 12-19.

小宮信夫 (2013). 犯罪は予測できる　新潮社

久米郁男 (2013). 原因を推論する——政治分析方法論のすゝめ　有斐閣

丸秀康 (2009). 犯罪学の始まり. 矢島正見・丸秀康・山本功 (編著) よくわかる犯罪社会学〔改訂版〕 (pp.107-118)　学陽書房

Merton, R. (1957). *Social theory and Social structure*. New York: Free Press. (森東吾・森好夫・金沢実・中島竜太郎 (訳) (1961). 社会理論と社会構造　みすず書房)

岡邊健 (2017). 社会学的要因. 岡本英生・松原英世・岡邊健　犯罪学リテラシー (pp.15-37)　法律文化社

大渕憲一 (2006). 犯罪心理学——犯罪の原因をどこに求めるのか　培風館

Sutherland, E. H. (1939). *Principles of criminology*. Chicago: Lippincott.

鈴木國文 (1998). 思春期・青年期の自殺と学校家庭. 大森健一 (編) 家庭・学校・職場・地域の精神保健 (臨床精神医学講座18) (pp.198-210)　中山書店

03 Anderson, C. A. & Bushman, B. J. (2002). Human aggression. *Annual Review of Psychology*, 53, 27-51.

Krug, E, G., Dahlberg, L. L., Mercy, J, A., Zwi, A. B. & Lozano, R. (2002). *World report on violence and health*. Geneva: World Health Organization.

大渕憲一 (1993). 人を傷つける心——攻撃性の社会心理学　サイエンス社

Raine, A., Meloy, J. R., Bihrle, S., Stoddard, J., LaCasse, L., & Buchsbaum, M. S. (1998). Reduced Prefrontal and Increased Subcortical Brain Functioning Assessed Using Positron Emission Tomography in Predatory and Affective Murderers. *Behavioral Sciences and the Law*, 16, 319-32.

Richetin, J., Richardson, D. S., & Mason, G. D. (2010). Predictive validity of IAT aggressiveness in the context of provocation. *Social Psychology*, 41 (1), 27-34.

Snowden, R. J., Gray, N. S., Smith, J., Morris, M., & MacCulloch, M. J. (2004). Implicit affective associations to violence in psychopathic murderers. *The Journal of Forensic Psychiatry & Psychology*, 15, 620-641.

United Nations Office on Drugs and Crime. [UNODC] (2019). *Global study on homicide*. Vienna: UNODC.

World report on violence and health　p.10　Table1.2

04 阿部修士 (2017). 意思決定の心理学——脳とこころの傾向と対策　講談社

安藤俊介 (2008). アンガー・マネジメント——アメリカ・エグゼクティブの間で爆発的に普及！　イライラ, ムカムカを一瞬で変える技術　大和出版

Edelstein, M. R.&Steele, D. R. (1997) . *Three Minute Therapy: Change Your Thinking, Change Your Life*. Glenbridge Pub. (エデルシュタイン, M.R. スティール, D.R. 城戸善一 (監訳) (2005). 論理療法による3分間セラピー——考え方し

だいで，悩みが消える　誠信書房）
柿木隆介（2017）．ヒトの怒りの脳科学．体育の科学，67（8），525-529.
大渕憲一（2000）．攻撃と暴力——なぜ人は傷つけるのか　丸善出版
05 Buckels, E. E., Jones, D. N., & Paulhus, D. L. (2013). Behavioral confirmation of everyday sadism. *Psychological Science*, 24 (11), 2201-2209.
D'Souza, M. F., Lima, G. A., Jones, D. N., & Carre, J. R. (2019). Do I win, does the company win, or do we both win? Moderate traits of the Dark Triad and profit maximization. *Revista Contabilidade & Finanças*, 30, 123-138.
Furnham, A., Richards, S. C., & Paulhus, D. L. (2013). The dark triad of personality: A 10 year review. *Social and Personality Psychology Compass*, 7, 199-216.
McHoskey, J. W., Worzel, W., & Szyarto, C. (1998). Machiavellianism and Psychopathy. *Journal of Personality and Social Psychology*, 74 (1), 192-210.
Miller, J. D., Brittany, A. D., Wilson, L., Pryor, L. R., & Campbell, W. K. (2010). Searching for a vulnerable dark triad: Comparing factor 2 psychopathy, vulnerable narcissism, and borderline personality disorder. *Journal of Personality*, 78 (5), 1529-1564.
Paulhus, D. L., & Williams, K. M. (2002). The dark triad of personality: Narcissism, Machiavellianism, and psychopathy. *Journal of Research in Personality*, 36, 556-563.
田村紋女・小塩真司・田中圭介・増井啓太・ジョナソン・ピーターカール（2015）．日本語版Dark Triad Dirty Dozen（DTDD-J）作成の試み　パーソナリティ研究，24（1），26-37.
V. Zeigler-Hill & D. K. Marcus (Eds.) (2016). *The dark side of personality: Science and practice in social, personality, and clinical psychology*. Washington, DC: American Psychological Association.
06 Baumeister, R. F., Campbell, J. D., Krueger, J. I., & Vohs, K. D. (2003). Does high self-esteem cause better performance, interpersonal success, happiness, or healthier lifestyles ? *Psychological science in the public interest*, 4, 1-44.
Bonta, J., & Andrews, D. A. (2017). *The psychology of criminal conduct* (6th ed.) New York: Routledge.（ボンタ，J. アンドリュース，D. A.　原田隆之（訳）（2018）．犯罪行動の心理学〔原著第6版〕　北大路書房）
Gendreau, P., Little, T., & Goggin, C. (1996). A meta-analysis of the predictors of adult offender recidivism: What works! *Criminology*, 34, 575-608.
原田隆之（2015）．入門 犯罪心理学　筑摩書房
Olver, M. E., Stockdale, K. C., & Wormith, J. S. (2014). Thirty years of research on the level of service scales: A meta-analytic examination of predictive accuracy and sources of variability. *Psychological Assessment*, 26, 156-176.
Prins, S. J., & Reich, A. (2021). Criminogenic risk assessment: A meta-review and critical analysis. *Punishment & society*, 23, 578-604.
07 Brennan, P. A., Grekin, E. R., & Mednick, S. A. (1999). Maternal smoking during pregnancy and adult male criminal outcomes. *Archives of general psychiatry*, 56 (3), 215-219.
Hibbeln, J. R., Nieminen, L. R., & Lands, W. E. (2004). Increasing homicide rates and linoleic acid consumption among five Western countries, 1961-2000. *Lipids*, 39 (12), 1207-1213.
Iribarren, C., Markovitz, J. H., Jacobs, D. R., Schreiner, P. J., Daviglus, M., & Hibbeln, J. R. (2004). Dietary intake of n-3, n-6 fatty acids and fish: Relationship with hostility in young adults—the CARDIA study. *European Journal of Clinical Nutrition*, 58 (1), 24-31.
Moore, S. C., Carter, L. M., & van Goozen, S. (2009). Confectionery consumption in childhood and adult violence. *The British Journal of Psychiatry*, 195 (4), 366-367.
08 Kahneman, D., & Tversky, A. (1979). Prospect theory: An analysis of decision under risk. *Econometrica*, 47 (2), 263-291.
Lichtenstein, S., Slovic, P., Fischhoff, B., Layman, M., & Combs, B. (1978). Judged frequency of lethal events. *Journal of Experimental Psychology: Human Learning and Memory*, 4, 551-578.
中谷内一也（2012）．リスクの社会心理学——人間の理解と信頼の構築に向けて　有斐閣
中谷内一也・島田貴仁（2008）．犯罪リスク認知に関する一般人-専門家間比較——学生と警察官の犯罪発生頻度評価．社会心理学研究，24（1），34-44.
竹村和久（2006）．リスク社会における判断と意思決定．認知科学，13（1），17-31.
Weinstein, N. D. (1989). Optimistic biases about personal risks. *Science*, 246, 1232-1233.
09 Festinger, L. (1950). Informal social communication. *Psychological Review*, 57 (5), 271-282.
Gerbner, G., & Gross, L. (1976). Living with television: The violence profile. *Journal of Communication*, 26, 172-199.
Gerbner, G., Gross, L., Eleey, M. F., Jackson-Beeck, M., Jeffries-Fox, S., & Signorielli, N. (1977). TV violence profile No. 8: The highlights. *Journal of Communication*, 27, 171-180.
Gerbner, G., Gross, L., Jackson-Beeck, M., Jeffries-Fox, S., & Signorielli, N. (1978). Cultural indicators: Violence profile No. 9. *Journal of Communication*, 28, 176-207.
Gerbner, G., Gross, L., Morgan, M., & Signorelli, N. Jackson-Beeck, M. (1979). The demonstration of power: Violence profile No.10. *Journal of Communication*, 29, 177-196.
Tyler, T. R. (1984). Assessing the risk of crime victimization: The integration of personal victimization experience and socially transmitted information. *Journal of Social Issues*, 40, 27-38.
Tyler, T. R. & Cook, F. L. (1984). The mass media and judgments of risk: Distinguishing impact on personal

and societal level judgments. *Journal of Personality and Social Psychology*, 47, 693–708.

10 Clarke, R. V. (ed.) (1997). *Situational crime prevention:Successful Case Studies* (2nd ed.), Criminal Justice Press.

Cozens, P., & Love, T. (2015). A review and current status of crime prevention through environmental design (CPTED). *Journal of Planning Literature*, 30 (4), 393–412.

Newman, O. (1972). *Defensible space* (p.264). New York: Macmillan.

Jeffery, C. R. (1971). *Crime prevention through environmental design*. SAGE.

11 Bennett, T., Holloway, K., & Farrington, D. P. (2006). Does neighborhood watch reduce crime? A systematic review and meta-analysis. *Journal of Experimental Criminology*, 2, 437–458.

小俣謙二・島田貴仁 (2011). 犯罪と市民の心理学——犯罪リスクに社会はどうかかわるか　北大路書房

Putnam. R. D. (2000). *Bowling alone: The collapse and revival of American community*. New York: Simon & Schuster.

Rosenfeld, R., Messner, S. F., & Baumer, E. P. (2001). Social capital and homicide. *Social Forces*, 80, 283–309.

Sampson, R. J., Raudenbush, S. W., & Earls, F. (1997). Neighborhoods and violent crime: A multilevel study of collective efficacy. *Science*, 277, 918–924.

島田貴仁(2009). 集合的効力感が住宅侵入盗被害に与える影響. 日本社会心理学会第50回大会・日本グループ・ダイナミックス学会第56回大会合同大会発表論文集, 92–93.

高木大資・辻竜平・池田謙一 (2010). 地域コミュニティにおける犯罪抑制——地域内の社会関係資本および協力行動に焦点を当てて. 社会心理学研究, 26, 36–45.

12 犯罪対策閣僚会議 (2008). 犯罪に強い社会の実現のための行動計画2008 ——「世界一安全な国, 日本」の復活を目指して

警察庁 (2019). 自主防犯活動を行う地域住民・ボランティア団体の活動状況について　https://www.npa.go.jp/safetylife/seianki55/news/doc/ 20190311.pdf

Lab, S. P. (2010). *Crime prevention: Approaches, practices and evaluation. 7th ed.* NJ: Matthews Bender & Company.

小俣謙二・島田貴仁 (2011a). 犯罪と市民の心理学——犯罪リスクに社会はどうかかわるか　北大路書房

小俣謙二・芝田征司・浅川達人・羽生和紀・原田章・島田貴仁 (2011b).「無理のない, 持続可能な防犯活動を実現するための提言」 独立行政法人科学技術振興機構　http://www.skre.jp/nc2/index.php?key=mue1a1sp0-40# _40

13 深田博己 (2002). 説得心理学ハンドブック——説得コミュニケーション研究の最前線　北大路書房

警察庁 (2019). 平成30年の刑法犯に関する統計資料　警察庁　https://www.npa.go.jp/toukei/seianki/H30/h30keihouhantoukeisiryou.pdf

Petty, R. E., & Cacioppo, J, T. (1986). *Communication and persuasion: Central and peripheral routes to attitude change*. New York: Springer.

島田貴仁・荒井崇史 (2012). 犯罪情報と対処行動の効果性が犯罪対処行動意図に与える影響. 心理学研究, 82 (6), 523-531.

島田貴仁・荒井崇史 (2017). 脅威アピールでの被害の記述と受け手の脆弱性が犯罪予防行動に与える影響. 心理学研究, 88 (3), 230-240.

14 浜井浩一 (2013). 警察統計. 浜井浩一 (編) 犯罪統計入門 (第2版)　日本評論社

Martinson, R. (1974). What works? Questions and answers about prison reform. *The public interest*, 35 (2), 22–54.

Pratto, T. C., Cullen, F. T., Blevins, K. R., Daigle, L. E., & Madensen, T. D. (2008). The Empirical Status of Deterrence Theory: A Meta-Analysis. In F. T. Cullen, J. P. Wright, & K. R. Blevins (Eds.). *Taking Stock: The Status of Criminological Theory* (Advances in Criminological Theory Volume 15) (pp.367-395). New Jersey: New Brunswick.

津富宏 (1990). 抑止理論およびラベリング理論の検証—— An Empirical Test of Deterrence and Labeling Theories LISRELを用いて. 理論と方法, 5 (2), 73–90.

15 青木康博 (2019). 法病理学講義ノート　2019年度版　名古屋市立大学大学院医学研究科法医学分野　Retrieved from http://www.med.nagoya-cu.ac.jp/legal.dir/lectures/newest/lecturenotes.pdf (2020年2月29日閲覧).

Grossman, D. (1995). *On killing: The psychological cost of learning to kill in war and society*. New York: Baror International. (グロスマン, D.　安原和見 (訳) (2004). 戦争における「人殺し」の心理学　筑摩書房)

岩瀬博太郎・石原憲治 (2017). 隠された真相を暴け! クイズなるほどthe法医学　金芳堂

久保正行 (2019). 警察官という生き方　イースト・プレス

三沢明彦 (2009). 捜査一課秘録　新潮社

佐々淳行 (1999). 日本の警察——「安全神話」は終わったか　PHP

薩美由貴・池上聖次郎 (1997). 殺人捜査本部事件における加害者・被害者間の面識関係　科学警察研究所報告. 防犯少年編, 38 (2), 115-123.

澤井康生 (2013).「捜査本部」というすごい仕組み　マイナビ

渡辺博司・齋藤一之 (2010). (新訂) 死体の視かた　東京法令出版

16 Ramsland, K. M. (2007). *Inside the minds of healthcare serial killers: Why they kill*. Greenwood Publishing Group.

Yardley, E., & Wilson, D. (2014). In Search of the 'Angels of Death': Conceptualising the Contemporary Nurse Healthcare Serial Killer. *Journal of Investigative Psychology and Offender Profiling*, 13 (1), 39–55.

17 Harrison, M. A., Murphy, E. A., Ho, L. Y., Bowers, T. G., & Flaherty, C. V. (2015). Female serial killers in the United States: Means, motives, and makings. *The Journal of Forensic Psychiatry & Psychology*, 26 (3), 383–406.

Vronsky, P. (2007). *Female serial killers: How and why women become monsters*. Penguin.

18 Edwards, K. M., Gidycz, C. A., & Murphy, M. J. (2011). College women's stay/leave decisions in

abusive dating relationships: A prospective analysis of an expanded investment model. *Journal of Interpersonal Violence*, 26 (7), 1446–1462.

Rusbult, C. E. (1983). A longitudinal test of the investment model: The development (and deterioration) of satisfaction and commitment in heterosexual involvements. *Journal of Personality and Social Psychology*, 45 (1), 101–117.

Rusbult, C. E., & Martz, J. M. (1995). Remaining in an abusive relationship: An investment model analysis of nonvoluntary dependence. *Personality and Social Psychology Bulletin*, 21 (6), 558–571.

Rusbult, C. E., Martz, J. M., & Agnew, C. R. (1998). The investment model scale: Measuring commitment level, satisfaction level, quality of alternatives, and investment size. *Personal Relationships*, 5, 357–391.

Vagi, K. J., Rothman, E., Latzman, N. E., Tharp, A. T., Hall, D. M., & Breiding, M. J. (2013). Beyond correlates: A review of risk and protective factors for adolescent dating violence perpetration. *Journal of Youth and Adolescence*, 42, 633–649.

Walker, L. E. (1979). *The battered woman*. New York: Harpercollins.（ウォーカー, L. 斉藤学（監訳）(1997). バタードウーマン――虐待される妻たち　金剛出版）

19 Davis, K. E., Ace, A., & Andra, M. (2000). Stalking perpetrators and psychological maltreatment of partners: Anger-jealousy, attachment insecurity, need for control, and break-up context. *Violence and Victims*, 15, 407–425.

金政祐司・荒井崇史・島田貴仁・石田仁・山本功 (2018). 親密な関係破綻後のストーカー的行為のリスク要因に関する尺度作成とその予測力. 心理学研究, 89 (2), 160–170.

Mullen, P. E., Pathé, M., & Purcell, R. (2000). *Stalkers and their victims*. Cambridge: Cambridge University Press.（詫摩武俊（監訳）. 安岡真（訳）(2003). ストーカーの心理――治療と問題の解決に向けて　サイエンス社）

Mullen, P. E., Pathé, M., Purcell, R., & Stuart, G. W. (1999). Study of stalkers. *American Journal of Psychiatry*, 156, 1244–1249.

島田貴仁 (2017). 日本における若年女性のストーキング被害――被害者・加害者の関係と親密な関係者間暴力に注目して. 犯罪社会学研究, 42, 106–120.

城間益里・松井豊・島田貴仁 (2017). ストーキングに関する研究動向と課題. 筑波大学心理学研究, 54, 39–50.

警視庁HP　https://www.keishicho.metro.tokyo.jp/smph/kurashi/higai/dv/kiseho.html

20 American Psychiatric Association (2013). *Diagnostic and statistical manual of mental disorders* (DSM–5–TR). Washington, D.C.: APA.

Douglas, J. E., Burgess, A. W., Burgess, A. G., & Ressler, R. K. (1992). *Crime Classification Manual: A Standard System for Investigating and Classifying Violent Crimes*. NewYork: Lexington Books.

Kolko, D. (2002). *Handbook on firesetting in children and youth*. SanDiego: Academic Press.

中田修 (1977). 放火の犯罪心理　金剛出版

Ressler, R. K., Burgess, A. W., & Douglas, J. E. (1988). *Sexual Homicide: Patterns and Motives*. New York: Free Press.（レスラー, R. K. バージェス, A. W. ダグラス, J. E. 狩野秀之（訳）(1995). 快楽殺人の心理―― FBI心理分析官のノートより　講談社）

上野厚 (2000). 都市型放火犯罪――放火犯罪心理分析入門　立花書房

財津亘 (2016). テキストマイニングによる最近10年間の放火事件に関する動機の分類――単一放火と連続放火の比較. 犯罪心理学研究, 53, 29–41.

21 安部川元伸 (2011). 国際テロリズム101問（第二版）立花書房

深田博己 (2002). 恐怖感情と説得. 深田博己（編著）説得心理学ハンドブック――説得コミュニケーション研究の最前線 (pp.278–328)　北大路書房

福田州平. (2013). 第6講 批判的テロリズム研究の試み. GLOCOL ブックレット, 12, 62–72.

Hoffman, B. (1998). *Inside terrorism*. London: Weidenfeld & Nicolson.（ホフマン, B. 上野元美（訳）(1999). テロリズム――正義という名の邪悪な殺戮　原書房）

加藤朗 (2002). テロ――現代暴力論　中央公論新社

神﨑貴典 (2017). 我が国における国際テロの脅威. 国際テロ研究会（編）別冊治安フォーラム　国際テロリズムの潮流 (pp.95–104)　立花書房

Martin, G. (2017). *Understanding terrorism: Challenges, perspectives, and issues*. SAGE publications.

縄田健悟・山口裕幸 (2012). 集団間攻撃における集合的被害感の役割――日中関係による検討. 心理学研究, 83 (5), 489–495.

大上渉 (2013). 日本における国内テロ組織の犯行パターン. 心理学研究, 84 (3), 218–228.

Sadler, M. S., Lineberger, M., Correll, J., & Park, B. (2005). Emotions, attributions, and policy endorsement in response to the September 11th terrorist attacks. *Basic and Applied Social Psychology*, 27, 249–258.

Schmid, A. P., & Jongman, A. J. (2005). *Political Terrorism: A New Guide To Actors, Authors, Concepts, Data Bases, Theories, & Literature*. New Jersey: Transaction Publishers.

Silke, A. (2010). The psychology of counter-terrorism: Critical issues and challenges. In A. Silke (Ed.). *The psychology of counter-terrorism* (pp.1–18). Oxon: Routledge.

Thomas, E., Clift, E., & the Staff of Newsweek. (2005). *Election 2004: How Bush Won and What You Can Expect in the Future*. New York: PublicAffairs.

鶴ヶ崎怜之 (2017). 車両突入によるテロ―― "easy-to-use tools" が真の凶器となる脅威. 月刊 治安フォーラム, 23 (12), 2–12.

22 Anderson, M. (1994). Introduction. In T. R. Sarbin, R. M. Carney, & C. Eoyang (Eds.). *Citizen espionage: Studies in trust and betrayal* (pp.1–17). Westport, CT: Greenwood Publishing Group.

Andrew, C., & Mitrokhin, V. (2005). *The KGB and the World: The Mitrokhin Archive II*. London: Penguin Books.

Briggs, A. (2015). *How to Be an International Spy*. Lonely Planet Kids（ブリッグス, A. こどもくらぶ（訳）. (2016). スパイ学――国際スパイになるために　今人舎）

Burkett, R. (2013). An alternative framework for agent recruitment: From mice to rascls. *Studies in Intelligence*, 57(1), 7–17.

Cialdini, R. B. (2009). *Influence: Science and practice*. Boston, MA: Pearson Education.（チャルディーニ, R. B. 社会行動研究会（訳）(2014). 影響力の武器――なぜ、人は動かされるのか〔第3版〕 誠信書房）

外事事件研究会（2007）. 戦後の外事事件――スパイ・拉致・不正輸出　東京法令出版

小林良樹（2014）. インテリジェンスの基礎理論（第2版）立花書房

小谷賢（2012）. インテリジェンス――国家・組織は情報をいかに扱うべきか　筑摩書房

Lowenthal, M. M. (2009). *Intelligence: From secrets to policy, 4th edition*. Washington, DC : CQ press.（ローエンタール, M. M. 茂田宏（監訳）(2011). インテリジェンス――機密から政策へ　慶應義塾大学出版会）

大上渉（2017）. 日本においてロシア諜報機関に協力した情報提供者の類型化. 犯罪心理学研究, 55(1), 29–45.

大上渉（2019）. テロリズム・スパイ活動. 桐生正幸・板山昂・入山茂（編著）司法・犯罪心理学入門――捜査場面を踏まえた理論と実務（pp.166–183）　福村出版

榊博文（2002）. 説得と影響――交渉のための社会心理学　ブレーン出版

佐々淳行（2019）. 亡国スパイ秘録　文藝春秋

佐々淳行（1992）. 金日成閣下の無線機　読売新聞社

鈴木卓郎（1988）. 日本警察の解剖　講談社

竹内明（2009）. ドキュメント秘匿捜査――警視庁公安部スパイハンターの344日　講談社

海野弘（2007）. スパイの世界史　文藝春秋

読売新聞（1987）. "赤いスパイ"巧妙なワナ――資料程度から依頼　接触重ね「機密」に迫る　読売新聞1987年7月21日　東京朝刊, 27

読売新聞（2000）. 海自三佐スパイ事件　心の空白, 突かれ1年で忠実な協力者に　読売新聞2000年11月24日　東京朝刊, 39

**23** Garrett, B. L. (2011). *Convicting the innocent: Where criminal prosecutions go wrong*. Cambridge, MA: Harvard University Press.（ギャレット, B. L. 笹倉香奈・豊崎七絵・本庄武・徳永光（訳）(2014). 冤罪を生む構造――アメリカ雪冤事件の実証研究　日本評論社）

Horselenberg, R., Merckelbach, H., & Josephs, S. (2003). Individual differences and false confessions: A conceptual replication of Kassin and Kiechel (1996). *Psychology, Crime & Law*, 9, 1–8.

Innocence Project (n.d.). DNA Exonerations in the United States (1989–2020). Retrieved from https://www.innocenceproject.org/dna-exonerations-in-the-united-states/ (September 29, 2023).

Kassin, S. M., & Kiechel, K. L. (1996). The social psychology of false confessions: Compliance, internalization, and confabulation. *Psychological Science*, 7, 125–128.

Kassin, S. M., & Wrightsman, L. S. (1985). Confession evidence. In S. Kassin & L. Wrightsman (Eds.). *The psychology of evidence and trial procedure* (pp.67–94). Beverly Hills, CA: Sage.

**24** Ceci, S. J., & Bruck, M. (1993). Suggestibility of the child witness: A historical review and synthesis. *Psychological bulletin*, 113(3), 403–439.

Goodman, G. S., & Reed, R. S. (1986). Age differences in eyewitness testimony. *Law and Human Behavior*, 10 (4), 317–332.

Searcy, J. H., Bartlett, J. C., & Memon, A. (1999). Age differences in accuracy and choosing in eyewitness identification and face recognition. *Memory & cognition*, 27(3), 538–552.

**25** Lamb, M. E., Brown, D. A., Hershkowitz, I., Orbach, Y., & Esplin, P. W. (2018). *Tell me what happened: Questioning children about abuse* (2nd ed.). John Wiley & Sons.

Lamb, M. E., Orbach, Y., Sternberg, K. J., Aldridge, J. A. N., Pearson, S., Stewart, H. L., ... & Bowler, L. (2009). Use of a structured investigative protocol enhances the quality of investigative interviews with alleged victims of child sexual abuse in Britain. *Applied Cognitive Psychology*, 23, 449–467.

内閣府（2019）. 令和元年版「子供・若者白書」　日経印刷

仲真紀子（編著）(2016). 子どもへの司法面接――考え方・進め方とトレーニング　有斐閣

仲真紀子（2018）. 子どもの司法面接. 日本児童研究所（監修）児童心理学の進歩 2018年版 Vol.57, pp.25–50　金子書房

Waterman, A. H., Blades, M., & Spencer, C. (2000). Do children try to answer nonsensical questions? *British Journal of Developmental Psychology*, 18, 211–225.

**26** Dando, C., Wilcock, R., & Milne, R. (2009). The cognitive interview: The efficacy of a modified mental reinstatement of context procedure for frontline police investigators. *Applied Cognitive Psychology*, 23, 138–147.

Fisher, R. P., & Geiselman, R. E. (1992). *Memory-enhancing techniques for investigative interviewing: The cognitive interview*. Charles C Thomas Publisher.（フィッシャー, R. P. ガイゼルマン, R. E. 宮田洋（監訳）(2012). 認知面接――目撃者の記憶想起を促す心理学的テクニック　関西学院大学出版会）.

警視庁刑事局刑事企画課（2012）. 取調べ（基礎編）. Retrieved from https://www.npa.go.jp/sousa/kikaku/20121213/shiryou.pdf (2020年1月31日).

増田明香・和智妙子（2018）. 警察大学校における取調べ研修の効果――獲得情報量と発問技術について. 犯罪心理学研究, 56, 1–12.

Memon, A., Meissner, C. A., & Fraser, J. (2010). The Cognitive Interview: A meta-analytic review and study space analysis of the past 25 years. *Psychology, Public Policy, and Law*, 16, 340–372.

Milne, R., & Bull, R. (1999). *Investigative interviewing: Psychology and practice*. Chichester: John Wiley & Son.（ミルン, R. ブル, R. 原聰（編訳）(2003). 取調べの心理学――事実聴取のための捜査面接法　北大路書房）.

Milne, R., & Bull, R. (2002). Back to basics: A componential analysis of the original cognitive interview mnemonics with three age groups. *Applied Cognitive Psychology*, 16,

743-753.

Vredeveldt, A., Baddeley, A. D., & Hitch, G. J. (2014). The effectiveness of eye-closure in repeated interviews. *Legal and Criminological Psychology*, 19, 282-295.

27 DePaulo, B. M., Lindsay, J. J., Malone, B. E., Muhlenbruck, L., Charlton, K., & Cooper, H. (2003). Cues to deception. *Psychological Bulletin*, 129, 74-118.

The Global Deception Research Team. (2006). A world of lies. *Journal of cross-cultural psychology*, 37, 60-74.

Sporer, S. L. (1997). The less travelled road to truth: Verbal cues in deception detection in accounts of fabricated and self - experienced events. *Applied Cognitive Psychology*, 11, 373-397.

Steller, M., & Köhnken, G. (1989). Criteria-Based Content Analysis. In D. C. Raskin (Ed.). *Psychological methods in criminal investigation and evidence* (pp.217-245). New York: Springer.

Vrij, A. (2008). *Detecting lies and deceit: Pitfalls and opportunities* (2nd ed.). Chichester, UK: Wiley.（ヴレイ, A. 太幡直也・佐藤拓・菊地史倫（監訳）(2016). 嘘と欺瞞の心理学――対人関係から犯罪捜査まで　虚偽検出に関する真実　福村出版）.

Vrij, A., Leal, S., Granhag, P. A., Mann, S., Fisher, R. P., Hillman, J., & Sperry, K. (2009). Outsmarting the liars: The benefit of asking unanticipated questions. *Law and Human Behavior*, 33, 159-166.

Vrij, A., Mann, S. A., Fisher, R. P., Leal, S., Milne, R., & Bull, R. (2008). Increasing cognitive load to facilitate lie detection: The benefit of recalling an event in reverse order. *Law and Human Behavior*, 32, 253-265.

Vrij, A., Mann, S., Leal, S., & Fisher, R. (2010). 'Look into my eyes': Can an instruction to maintain eye contact facilitate lie detection? *Psychology, Crime & Law*, 16, 327-348.

28 廣田昭久・小川時洋・松田いづみ・高澤則美 (2009). 隠匿情報検査時に生じる自律神経系反応の生起機序モデル. 生理心理学と精神生理学, 27, 17-34.

Langleben, D. D., Schroeder, L., Maldjian, J. A., Gur, R. C., McDonald, S., Ragland, J. D., ... & Childress, A. R. (2002). Brain activity during simulated deception: An event-related functional magnetic resonance study. *Neuroimage*, 15, 727-732.

Lykken, D. T. (1960). The validity of the guilty knowledge technique: The effects of faking. *Journal of Applied Psychology*, 44, 258.

Niioka, K., Uga, M., Nagata, T., Tokuda, T., Dan, I., & Ochi, K. (2018). Cerebral hemodynamic response during concealment of information about a mock crime: Application of a general linear model with an adaptive hemodynamic response function. *Japanese Psychological Research*, 60, 311-326.

29 Salfati, C.G., & Canter, D. (1999). Differentiating stranger murders: Profiling offender characteristics from behavioral styles. *Behavioral Sciences and the Law*, 17 (3), 391-406.

30 Ressler, R.K., & Shachtman, T. (1992). *Whoever Fights Monsters: My Twenty Years Tracking Serial Killers for the FBI*. New York: St Martin's Press.（レスラー, R. K. シャットマン, T. 相原真理子（訳）(1994). FBI心理分析官――異常殺人者たちの素顔に迫る衝撃の手記　早川書房）

財津亘 (2011). 犯罪者プロファイリングにおけるベイズ確率論の展開　多賀出版

31 金明哲 (2009). テキストデータの統計科学入門　岩波書店

『タイム』誌編集記者（ナンシー・ギブス, リチャード・ラカヨ, ランス・モロー, デビッド・ヴァン・ビエマ), 田村明子（訳）(1996). ユナボマー爆弾魔の狂気――FBI史上最長十八年間, 全米を恐怖に陥れた男　KKベストセラーズ

財津亘（著）金明哲（監修）(2019). 犯罪捜査のためのテキストマイニング――文章の指紋を探り, サイバー犯罪に挑む計量的文体分析の手法　共立出版

32 Deary, I. J., Strand, S., Smith, P., & Fernandes, C. (2007). Intelligence and educational achievement. *Intelligence*, 35, 13-21.

Glaser, D. (2000). Child abuse and neglect and the brain: A review. *The Journal of Child Psychology and Psychiatry and Allied Disciplines*, 41, 97-116.

Money, J. (1977). The syndrome of abuse dwarfism (psychosocial dwarfism or reversible hyposomatotropism). *American Journal of Diseases of Children*, 131, 508-513.

Money, J. (1982). Child abuse: Growth failure, IQ deficit, and learning disability. *Journal of Learning Disabilities*, 15, 579-582.

Money, J., & Annecillo, C. (1976). IQ change following change of domicile in the syndrome of reversible hyposomatotropinism (psychosocial dwarfism): Pilot investigation. *Psychoneuroendocrinology*, 1, 427-429.

Money, J., Annecillo, C., & Kelley, J. F. (1983). Growth of intelligence: Failure and catch-up associated respectively with abuse and rescue in the syndrome of abuse dwarfism. *Psychoneuroendocrinology*, 8, 309-319.

緒方康介 (2012). 被虐待児の知能アセスメント――科学的根拠に基づく心理診断を目指して　多賀出版

緒方康介 (2016). 虐待された子どもの知能心理学――学力, 性格, トラウマとの関連　多賀出版

Teicher, M. H., Samson, J. A., Anderson, C. M., & Ohashi, K. (2016). The effects of childhood maltreatment on brain structure, function and connectivity. *Nature Reviews Neuroscience*, 17(10), 652-666.

33 Isen, J. (2010). A meta-analytic assessment of Wechsler's P > V sign in antisocial populations. *Clinical Psychology Review*, 30, 423-435.

緒方康介 (2015). 児童相談所で非行少年に実施されたWISC-IVの分析――P > Vプロフィールの検証. 犯罪心理学研究, 52(2), 1-10.

緒方康介 (2023). 触法少年の知能プロファイリング――犯罪心理学へのシミュレーション・アプローチ　現代図書

Raine, A., Yaralian, P. S., Reynolds, C., Venables, P. H., & Mednick, S. A. (2002). Spatial but not verbal cognitive deficits at age 3 years in persistently antisocial individuals. *Development and Psychopathology*, 14, 25-44.

34 板山昂 (2018). 犯罪者イメージが刑罰観と出所者支援意識に及ぼす影響. 法と心理学会第19回大会発表論文集, 29.

上瀬由美子 (2017). 官民協働 (PFI) 刑務所に関する知識獲得と刑務所に対する態度の変容——出所者の社会的包摂に有効な情報とは何か. 立正大学心理学研究所紀要, 15, 47-58.

Ross, L. D., Amabile, T. M., & Steinmetz, J. L. (1977). Social roles, social control, and biases in social-perception processes. *Journal of Personality and Social Psychology*, 35, 485-494.

35 Cummings, E. M., Davies, P. T., & Campbell, S. B. (2000). *Developmental Psychopathology and Family Process: Theory, Research, and Clinical Implications*. Guilford Press. (カミングス, E. M. デイヴィーズ, P. T. キャンベル, S. B. 菅原ますみ (監訳) (2006). 発達精神病理学——子どもの精神病理の発達と家族関係 ミネルヴァ書房).

36 Bonta, J., & Andrews, D. A. (2017). *The psychology of criminal conduct* (6th ed.) New York: Routledge. (ボンタ, J. アンドリュース, D. A. 原田隆之 (訳) (2018). 犯罪行動の心理学〔原著第6版〕 北大路書房)

法務省 法務総合研究所 (2022). 令和4年版犯罪白書

森丈弓・大渕憲一 (2007). 非行少年用リスクツールの作成. 日本心理学会第71回大会発表論文集, 396.

森丈弓 (2017). 犯罪心理学——再犯防止とリスクアセスメントの科学 ナカニシヤ出版

37 法務省矯正局成人矯正課 (2020). 刑事施設における性犯罪者処遇プログラム受講者の再犯等に関する分析, 研究報告書

法務省 法務総合研究所 (2018). 平成30年版犯罪白書

Yamamoto, M., & Mori, T. (2016). Assessing the effectiveness of the correctional sex offender treatment program. *Online Journal of Japanese Clinical Psychology*, 3, 1-13.

森丈弓 (2015). 司法・矯正分野での犯罪研究に必要な統計的手法について (前). 刑政, 126 (11), 90-103.

森丈弓 (2015). 司法・矯正分野での犯罪研究に必要な統計的手法について (後). 刑政, 126 (12), 78-87.

森丈弓 (2017). 犯罪心理学——再犯防止とリスクアセスメントの科学 ナカニシヤ出版

森丈弓 (2019). 犯罪者の更生は可能か——性犯罪者処遇プログラムの効果をめぐって. 大渕憲一 (編著) こころを科学する——心理学と統計学のコラボレーション (pp.152-176) 共立出版

38 山本譲司 (2008). 獄窓記 新潮社

藤田公彦 (2007). 大阪拘置所「粛正」刑務官——獄中で最も怖れられた男の回想録 光文社

法務省 https://www.moj.go.jp/kyousei1/kyousei_kyouse03.html

39 Eckhoff, T. (1974). *Justice: Its Determinants in Social Interaction*. Rotterdam University Press.

Heider, F. (1958). *The psychology of interpersonal relations*. New York:Wiley. (ハイダー, F. 大橋正夫 (訳) (1978). 対人関係の心理学 誠信書房)

板山昂 (2014). 裁判員裁判における量刑判断に関する心理学的研究——量刑の決定者と評価者の視点からの総合的考察 風間書房

板山昂 (2018). 厳罰志向性と量刑判断に関する大学生と保護者の比較. 対人社会心理学研究, 18, 165-171.

猪八重涼子・深田博己・樋口匡貴・井邑智哉 (2009). 被告人の身体的魅力が裁判員の判断に及ぼす影響. 広島大学心理学研究, 9, 247-263.

Lerner, M. J. (1980). *The belief in a just world: A fundamental delusion*. New York: Plenum Press.

白岩祐子・唐沢かおり (2013). 被害者参加人の発言および被害者参加制度への態度が量刑判断に与える影響. 実験社会心理学研究, 53, 12-21.

白岩祐子・唐沢かおり (2015). 量刑判断に対する増進・抑制効果の検討——被害者への同情と裁判に対する規範的なイメージに着目して. 感情心理学研究, 22, 110-117.

Sigall, H., & Ostrove, N. (1975). Beautiful but dangerous: Effects of offender attractiveness and nature of the crime on juridic judgment. *Journal of Personality and Social Psychology*, 31, 410-414.

Staley, C. (2008). Facial attractiveness and the sentencing of male defendants. *Dissertation abstracts international: section B: The sciences and engineering*, 68, 5639. University Microfilms.

Tyler, T, M., Boeckmann, R. J., Smith, H. J., & Huo, Y. J. (1997). *Social Justice in a Diverse Society*, Westview Press.

40 Carlsmith, K. M. (2006). The roles of retribution and utility in determining punishment. *Journal of Experimental Social Psychology*, 42 (4), 437-451.

綿村英一郎・分部利紘・藤尾未由紀・高野陽太郎 (2011). 量刑判断にはたらく応報的動機の認知プロセス. 法と心理, 11 (1), 68-72.

Wrightsman, L. S. (1999). *Judicial decision making: Is psychology relevant?* New York: Kluwer Academic / Plenum.

41 小林佐知子 (2009). 乳児をもつ母親の抑うつ傾向と夫からのサポートおよびストレスへのコントロール可能性との関連. 発達心理学研究, 20 (2), 189-197.

子ども家庭庁 (2022). 令和4年度 児童相談所における児童虐待相談対応件数

厚生労働省 (2019). 子ども虐待による死亡事例等の検証結果等について (第15次報告) のポイント

南部さおり (2002). 児童虐待としての「代理人によるミュンヒハウゼン症候群」. 犯罪社会学研究, 27, 60-73.

杉本昌子・横山美江 (2015). 父親の虐待的子育てに関連する要因の検討. 小児保健研究, 74 (6), 922-929.

42 橋本和明 (2007). 虐待が深刻化する親のパートナー関係についての研究——事例のメタ分析を用いた類型化の試み. 心理臨床学研究, 25, 396-407.

家庭裁判所調査官研修所 (2003). 児童虐待が問題となる家庭事件の実証的研究——深刻化のメカニズムを探る 司法協会

友田明美 (2012). 新版いやされない傷——児童虐待と傷ついていく脳 診断と治療社

43 Sobue, T., Yamamoto, S., Hara, M., Sasazuki, S., Sasaki, S., Tsugane, S., & JPHC Study Group. (2002). Cigarette smoking and subsequent risk of lung cancer by

histologic type in middle-aged Japanese men and women: The JPHC study. *International Journal of Cancer*, 99, 245-251.

44 緒方康介（著）・山本恒雄・藥師寺順子（監修）（2023）．触法少年の知能プロファイリング――犯罪心理学へのシミュレーション・アプローチ　現代図書

45 緒方康介（2020）．児童福祉――少年非行と児童虐待が交錯する臨床の最前線．門本泉（編）司法・犯罪心理学――社会と個人の安全と共生をめざす（公認心理師の基本を学ぶテキスト19）（pp.129-143）　ミネルヴァ書房

緒方康介（著）・山本恒雄・藥師寺順子（監修）（2023）．触法少年の知能プロファイリング――犯罪心理学へのシミュレーション・アプローチ　現代図書

46 Amato, P. R. (2001). Children of divorce in the 1990s: An update of the Amato and Keith (1991) meta-analysis. *Journal of family psychology*, 15, 355-370.

Amato, P. R., & Keith, B. (1991). Parental divorce and the well-being of children: A meta-analysis. *Psychological bulletin*, 110, 26-46.

Block, J., Block, J. H., & Gjerde, P. F. (1988). Parental functioning and the home environment in families of divorce: Prospective and concurrent analyses. *Journal of the American Academy of Child & Adolescent Psychiatry*, 27, 207-213.

川島亜紀子・眞榮城和美・菅原ますみ・酒井厚・伊藤教子（2008）．両親の夫婦間葛藤に対する青年期の子どもの認知と抑うつとの関連．教育心理学研究, 56, 353-363.

野口康彦（2009）．親の離婚を経験した大学生の将来に対する否定的な期待に関する一検討――親の仲の良い群，親の仲の悪い群，親の離婚群との比較から．中央学術研究所紀要, 38, 152-162.

Schaffer, H. R. (1998). *Making Decisions about children* (2nd ed.). England: Blackwell.（シャファー，H. R.　無藤隆・佐藤恵理子（訳）（2001）．子どもの養育に心理学がいえること――発達と家族環境　新曜社）

47 Adamsons, K., & Johnson, S. K. (2013). An updated and expanded meta-analysis of nonresident fathering and child well-being. *Journal of Family Psychology*, 27, 589-599.

本田麻希子・遠藤麻貴子・中釜洋子（2012）．離婚が子どもと家族に及ぼす影響について――援助実践を視野に入れた文献研究．東京大学大学院教育学研究科紀要, 51, 269-286.

直原康光・安藤智子（2019）．別居・離婚後の子どもが体験する父母葛藤や父母協力の探索的検討．発達心理学研究, 30, 86-100.

Marsiglio, W., Amato, P., Day, R. D., & Lamb, M. E. (2000). Scholarship on fatherhood in the 1990s and beyond. *Journal of marriage and family*, 62, 1173-1191.

宋賢鍾・犬伏由子・田中佑季（2015）．韓国法における養育費の確保・面会交流センターの実務について．法学研究, 88 (9), 130-107.

48 Lerner, M. J. (1980). The belief in a just world. In *The Belief in a just World* (pp.9-30). Boston, MA: Springer.

Shaver, K. G. (1970). Defensive attribution: Effects of severity and relevance on the responsibility assigned for an accident. *Journal of Personality and Social Psychology*, 14 (2), 101-113.

49 緒方康介（2016）．“暴力死”による被害者遺族のトラウマ症状――司法解剖例の分析　多賀出版

50 朝日新聞（2019）．人間が深層学習のAIを理解できないのには，理由がある　朝日新聞GLOBE＋　2019年11月14日　Retrieved from https://globe.asahi.com/article/12872410（2020年2月18日閲覧）．

安香宏（2011）．犯罪者・非行少年の人格アセスメントの理論的系譜――我が国における犯罪心理学的研究の概観からの考察．犯罪心理学研究, 50周年記念特集号, 3-18.

Bonta, J., & Andrews, D. A. (2017). *The psychology of criminal conduct* (6th ed.) New York: Routledge.（ボンタ，J.　アンドリュース，D. A.　原田隆之（訳）（2018）．犯罪行動の心理学〔原著第6版〕　北大路書房）

Data Impacts Case Studies (2017). Predictive Modeling and Crime Control in Memphis and LA. Dataimpacts.org. Retrieved from https://dataimpacts.org/project/predictive-modeling-fights-crime/　（2020年2月28日閲覧）．

Engel, G. L. (1977). The need for a new medical model: A challenge for biomedicine. *Science*, 196, 129-136.

福島章（1982）．犯罪心理学入門　中央公論社

福島章（2008）．犯罪心理学　PHP研究所

原田隆之（2015）．入門 犯罪心理学　筑摩書房

犯罪・交通事象・警備事象の予測におけるICT活用の在り方に関する有識者研究会（2018）．犯罪・交通事象・警備事象の予測におけるICT活用の在り方に関する提言書　Retrieved from https://www.keishicho.metro.tokyo.jp/kurashi/anzen/anshin/ict_teigen.files/ict_teigensyo.pdf　（2020年2月3日閲覧）

磯野真穂（2015）．文化人類学からみた看護領域における質的研究の特殊性――なぜカテゴリーが好まれるのか？（文化人類学と看護学：質的研究をめぐって）．看護研究, 48 (4), 366-374.

井田良（2006）．基礎から学ぶ刑事法（第3版第2刷）　有斐閣

犬塚石夫（2011）．矯正領域における犯罪心理学――研究の動向と今後への期待．犯罪心理学研究, 50周年記念特集号, 20-34.

一般財団法人日本心理研修センター（監修）（2018）．公認心理師現任者講習会テキスト（2018年版）　金剛出版

梶田真実（2019）．警察庁のオープンデータを活用した独自AIによる犯罪発生予測　一般社団法人 行政情報システム研究所（2019.04.10）．Retrieved from https://www.iais.or.jp/articles/articlesa/20190410/201904_08/（2020年2月3日閲覧）

菊池武剋（2011）．日本における犯罪心理学研究の歴史的動向――『犯罪心理学研究』誌を中心として．犯罪心理学研究, 50周年記念特集号, 105-117.

桐生正幸（2018）．高齢者によるストーキング．越智啓太（編著）高齢者の犯罪心理学（pp.53-72）　誠信書房

小宮信夫（2013）．犯罪は予測できる　新潮社

松本良枝（2004）．矯正心理学と矯正処遇．犬塚石夫・松

本良枝・進藤眸（編）矯正心理学——犯罪・非行からの回復を目指す心理学　上巻　理論編（pp.55-89）　東京法令出版
水野陽一（2019）．刑事手続におけるAI実装と個人情報保護に関する諸問題——刑事捜査・訴追機関の情報収集・処理に関するものを中心に．北九州市立大学法政論集，47（1・2合併号），pp.75-97.
森丈弓（2017）．犯罪心理学——再犯防止とリスクアセスメントの科学　ナカニシヤ出版
守山正（2017）．犯罪予測技法の展開——近接反復被害分析を中心として．拓殖大学論集　政治・経済・法律研究，20（1），1-31.
村尾泰弘（2017）．犯罪の類型論．日本犯罪心理学会（編）犯罪心理学事典（pp.42-43）．丸善出版
中野明（2011）．17歳からのドラッカー　学研パブリッシング
越智啓太（2005）．犯罪心理学の対象とその展望．越智啓太（編）　犯罪心理学（pp.1-8）．朝倉書店
越智啓太（2010）．犯罪捜査の心理学の現在と今後（日本の心理学 これまでとこれから）．心理学ワールド，51，21-24.
越智啓太（2015）．犯罪捜査の心理学——凶悪犯の心理と行動に迫るプロファイリングの最先端　新曜社
越智啓太（2019）．犯罪心理学から見た情報セキュリティ．氏田博士・福澤寧子・福田健・越智啓太（著）．セキュリティの心理学——組織・人間・技術のマネジメント（pp.115-149）　海文堂出版
緒方康介（2015）．テキストマイニングを用いた『犯罪心理学研究』の論題分析——半世紀にわたる変遷と領域の多様化．犯罪心理学研究，53（1），37-48.
大渕憲一（2006）．種々の犯罪心理学．大渕憲一　心理学の世界　専門編4 犯罪心理学——犯罪の原因をどこに求めるのか（pp.37-40）　培風館
大久保街亜・岡田謙介（2012）．伝えるための心理統計——効果量・信頼区間・検定力　勁草書房
大山智也・雨宮護・島田貴仁・中谷友樹（2017）．地理的犯罪予測研究の潮流．GIS—理論と応用，25（1），33-43.
大上渉（2013）．日本における国内テロ組織の犯行パターン．心理学研究，84（3），218-228.
大上渉（2017）．日本においてロシア諜報機関に協力した情報提供者の類型化．犯罪心理学研究，55（1），29-45.
大上渉（2019）．テロリズム・スパイ活動　桐生正幸・板山昂・入山茂（編著）司法・犯罪心理学入門——捜査場面を踏まえた理論と実務（pp.166-183）　福村出版
PredPol, inc.（2020）. Predictive Policing Technology PredPol, inc. Retrieved from https://www.predpol.com/（2020年2月28日閲覧）
Sammons, A., & Putwain, D.（2018）. *Psychology and crime*（2nd ed.）. NewYork: Routledge.
生島浩（2019）．司法・犯罪分野の概要．野島一彦（監修）生島浩（編著）司法・犯罪分野　理論と支援の展開（pp.18-43）　創元社
寺村堅志（2019）．犯罪・非行の心理アセスメント．岡本吉生（編）司法・犯罪心理学（pp.39-50）　遠見書房
渡辺昭一（2004）．心理学と犯罪捜査のかかわり．渡辺昭一（編）　捜査心理学（pp.1-6）　北大路書房
Wilson, P.（2013）. Introduction. In J. Clarke & P. Wilson（Eds.）. *Forensic Psychology in Practice*（pp.1-11）. Hampshire: Palgrave Macmillan.
山本龍彦・尾崎愛美（2018）．アルゴリズムと公正．科学技術社会論研究，16，96-107.

## 人　名


### ◆あ行
アンドリュース, ドナルド　28
イリバレン, カルロス･C　34
飯柴政次　13
磯野真穂　212
ウィリアムズ, ケビン　24
ウォーターマン, アマンダ　106
ヴリディヴェルト, アネリス　113
ヴレイ, アルダート　114, 115, 117
エリス, アルバート　22
エンゲル, ジョージ　8
大上渉　92, 97, 211
大渕憲一　8, 17, 21, 153
緒方康介　7, 137, 210
越智啓太　6, 7, 211, 212
小俣謙二　53
オルバー, マーク　31

### ◆か行
カーネマン, ダニエル　20, 37
ガーブナー, ジョージ　42, 43
カールスミス, ケヴィン　170, 171
ガイゼルマン, エドワード　110
筧千佐子　77
カシオッポ, ジョン　58, 59
カジンスキー, セオドア･ジョン　130, 131
カッシン, ソール　100, 101
唐沢かおり　169
カンター, デヴィッド　122, 125
キーチェル, キャサリン　100
菊池武剋　6
木嶋佳苗　77
桐生正幸　211
グッドマン, ゲイル　103
久保正行　66
クラーク, ロナルド　47
クリスト, バックレー　130
グロスマン, デーブ　69
ゴットフリー, ゲッシェ　74
コルコ, デイヴィッド　89

### ◆さ行
薩美由貴　68
サドラー, メロディ　93
サザーランド, エドウィン･ハーディン　14
サルファティ, ガブリエル　125
サンプソン, ロバート　50
シェーバー, ケリー　204
ジェフリー, レイ　46, 47
シガール, ハロルド　168
シュミット, アレックス　90
ジョーンズ, ジェニーン　70, 71, 73
白石祐子　169
スノーデン, ロバート　19
ソード, ブレーナ　35

### ◆た行
タイラー, トム　43
ダラード, ジョン　17
ダンドー, コーラル　112
チャルディーニ, ロバート　96, 97
ディアリ, イアン　138
テデスキ, ジェームス　17
テトロック, フィリップ･E　170
デパウロ, バーバラ　114
デュルケム, エミール　12, 13
トベルスキー, エイモス　37
友田明美　179
ドラッカー, ピーター　211

### ◆な行
仲真紀子　107
ニューマン, オスカー　45, 46

### ◆は行
バーケット, ランディ　96
バーコヴィッツ, レオナルド　17
ハーシ, トラヴィス　15
橋本和明　179
ハリス, トマス　122
バンディ, テッド　74
ヒベリン, ジョセフ　33
ビュフォン, ジョルジュ＝ルイ･ルクレール　131
ヒリー, オードリー･マリー　75, 76
フィッシャー, ロナルド　110
フェスティンガー, レオン　41
福島章　6
プラット, トラビス　61
ブランビリエ公爵夫人　74
ブレナン, パトリシア　34
フロイト, ジークムント　208
ベイズ, トーマス　126-128
ペティ, リチャード　58, 59
ポールハス, デルロイ　24
ホルセレンベルフ, ロバート　101
ホワイト, ダン　32, 33
ボンタ, ジェームズ　28

### ◆ま行
マーチン, ガス　90
マーティンソン, ロバート　62
マートン, ロバート･キング　13, 14

マキャベリ, ニコロ　25
マックホスキー, ジョン　24
マネー, ジョン　139
ミューレン, ポール　83-85
ムーア, サイモン　33
メモン, アミナ　112
森丈弓　153

## ◆や行

ヤマサキ, ミノル　44

## ◆ら行

ライクケン, デイビット・T　118
ライツマン, ローレンス　170
ラブ, スティーブン　53
ラム, マイケル　107, 108
ラングルベン, ダニエル　120
リード, レベッカ・S　103
レスラー, ロバート・K　129
ローレンツ, コンラート　17
ロスバルト, キャリル　80, 81

## ◆わ行

綿村英一郎　172, 173

# 事　項

## ◆あ行

アーク（矢印）　128, 129
愛着不安　85
青色防犯パトロール　49, 53
アスペルガー症候群　149
アタッチメント　150
アノミー（理論）　13, 14
アメリカ国立小児保健発達研究所（NICHD）　107
アルカイダ　91, 93
アルコール　35, 79, 155
安全・安心なまちづくり　52
威圧的で統制的な養育　199
育児ストレス　176
遺産　74, 75
イスラエル　90
逸脱行動　15, 210
一般抑止（被告人の）　171, 172
イノセンス・プロジェクト　98, 102
イメージ　46, 47
陰性変化　207
インティファーダ　90
隠匿情報検査（CIT）　118
インパーソナル・インパクト仮説　43
ヴァルネラブル・ダークトライアド　27
ウェクスラー式知能テスト　141, 142
嘘　99, 114-120
右翼・新右翼　92, 93
NICHDプロトコル　107
fNIRS　121
fMRI　120, 121
『FBI心理分析官』　129
FBI方式　123
怨恨　69, 82, 86-88
冤罪　98, 102, 106
応報（報復）的公正　167
応報（報復）動機／応報的動機　167, 170-173
オウム真理教　91-93, 202
オープン質問　108, 109
夫からのサポート　176
ω3脂肪酸　34
ω6のリノール酸　34
親の養育スタイル　199

## ◆か行

改善更生　8,9,144,163,171,189,190,192,193
改善指導　161-163
階層的クラスター分析　133
回避症状　207
カウンセラー　157, 162
カウンセリング　157, 162, 163, 201, 208
加害者　8, 9, 20, 30, 66-69, 80, 166, 167, 175, 177, 203
加害リスク　78, 79
過覚醒状態　207
科学捜査研究所　7, 119
学習性無力感　73
確証バイアス　39
確率論　126, 127
学力　138, 139, 143, 163
家事事件　9, 194
学校適応／学校不適応　143, 149
片親疎外行動　200, 201
葛藤不満型　179, 180
家庭裁判所　6, 7, 186, 188, 191-193, 195, 198, 201
仮釈放　162, 173
環境整備活動　53
環境設計　46-49
　——による犯罪予防　48, 49
環境犯罪学　213
関係への投資量　81
看護師　70-73
基準にもとづく内容分析（CBCA）　115
毅然とした養育　199
機能的核磁気共鳴画像法（fMRI）　120, 121
機能的近赤外分光法（fNIRS）　121
規範信念　15
基本的帰属のエラー　146

虐待／虐待親　74, 79, 102, 104, 106, 136-139, 148-151, 174-185, 187, 201
　——的子育て　176
　心理的——　136, 174, 175, 178, 179
　身体的——　79, 136, 138, 174, 175, 178, 183, 184
　性的——　136, 174, 175, 178
逆問題　127, 128
脅威アピール　58, 59
教育（被告人の）　171, 172
教育的機能　199
教育プログラム　8, 9, 157-159
境界の画定　45
教科指導　162, 163
矯正　147, 190
　——教育　157, 188, 190-193
　——局→法務省矯正局
　——施設　146
　——指導　162, 163
　——処遇　210, 211
　——心理学　8, 9
　——心理研究会　210
　——プログラム　62
恐怖喚起コミュニケーション　92
共鳴現象　43
虚偽検出　118
虚偽自白　98-101
虚偽性障害　177
拠点監視活動　53, 54
禁錮　163, 187, 190, 191
筋弛緩剤　71, 73
近接反復被害の法則　213
近隣監視活動　50
虞犯少年　186-189, 193
『クリミナル・マインド FBI行動分析課』　122
グリーフケア／グリーフカウンセリング　208, 209
黒い未亡人型連続殺人　74-77
クローズ質問　108, 109
クロス表　184
軍事学　69
迎合的で甘い養育　199
警察／警察官／警察署　6, 7, 13, 30, 37, 40, 48, 52, 55-57, 67, 71, 76, 77, 100, 104, 105, 110, 113, 118, 119, 121, 124, 125, 132, 152, 174, 188-193, 203, 211, 213
警察庁　7, 56, 66
「警察白書」　190, 211
警視庁　66, 110
警視庁公安部　94
刑事裁判　166, 202, 203
刑事施設　6, 62, 63, 157, 158, 163, 190, 192
刑事司法（制度）　6, 7, 102, 157, 202, 203
刑事訴訟法及び検察審査会法の一部を改正する法律　203
啓発・情報提供活動　53
刑罰（法令）　61, 98, 146, 163, 170, 171, 173, 186, 187, 190, 191, 193, 202
刑法犯認知件数　40, 52
刑務官　157, 161, 162
刑務作業　162, 163
刑務所　63, 72, 102, 144-147, 152, 153, 155, 157-163, 190, 192
研究知見の統合　212
限局性学習症（LD, SLD）　148-150
言語性IQ（VIQ）　141, 142
言語性劣位　140-143
検察／検察官　190-192
検察庁　191, 203
厳罰化　60, 62, 63
抗凝固剤　70
拘禁刑　163
攻撃行動　16-19, 21, 22, 26, 27, 195
絞殺　66-69
更生→改善更生
公正世界信念　166, 167, 204, 205
拘置所　62, 190
公認心理師　7, 9, 151, 162, 208
広汎性発達障害　149
高齢化社会　73
高齢者によるストーカー犯罪　211
孤軍奮闘型　179, 180
後妻業　74, 76, 77
コズロフ事件　95
子どもの幸せ／不幸　195
子どもの知的発達　137, 138
子どもの適応水準　196, 197
子どもの犯罪率　34
子どもの不適応　195
子どもの福祉　194, 196-198
「子供・若者白書」　106
コミュニティ　46, 48-51
コレスポンデンス分析　125
殺しの手口　68
ご近所の力　51


## ♦さ行


裁決質問　118-121
サイコパシー／サイコパス　19, 24-26
最小空間分析　125
サイバー攻撃／サイバー犯罪　210, 211
再犯（防止）　8, 9, 28, 31, 144-147, 152-159, 163, 171, 192, 210, 212
　——予測　152-154
　——可能性　153, 171
再犯者率　144, 145
再犯率　152, 153, 155, 156, 158, 159
裁判員（制度）　8, 166, 167, 169, 170, 173
裁判官　166, 167, 170, 173, 200

裁判心理学　8, 9
魚の摂取　33, 34
作業（刑務）　161-163, 187, 208, 209
誘いかけ質問　109
殺人／殺害　16, 19, 30, 32-34, 38, 51, 66-78, 89, 98, 122-125, 128, 129, 132, 133, 155, 163, 173, 177, 211, 212
サディズム　27, 74
左翼過激派　92, 93
三振法　62
敷鑑　67
しぐさ　114, 115, 117
自己顕示欲　72, 88
自殺　12, 13, 16, 66, 86, 87, 133, 180
自傷行為　178
事情聴取　104, 106, 110, 112
自然監視　46, 47
持続性複雑死別障害　207
自尊心　26, 28, 95, 96, 149
児童虐待（→虐待）　106, 136, 137, 150, 174, 176, 178, 179, 182
——防止法　106
児童自立支援施設　191-193
自動心理司　185
児童相談所　6, 7, 106, 136, 174, 175, 179, 182, 188, 189, 191, 193
児童福祉施設　139, 179
児童福祉法　179, 186
——28条事件　179
死の天使型殺人犯　70-73
支配服従型　179-181
自閉スペクトラム症　148-150
死別　196, 206-209
司法・犯罪心理学　7, 9, 28, 110, 210
司法システム　189-191
司法解剖　209
司法面接　107-109
社会学的要因　8, 9
社会的逸脱行為　167
社会的絆　15
社会的機能説　17
社会的現実　41, 42
社会的不平等　13
社会的包摂　146, 147
社会的要因　12
社会的連帯　13
社会復帰　9, 146, 163
写真面割り　103, 104
自由再生（質問）　103, 104
集合的効力感　50, 51
周辺ルート　58, 59
受刑者　8, 9, 15, 19, 63, 102, 145-147, 155, 157-163, 190, 210, 211
順問題　127
状況的犯罪予防　47
象徴（的ターゲット）　90, 91, 93
衝動的—計画的次元　212
衝動的攻撃　21, 22
情動　21, 22
——発散説　17
少年サポートセンター　189
少年院　183-185, 188-193
少年鑑別所　7, 152, 153, 188-191
少年警察活動規則　188
少年刑務所　190
少年非行　188, 189, 191, 193
少年法　62, 186, 188-193
少年保護事件　188, 190, 191, 193
少年補導　188, 189
情報セキュリティ　211
処遇プログラム　157, 158
触法少年　186-189, 193
親権（者）　9, 187-189, 194
人工知能　129
人種的マイノリティ　13
心的外傷　207, 208
侵入症状　207
親密関係での暴力　78
心理学的要因　8, 9, 12
心理技官　6
心理教育プログラム　8, 9
心理的エネルギー　17
心理的支援　9
心理療法　89, 157, 210, 211
親和的機能　199
推測統計　123
数量化理論Ⅲ類　125
ステップファミリー　181
ステレオタイプ　169
ストーカー（行為）　82-85, 212
スパイ（活動）　92, 94, 97, 210, 212
青酸化合物　77
正常性バイアス　39
精神疾患　28, 84, 89, 122, 129, 207
精神的苦悩　28
精神的暴力　85
精緻化見込みモデル　58, 59
性的殺人犯　89
制度的手段　13, 14
性犯罪／性犯罪者／性犯罪受刑者　115, 157, 158, 163
性犯罪再犯防止指導（教育プログラム）　157, 158, 163
性犯罪者処遇プログラム　158
生物学的要因　8, 9
生物・心理・社会モデル　8, 9
世界保健機関（WHO）　16
世代間伝達　179
説得的コミュニケーション　56, 59

潜在的態度　18, 172
潜在連合テスト（IAT）　18, 172
セントラルエイト　28, 31, 212
戦略的攻撃　21, 22
捜査心理学　8
捜査本部　67, 68
捜査面接　110
ソーシャルキャピタル　51
ソースモニタリング　105
相同仮説　124
素行症　149
組織犯罪　13
損害賠償　167

♦た行
ダークトライアド　24-27
代理ミュンヒハウゼン症候群　176, 177
他者との愛着　15
タバコ　32, 34, 35, 183, 184, 186-188
多変量（データ）解析　123, 124, 153
多様化（犯罪心理学研究テーマの）　210, 211
単一放火　86, 87
地下鉄サリン事件　202
知的障がい　140, 150
知能　9, 12, 21, 137, 139-143, 153
　——指数→IQ
　——テスト　137, 140-142
注意欠如・多動症（AD/HD）　148-150
中心ルート　5, 58, 59
中和の技術　30
懲役　76, 162, 163, 171, 173, 187
調停委員　200
懲罰　162, 192
諜報活動　94
著者プロファイリング　133
直感　20, 21, 98, 170, 183
つきまとい　82-85
デート暴力／デートDV　78-80, 85
適応水準　196, 197
テキストマイニング　132, 210
テロ事件／テロリズム　90-93, 210, 211
トゥインキー抗弁　33, 35
道具的—表出的次元　212
統計学　61, 122, 123, 126, 159
統合　18, 28, 31, 212
動作性IQ（PIQ）　141, 142
動作性優位　141, 142
投資（モデル）　15, 80, 81
統制理論（社会的絆理論）　15
同調共謀型　179-181
道徳的賠償　167
糖分の過剰摂取　32, 33
特殊詐欺　211
特別支援教育　148
ドメスティック・バイオレンス（DV）　174, 175, 179-181, 201
トラウマ　136, 151, 206-208

♦な行
内的衝動説　17
nothing works　62
ナルシシズム　24-27
ニコチン　34
二重過程理論　20-22
日本赤軍　91
日本犯罪心理学会　7, 8, 210, 211
認知傾向／認知バイアス　12, 39, 208
認知行動療法　157
認知心理学　110
認知的新連合理論　17
認知的負荷　117
認知能力　137, 139
認知面接　110-112
ネガティブな情緒性　30
ネグレクト　136, 137, 150, 174, 175, 178, 199
脳イメージング（技術）　118-121
能動的攻撃　21
脳へのダメージ　137
ノード　128, 129

♦は行
パーソナリティ　9, 12, 24-29, 85
　——・パターン　28, 29, 31
　——要因　85
背景－状況モデル　79
培養理論　42, 43
破壊的行動障がい　149
ハザード　36-38
『バックドラフト』　86, 88
発達障がい　148-151
発達精神病理学　150, 151
母親の喫煙　34, 35
刃物を用いた殺害　69
パレスチナ　90
反抗挑発症　149
犯行声明　91-93, 130, 131
犯行パターン　92, 93
犯罪学　60, 206
犯罪経歴／犯罪歴　28, 29, 31, 128, 153, 154, 212
犯罪者　7, 9, 12, 14, 15, 45, 47, 48, 50, 60, 77, 124, 125, 141, 144-146, 149, 152-156, 166-168, 172, 184, 185, 187, 191, 210
　——プロファイリング　6, 8, 9, 122, 130, 212
犯罪社会学　12, 13, 212
犯罪情報　41, 53, 56-58, 213
犯罪少年　186-189, 191, 193

犯罪心理学（者） 6-9, 12, 28, 110, 140-142, 159, 186, 194, 209-213
『犯罪心理学研究』 6, 7, 210, 211
犯罪捜査 8, 102, 114, 118, 119, 121, 130, 133
犯罪的他者への同一化 30
犯罪原因（論） 8, 12, 15, 32, 146
犯罪の減少 53, 61
犯罪の発生率 14, 51
「犯罪白書」 40, 144, 145, 155
犯罪被害者→被害者
——支援（制度） 9, 202, 203
——等基本法 203, 204
——等の保護を図るための刑事手続に付随する措置に関する法律 203
——の権利 203
——保護 202, 203
——理解 205
犯罪不安 36, 50, 52, 53, 152
犯罪抑止（抑制） 15, 50, 60-62
犯罪予測 213
——警察活動 213
犯罪予防 47-49, 52, 56-59
犯罪リスク→リスク
反社会性パーソナリティ障がい 149
反社会的パーソナリティ（・パターン） 24, 28, 29, 31
反社会的行為／反社会的行動 26, 29-31, 79, 154
反社会的交友関係 28-31
反社会的組織 7
反社会的態度 28-31
反社会的仲間 155
反社会的認知 154, 212
反社会的文化 14
犯人像推定 122, 127, 128
反応性アタッチメント障がい 150
反応的攻撃 21
PFI刑務所 147
P>V（プロフィール） 140-142
ヒーロータイプ 88
被害者 8, 9, 66-69, 77, 84, 100, 102, 105, 107, 110, 111, 123, 125, 127, 129, 133, 163, 166-169, 171, 183, 191, 202-209
——遺族 169, 206-209
——学 206, 209
——通知制度 203
——と加害者 66-68
——非難 202, 204, 205
——理解 204, 205
非言語性IQ 141, 142
非言語的行動 115
非行少年 8, 9, 30, 140-143, 152-154, 183, 185-193
非行ピラミッド 185
被告人 106, 166-168, 170, 171
非裁決質問 118, 120, 121
ヒ素 74, 76
ビッグフォー 28, 29, 31
火付け 86
『羊たちの沈黙』 122
ヒュミント 94
描画 112, 113
品詞の2-gram 131, 132
夫婦（関係） 78, 79, 151, 179, 194-197, 201
夫婦間不和／葛藤 196, 197
フォールスアラーム率 105
複雑性悲嘆 206, 207, 209
福祉行政報告例 182
福祉的措置 193
父子関係 198, 199
物理的要因 12
不平等 13
父母間の対立・葛藤 200, 201
不満の発散 86, 87
フラストレーション攻撃仮説 17
不良行為少年 188-190, 193
不良交友関係・不良仲間 15, 30, 212
プルーイット・アイゴー 44-46
プロスペクト理論 37
プロフィール特徴 140
分化的接触理論 14
文化的目標 13, 14
文章心理学 131
文章の指紋 130-132
文体的特徴 131-133
文は人なり 131
閉眼 112, 113
ベイジアンネットワーク 128, 129
ベイズの定理 126-128
ベイズ確率論 126
別居 180, 197-201
偏見（犯罪者に対する） 146
防衛的帰属理論 204, 205
放火症（パイロマニア） 89
放火犯 86-88
防犯活動 48-50, 52, 55
防犯環境設計(CPTED) 46
防犯心理学 8, 9
防犯パトロール 49, 50, 53
防犯ボランティア 52-55, 58
法務技官／法務教官 157, 162
法務省 6, 7, 157, 158, 161, 162, 185, 210
法務省矯正局 157, 158
法務少年支援センター 189
法務総合研究所 182
暴力 16, 19, 20, 22, 30, 32, 33, 35, 42, 50, 51, 74, 78-85, 90, 91, 100, 101, 123, 124, 143, 174-176, 180, 181, 183, 200, 207-209
——死 16, 207-209

——のサイクル理論 80
——のリスク要因 78, 79
ポクロフスキー事件 95
保険金（殺人/詐取） 75, 76, 86-88, 132, 133
保護観察 173, 188, 191, 192
保護観察所 188
保護処分 192, 193
ポリグラフ検査 6-9, 118, 119

## ◆ま行
巻き込み 15
マキャベリアニズム 24-27
マクマーティン事件 106
マス・メディア 41-43, 78
街の要塞化 49
まちづくり 9, 52
守りやすい空間 45
『マンハント：謎の連続爆弾魔ユナボマー』 130
未成年者飲酒禁止法 188
未成年者喫煙禁止法 187, 188
見守り活動 49
無力化（被告人の） 171, 172
面会交流 194, 198-201
面前DV 174, 175
目撃証言 8, 9, 101-105, 110, 113
モデル 128,129
モデレートフォー 28
喪の作業 208, 209
問題行動 29, 35, 150, 157, 195, 197, 199, 210
問題児／問題のある子ども 148

## ◆や行
扼殺 66-69
誘導質問 103, 104
ユナボマー事件 130
抑止理論 60, 61

## ◆ら行
Reidテクニック 99, 100
楽観バイアス 39
ラポールの形成 107, 108
リアリティ・モニタリング（RM） 116
リヴァプール方式 123
離婚 9, 125, 180, 194-201
リスク
　犯罪——認知 36
　犯罪——分析 212
　犯罪——要因 28, 29, 31
　非行少年用——ツール 153
　——認知 36, 37
　——ファクター 154, 155
領域性 45, 47
量刑判断 166, 168-173
臨床心理士 157, 162
連続放火（犯） 86-88, 173
ロシア諜報機関 96, 97
論理情動療法（ABC理論） 22

## ◆わ行
わんわんパトロール 49, 54

## ◆アルファベット略語
AD/HD（Attention-Deficit/Hyperactivity Disorder：注意欠如・多動症） 148-150
AI（Artificial Intelligence：人工知能） 212, 213
AUC（Area Under the Curve：ROC曲線の下部分の面積） 154
CBCA（Criteria-Based Content Analysis：基準にもとづく内容分析） 115-117
CIA（Central Intelligence Agency：中央情報局） 96
CIT（Concealed Information Test：隠匿情報検査） 118-121
CPTED（Crime Prevention Through Environmental Design：防犯環境設計） 46
DV（Domestic Violence：ドメスティック・バイオレンス） 174, 175, 179-181, 201
FBI（Federal Bureau of Investigation：連邦捜査局） 88, 89, 122, 123, 129, 130
fMRI（functional Magnetic Resonance Imaging：機能的核磁気共鳴画像法） 120, 121
fNIRS（functional Near-Infrared Spectroscopy：機能的近赤外分光法） 121
GRU（Glavnoye Razvedyvatelnoye Upravleniye：ロシア連邦軍参謀本部情報総局） 95
IAT（Implicit Association Test：潜在連合テスト） 18, 19, 172, 173
IQ（Intelligence Quotient：知能指数） 137-142, 148, 153
KGB（Komitet Gosudarstvennoy Bezopasnosti：ソ連国家保安委員会） 96
LD, SLD（Learning Disorder, Specific Learning Disorder：限局性学習症） 148-150
MICE(Money, Ideology, Coercion, Ego) 94-97
NICHD（National Institute of Child Health & Human Development：アメリカ国立小児保健発達研究所） 107
PIQ（Performance Intelligence Quotient：動作性IQ） 141-143
PTSD（Post Traumatic Stress Disorder：心的外傷後ストレス障害） 206-209
RASCLS (Reciprocation, Authority, Scarcity, Commitment, Liking, Social Proof) 96, 97
RM(Reality Monitoring) 116, 117
VIQ（Verbal Intelligence Quotient：言語性IQ） 141-143

## 編者紹介

### 大上　渉（おおうえ・わたる）

福岡大学人文学部教授。元佐賀県警察本部科学捜査研究所研究員。日本犯罪心理学会全国区理事。専門は犯罪心理学、認知心理学。主要著書・論文『特殊詐欺の心理学』（分担執筆、誠信書房）、『テロリズムの心理学』（分担執筆、誠信書房）、『テキスト 司法・犯罪心理学』（分担執筆、北大路書房）、『意識的な行動の無意識的な理由――心理学ビジュアル百科　認知心理学編』（分担執筆、創元社）、「日本における国内テロ組織の犯行パターン」（心理学研究）など。

## 執筆者紹介
（五十音順）

### 荒井崇史（あらい・たかし）

東北大学大学院文学研究科准教授。博士（心理学）。専門は社会心理学、犯罪心理学。主要著書・論文「犯罪予防行動の規定因――計画的行動理論の観点からの検討」（分担執筆、心理学研究）、「Do the Dark Triad and psychological intimate partner violence mutually reinforce each other? An examination from a four-wave longitudinal study」（分担執筆、Personality and Individual Difference）など。

### 板山　昂（いたやま・あきら）

関西国際大学心理学部准教授。博士（人間文化学）。専門は犯罪心理学、社会心理学、法心理学。主要著書・論文『入門 司法・犯罪心理学――理論と現場を学ぶ』（共編、有斐閣）、『司法・犯罪心理学入門――捜査場面を踏まえた理論と実務』（共編、福村出版）、『少年による殺人に対する大学生の原因帰属――被害者属性と事件状況による要因比較』（分担執筆、犯罪心理学研究）など。

### 緒方康介（おがた・こうすけ）

大阪公立大学大学院生活科学研究科教授。博士（創造都市）。専門は犯罪心理学、計量心理学。公認心理師、社会福祉士、精神保健福祉士。主要著書『触法少年の知能プロファイリング――犯罪心理学へのシミュレーション・アプローチ』（現代図書）、『司法・犯罪心理学』（分担執筆、ミネルヴァ書房）、『"暴力死"による被害者遺族のトラウマ症状』（多賀出版）、『虐待された子どもの知能心理学――学力、性格、トラウマとの関連』（多賀出版）など。

### 越智啓太（おち・けいた）

法政大学文学部教授。元警視庁科学捜査研究所研究員。臨床心理士。専門は犯罪心理学、社会心理学。主要著書『ケースで学ぶ犯罪心理学』（北大路書房）、『つくられる偽りの記憶――あなたの思い出は本物か?』（化学同人）、『買い物の科学――消費者行動と広告をめぐる心理学』（実務教育出版）、『犯罪捜査の心理学――凶悪犯の心理と行動に迫るプロファイリングの最先端』（新曜社）、『特殊詐欺の心理学』（編著、誠信書房）など。

**財津　亘**（ざいつ・わたる）

目白大学心理学部准教授。元富山県警察本部科学捜査研究所主任研究官。博士（文学）。専門は犯罪心理学、捜査心理学。主要著書『犯罪者プロファイリングにおけるベイズ確率論の展開』（多賀出版）、『犯罪捜査のためのテキストマイニング――文章の指紋を探り、サイバー犯罪に挑む計量的文体分析の手法』（共立出版）、「Criminal mutilation homicides in Japan」（単著、Journal of Forensic Sciences）など。

**嶋田美和**（しまだ・よしかず）

徳島家庭裁判所主任家庭裁判所調査官。博士（学術）。臨床心理士、公認心理師。専門は司法・犯罪心理学。主要著書・論文『司法・犯罪心理学』（分担執筆、サイエンス社）、「家庭裁判所係属少年における機能的攻撃性尺度の妥当性の再検討」（分担執筆、心理学研究）、「少年用サービス／ケースマネジメント目録（YLS/CMI）による家庭裁判所係属少年の再犯リスクの査定と予測的妥当性の検証」（分担執筆、犯罪心理学研究）など。

**丹藤克也**（たんどう・かつや）

愛知淑徳大学心理学部教授。専門は認知心理学、法心理学。主要著書・論文『児童虐待における司法面接と子ども支援――ともに歩むネットワーク構築をめざして』（分担執筆、北大路書房）、『法と心理学の事典――犯罪・裁判・矯正』（分担執筆、朝倉書店）、「検索誘導性忘却の持続性」（分担執筆、心理学研究）、「検索誘導性忘却における反応基準と回想経験の役割：Remember/Know手続きを用いた検討」（認知心理学研究）など。

**新岡陽光**（にいおか・きよみつ）

人間環境大学総合心理学部講師。博士（心理学）。専門は犯罪心理学、認知脳科学、生理心理学。主要著書『テキスト 司法・犯罪心理学』（分担執筆、北大路書房）、『高齢者の犯罪心理学』（分担執筆、誠信書房）、『意識的な行動の無意識的な理由――心理学ビジュアル百科 認知心理学編』（分担執筆、創元社）、『自己理解の心理学』（分担執筆、北樹出版）、『心理教育としての臨床心理学』（分担執筆、北樹出版）など。

**森　丈弓**（もり・たけみ）

甲南女子大学心理学部教授。博士（文学）。元法務省心理技官。臨床心理士、公認心理師。専門は犯罪心理学、臨床心理学。主要著書・論文『犯罪心理学――再犯防止とリスクアセスメントの科学』（ナカニシヤ出版）、『司法・犯罪心理学』（分担執筆、サイエンス社）、「再犯防止に効果的な矯正処遇の条件――リスク原則に焦点を当てて」（分担執筆、心理学研究）など。

# 犯罪を生む心、社会を守る心
## 心理学ビジュアル百科　司法・犯罪心理学編

2025年3月10日　第1版第1刷発行

**編　者**——大上　渉

**発行者**——矢部敬一

**発行所**——株式会社 創元社

〈本　　社〉
〒541-0047 大阪市中央区淡路町4-3-6
TEL.06-6231-9010（代） FAX.06-6233-3111（代）
〈東京支店〉
〒101-0051 東京都千代田区神田神保町1-2 田辺ビル
TEL.03-6811-0662（代）
https://www.sogensha.co.jp/

**印刷所**——TOPPANクロレ株式会社

**編集協力**——原　章

**図表制作**——宇那木孝俊

**装丁・コラージュ・本文デザイン**——長井究衡




ISBN978-4-422-11838-3 C0311